Rudolf Bubner

Evolution – Reinkarnation – Christentum

Rudolf Bubner

Evolution
Reinkarnation
Christentum

Urachhaus

Druck: Offizin Chr. Scheufele, Stuttgart
ISBN 3 87838 194 8

Inhalt

DRITTER TEIL

CHRISTENTUM, EVOLUTION UND REINKARNATION

Einleitung

Noch nie hat es eine Zeit gegeben, in der die Menschheit so viel über sich und die Welt gewußt hat wie heute. Aber auch das andere ist wahr: Nie hat man über das tiefere Wesen von Mensch und Welt weniger gewußt als gegenwärtig. Im Besitz eines ungeheuren und immer weiter anschwellenden Wissens ist uns ein Wissen über Sinn und Bedeutung unseres Lebens ganz abhanden gekommen. Was ist in dieser Lage zu tun? Eine Neubesinnung ist leichter gefordert als getan.

Hier wird der Versuch unternommen, das unmittelbar Gegebene von Mensch und Welt unbefangen und unbelastet von vielem Fachwissen anzuschauen, die Reiche der Natur und das Reich des Menschen, die Strukturen ihrer Ganzheit und die Größe ihrer Ordnungen auf sich wirken zu lassen. Dies ist ein erster Schritt zur Neubesinnung, jedem möglich und jedem zugänglich. Und wer die Wege mitgeht, wird staunen und sich dankbar freuen über so viel Bereitwilligkeit der Phänomene, auch für tiefste Geheimnisse Wegweiser zu sein. Es geht um die großen Texte der Welt, die zu lesen wir uns bemühen, nicht nur um einzelne Buchstaben.

Erde und Menschheit gehören zusammen, sind auch in ihrer Entwicklung auseinander hervorgegangen und füreinander gemeint. Darüber wird im ersten Teil gesprochen. Wie sich die Prinzipien der Evolution als Reinkarnation fortsetzen, als die wiederholten Erdenleben eines jeden Menschen durch die Zeitalter der Geschichte, das ist Inhalt des zweiten Teiles. Im letzten Teil wird eine dritte

Stufe der Evolution sichtbar, das Christentum als die innerste Achse aller Menschheitsentwicklung und Weltenzukunft.
Ohne Anthroposophie hätte das Buch nicht geschrieben werden können. Aber es setzt sie weder voraus, noch geht es von ihr aus. Doch kann es eine Beschäftigung mit ihr anregen. Ein Teil der Probleme ist auch in dem Buch von Rudolf Frieling »Christentum und Wiederverkörperung« behandelt.[1] Als Theologe hat er selbstverständlich andere Ausgangspunkte. Aber es ist erstaunlich, wie auf zwei ganz verschiedenen Wegen so viel Gemeinsames gefunden und ausgesagt werden konnte.

[1] Verlag Urachhaus Stuttgart 1974

ERSTER TEIL

Die Reiche der Natur und das Reich des Menschen — ihre Architektur und Evolution

I
Bunte Fülle und strenge Ordnung

Kein Leben ohne Formen

Von der Erde ist die Rede, von ihrer Architektur und Evolution. Im erweiterten Sinne ist mit Erde die Gesamtheit der Reiche gemeint, das Mineral, die Pflanze, das Tier und der Mensch. Allein schon diese Stufenfolge ist Ausdruck ihrer Architektur. Das gestalthaft Ganze geht aber viel weiter und tiefer, und sein Verständnis wird zur unerläßlichen Voraussetzung für ein wahres Verstehen der Evolution. Auch was über Inkarnation, Reinkarnation und über die Ausblicke auf letzte Ziele zu sagen ist, wird von diesem Boden aus gesagt. Mit den vier Reichen sind zugleich die vier großen Seinsstufen und Seinsweisen der Welt gegeben: das Physische, das Lebendige, das Seelische und das Geistige. Von dieser großen Vierheit gehen wir aus und bleiben in ihr als dem größten Rahmen, den niemand und nichts zerstören kann. Sein Inhalt mag sich vertiefen, erweitern und wachsen, doch zerbrechen kann dieser Rahmen nicht. Er bewährt sich als die beste Orientierung für alle, denen die Fragen nach Wesen, Sinn und Ziel der Welt am Herzen liegen. So gewinnen wir sicheren Grund und ruhen auf ihm auch in der Flut immer neuer Entdeckungen und Erkenntnisse. Und mit dem Blick auf die architektonischen Ordnungen und ganzheitlichen Strukturen finden wir auch den Ort, den wir selbst im Gefüge des Ganzen einnehmen.

Die Welt zeigt sich uns in ungeheurer, unübersehbarer Fülle, Vielfalt und Buntheit. Nirgendwo ein langweiliges Schema, keine pedantische Ordnung. Jeder Weg durch die Landschaft bringt das eindringlich zum Bewußtsein. Landschaftsformen, Wetter und Wolken,

Pflanzenkleid und Tierwelt, Kultur und menschliches Leben, alles ist innigst miteinander verwoben, alles hat sein eigenes, unendlich vielfältiges und vielgestaltiges Leben und Wesen. Wer da schematisieren wollte, müßte aus der lebendigen Welt ein totes Museum machen. Und doch sind bestimmte Ordnungsstrukturen schon bald zu erkennen: das organisch Belebte und das anorganisch Leblose. Das Belebte als eine dreifach gegliederte Welt (Pflanzen, Tiere, Menschen), die man der anorganischen Welt als Pol gegenüberstellen kann. Aber die gleichen vier Reiche lassen sich auch in spiegelbildlicher Umkehr der Verhältnisse so anschauen, daß man das Reich der Menschen als etwas Besonderes, als Pol den drei Naturreichen (Mineral, Pflanze, Tier) gegenüberstellt. Der Mensch ragt ebenso über die Dreiheit der Natur hinaus, wie das Mineral unter die Dreiheit des Lebens hinunterragt. In Figur 1 ist der Mensch als Gegenpol zu der dreigestuften Natur dargestellt. Figur 2 zeigt das umgekehrte Verhältnis: das Mineral als den unteren Gegenpol zu dem dreifach

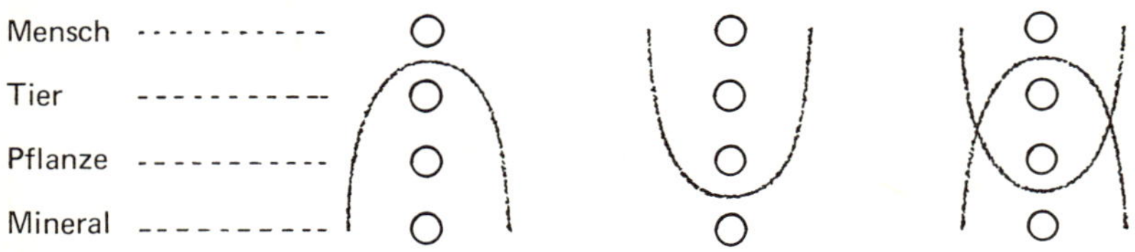

Fig. 1 Fig. 2 Fig. 3

gestuften Leben. In Fig. 1 stehen sich Natur und Kultur polar gegenüber, in Fig. 2 sind es die Pole des Lebens und des Leblosen. Da es aber verschiedene Stilfiguren der einen großen Architektur sind, müssen sie auch im Zusammenhang, in ihrer Durchdringung gezeigt werden. Dabei wird eine neue, eine dritte Figur sichtbar (Fig. 3), eine Dreiheit mit zwei extrem verschiedenen Polen und einer verbindenden, organisch-biologischen Mitte. Diese Mitte ist als die Partnerschaft von Pflanze und Tier in sich wieder polar. Der Mensch ragt nach oben hin über diese Mitte hinaus, das Mineral nach unten.

So stehen sich beide auch als überbiologische und unterbiologische Wirklichkeiten polar gegenüber und zeigen damit ihre wechselseitigen Beziehungen an. Denn auch als Pole gehören sie zusammen, nicht nur der Mensch zur Erde, sondern auch die Erde zum Menschen.

Niemand kann sagen, der Wirklichkeit sei durch diese trinitarische Struktur Gewalt angetan. Denn die Gestalt ist nicht von uns hineingelegt, sondern aus der Wirklichkeit als ihr strukturierendes Gerüst herausgehoben und sichtbar gemacht worden. Daß niemand dieses Gerüst in der Gestalt der Zeichnungen sehen kann und jemals sehen wird, ist selbstverständlich. Die Zeichnungen weisen auf Wirklichkeiten, die wir nur durch intensive Beschäftigung mit den Phänomenen selbst wahrnehmen, erfahren und denkend sehen. Sie haben für die Wirklichkeiten eine ähnliche Rolle wie Landkarten für das wirkliche Land. Die Welt ist reich an trinitarischen Ordnungen. Ordnung und Struktur sind keine Feinde der Lebensvielfalt, sondern begründen und ermöglichen sie. Beide verhalten sich zueinander wie Form und Inhalt, wobei die Form ohne den Inhalt ebensowenig zu denken ist wie der Inhalt ohne die Form. Die Formen und Weltgerüste lassen sich gar nicht finden, ohne daß man von den Inhalten ausgeht. Die Inhalte aber zerfließen in eine Unsumme isolierter Phänomene, verbergen und verschweigen ihren Sinn, ihre Bedeutung und ihr Ziel, gelingt es nicht, die Formen, die tragenden und Gestalt gebenden Gerüste zu entdecken. Die bunte Vielfalt der Welterscheinungen bleibt gebunden in einer gestalthaften Einheit und Ganzheit. Formen zerstören und lähmen nicht das Leben, sondern dienen seiner Entfaltung. Es gibt kein Leben, das sich nicht in Formen äußert. Jedes behält sein eigenes Wesen und bleibt doch Glied des Ganzen. Für Mensch und Erde zeichnet sich eine erste Wechselbeziehung ab, nämlich die einer polaren Zuordnung beider als Glieder einer Ganzheit. Alle Phänomene und Probleme, die um den Menschen kreisen, hängen unlöslich mit der Erde zusammen, mit ihrer Vergangenheit und ihrer Zukunft.

Das Ganze der Weltarchitektur, dieser reich differenzierte Erdenorganismus ist bestimmt von zwei sich polar verhaltenden Tendenzen. Die eine geht von unten nach oben, mit dem Ziel im Menschen. Die andere geht von oben nach unten, mit dem Ziel im Mineral, in der Erde. Das eine ist die spiegelbildliche Umkehr des anderen. Der aufsteigende Weg geht durch die Zonen der Wesen, der absteigende Weg meint die Stationen der Welten. Es ist einseitig zu glauben, aller Anfang läge in der Materie und alles Höhere baue sich auf ihr auf. Mensch und Erde sind beides, Ziele und Ausgangspunkte. Im Menschen erreicht die Stufung des Individuellen ihr höchstes Ziel als Person. Was diesem Reich vorangeht, sind niedere Formen des Individuellen und Wesenhaften. Im Mineral erreicht das Welthafte sein unterstes Niveau. Was vorausgeht, sind höhere Stufen und Zustände der Erde. Zu jedem Lebewesen gehört eine ihm gesetzmäßig zugeordnete Umwelt. Die universellste Gestalt aller dieser ungezählten Umwelten ist die Erde. Sie umfaßt und trägt alle.

In der Polarität von Mensch und Erde lebt auch die andere von Wesen und Welt. Wie der Mensch uns sagen kann, daß es noch andere, niedere Wesen unter ihm gibt, so will die Erde uns sagen, daß es noch andere, höhere Welten und Weltzustände über ihr gibt, Welten, die dem Leben und dem Geist verwandt sind. Die aufsteigende Tendenz ist uns vertraut, aber ungewohnt ist die Umkehr von oben nach unten, vom Geist und vom Leben hin zur toten Substanz. Diesen Weg haben wir schon seit langem vergessen und verdrängt. Doch die Sprache der Phänomene, wie sie durch die Weltarchitektur vernehmbar wird, weist unausweichlich auf beides, auf eine aufsteigende und eine absteigende Richtung der Entwicklung, und beides in untrennbarer Durchdringung. Der stufenweise Aufstieg von niederen Wesen herauf bis zum Menschen geschah in einem stufenweisen Abstieg aus höheren Welten herab bis zur heutigen Erde.

II

Gesetz und Fall –
Innerlichkeit und Selbstdarstellung

Die untere Dreiheit: Mineral, Pflanze und Tier

Die strenge Ordnung in der bunten Vielfalt der Phänomene wird noch sichtbarer, fragt man nach dem Gemeinsamen, das die untere und die obere Dreiheit zusammenhält, und was die eine wie die andere von ihrem Gegenpol, dem Menschen und dem Mineral so fundamental unterscheidet. Zur unteren Dreiheit gehören die Reiche der Natur. Was macht sie zur Natur, und worin ist die Welt des Geistes als Gegenpol zur Natur begründet?

In den Reichen der Natur ist alles nach dem Verhältnis von Gesetz und Fall geregelt. Alles Konkrete und Individuelle ist einbezogen in Gesetze, die auf den verschiedenen Seinsstufen auch verschiedene Gestalt annehmen. So gibt es die Gesetze und Fälle der physischen Welt, die in Physik und Chemie formuliert sind. Im Organischen bei Pflanze und Tier nehmen die Fälle und ihre Gesetze eine neue Gestalt an. Das Gesetzhafte erscheint jetzt begrenzt, zentriert und individualisiert als Typus. Und auch die Fälle zu diesem Gesetz nehmen eine individualisierte Form an. Es sind die Exemplare oder Individuen des Typus. Der Typus, das Gesetz ist der Kern, das Zentrum; die Exemplare sind wie eine Peripherie und Hülle. Tierbiographien bringen dieses Verhältnis von Zentrum und Peripherie eindringlich zur Anschauung. Jede Tierbiographie ist im Kern eine Typus-Biographie.

Auf dem Wege vom Anorganischen zum Organischen beobachten wir eine Verinnerlichung des Gesetzhaften. Das begründet das Individuellwerden der Fälle, eine Erscheinung, die dem Anorganischen fremd ist. Da ist alles welthaft weit, während das Organische wesenhaft und individuell ist, begrenzt, und der Welt gegenüber eine in sich geschlossene Gestalt hat.

Wenn nun der Mensch über das Naturhafte und über die biologische Mitte hinaufragt in eine überbiologische Wirklichkeit, dann muß sich dieses Anderssein auch in dem Verhältnis von Typus und Exemplar aussprechen. Wäre das nicht der Fall, dann bliebe der Mensch ein nur biologisch oder zoologisch geartetes Wesen und überstiege nicht die Natur. So wird er ja weithin immer noch von einer einseitigen Wissenschaft verstanden oder mißverstanden. Prüfen wir also auch hier das Verhältnis von Typus und Exemplar an dem Phänomen der Biographie. Die Umkehr wird offenkundig. Nicht mehr der Typus ist Kern und Zentrum dieses Reiches, sondern das Exemplar, das Individuum, die Individualität. Eine Typus-Biographie des Menschen bleibt in Allgemeinheiten, die das Wichtigste verschweigen, nämlich den Wert und das Gewicht der Person. Es kommt nicht darauf an, wie sehr der einzelne noch den Typusgesetzen verhaftet ist, sondern darauf, daß er dem Typus gegenüber als das Neue, das Eigene und das Höhere gemeint und angelegt ist. Rudolf Steiner hat dargestellt, daß beim Menschen der einzelne den Rang hat, der bei den Tieren einer ganzen Art zukommt. Jeder Mensch ist seine eigene Art oder Gattung. Damit ist aber zugleich ausgesprochen, daß die Gesetzlichkeit, in diesem Fall der Typus, noch einen Schritt weiter nach »innen« gegangen ist, sich noch tiefer und inniger mit dem Organismus identifiziert hat, ja daß diese Identifikation ihre höchstmögliche Stufe erreicht hat, daß der Typus selbst Exemplar geworden ist, wodurch das Exemplar zur Person aufsteigen konnte. Der Schritt vom Tier zum Menschen besteht also in dieser Umkehr und in diesem Zusammenwachsen von Kern und Hülle, Typus und Exemplar, von Gesetz und Fall. Der Fall wird zum Gesetz, die Hülle zum Kern, die Peripherie zum Zentrum, das Allgemeine wird sein eigenes Besonderes. Der alte Typus rückt an die Peripherie, wird zur tragenden Hülle für einen neuen Kern. Der Typus ist nicht in der Lage, die Person zu erzeugen, sie ist nicht nur

eine Manifestation des Typus, sondern hat einen vom Typus unabhängigen Eigenwert und eine eigene Abkunft.
Natürlich hat der Typus Mensch auch Exemplare, aber sie sind noch nicht das Ganze der Person, sie sind die Gelegenheit für eine Verbindung mit dem neuen Typus eigener Herkunft, sind die dargebotene Hülle für den erwarteten Kern, für das Ich. Die Zweiheit von Gesetz und Fall, von Typus und Exemplar kehrt also im Menschen wieder, nimmt dort aber eine Gestalt an, die es in der Natur noch nicht gibt.
So wächst der Mensch über die Natur hinaus. Die historische, überbiologische Erscheinungsform der Art ist die Person, wie man auch umgekehrt sagen kann, die biologische Erscheinungsform der Person ist die Art. Das polare Gegenüber von Natur und Kultur ist also in dieser Konvergenz und Umwendung begründet: Wenn der Typus Person wird, dann ist etwas von dem schaffenden Welthintergrund in den Vordergrund getreten. Geistiges, das uns in der Natur immer nur als Ideen-Hintergrund der Phänomene denkend zugänglich ist, begegnet uns nun als Person unter Personen. Wenn aber Geist personenhaft sich verleiblicht, spricht man von Inkarnation. Dieser Sonderfall Mensch steht nun nicht als völlig unbegreifliches Wunder mitten in der Natur da, sondern ist der folgerichtige Abschluß eines Stufenweges, auf dem dieser letzte Schritt vorbereitet wird. Das Verhältnis von Gesetz und Fall im Anorganischen ist der Ausgangspunkt einer Stufenfolge, deren Endpunkt die Person ist, in der das Gesetz zur innersten Bestimmung des einzelnen gehört, der berufen ist, immer mehr zur individuellen Freiheit heranzureifen. Das Besondere ist immer das Individuelle und Individualisierte, während das Allgemeine die umfassende Gesetzlichkeit und Idee für das Besondere ist. Überall da, wo das Besondere durch ein Allgemeines bedingt und bestimmt wird, ist naturhaftes Wirken. Kehren sich aber die Verhältnisse um, dann wird das Besondere, das Individuelle zum bestimmenden Kern und das Allgemeine zur tragenden und bergenden Hülle. Dieser Umkehr liegt das Ereignis der Inkarnation zugrunde, der Eintritt eines geistigen Wesens in die naturhafte Körperwelt.

Wir prüfen nun die Verhältnisse, wie sie uns durch Fig. 2 gezeigt werden. Was ist das Gemeinsame der drei oberen Reiche, und wodurch steht das Mineralreich in einem polaren Gegensatz zu ihnen? Faßt man das Gemeinsame als »das Leben« zusammen, dann muß das polare Gegenüber das Leblose, eben das Mineralreich sein. Leben ist aber differenziert in Pflanze, Tier und Mensch, in Leben, Seele und Geist.

Da diese Begriffe vieldeutig und umstritten sind, schlägt der Biologe Adolf Portmann einen neutralen Ausdruck vor, der ein gemeinsames Merkmal aller drei enthält. Er spricht von Innerlichkeit, von einer unräumlichen Innenwelt, von der »Dimension des Dimensionslosen«. Diese Innerlichkeit ist verschieden tief bei Pflanze, Tier und Mensch. In der Leiblichkeit der Organismen und in ihrem Verhalten sucht dieses Innere sich zu äußern, sich zu manifestieren und darzustellen. »Innerlichkeit« und »Selbstdarstellung« sind die beiden charakteristischen Kennzeichen des Lebendigen. Das Mineral kennt diese Innerlichkeit nicht, und damit auch keine Selbstdarstellung, kein individuelles Mühen um Realisierung und Behauptung eines Selbstes. Was wir wahrnehmen, ist nur das materielle Außen. Diese Seinsweise nennen wir leblos. Gesetze, von denen eben die Rede war, gehören immer dem »Dimensionslosen« an. Sie sind keiner Sinneswahrnehmung zugänglich, können immer nur denkend erfaßt und »gesehen« werden. Dieses Gesetzhafte wirkt im Anorganischen wie von außen, gehört zwar dem »Dimensionslosen« an, wirkt aber nicht als individuelles Wesensglied in den Fällen. Das »Dimensionslose« gibt es also auch außen, nicht nur als individuelle Innerlichkeit.

Die Zweiheit von Gesetz und Fall, von Typus und Exemplar setzt sich in den Menschen hinein fort, hat dort aber eine neue Gestalt angenommen, wodurch der Gegenpol zur Natur hervorgerufen wird.

Es besteht nun die Frage, ob auch diese andere Zweiheit, das dimensionslose Innen und das materielle Außen der organischen Reiche, ob Leben und Materie beide im Mineralreich wiederkehren. Sollte das zutreffen, dann müßten beide eine Verwandlung, ja eine Umwendung nach unten und außen hin ins Unterbiologische durchgemacht haben. Was sich im Menschen als Konvergenz von Typus und Exemplar gezeigt hat, das müßte im Mineralreich als Divergenz, als Trennung von Innen und Außen, von Leben und Materie erscheinen. Der Einigung des Getrennten stünde polar gegenüber eine Trennung des Geeinten. Hat diese Trennung auch für das Leben eine Bedeutung? Besteht es weiter, wie die Materie nach der Trennung weiter besteht? Ist diese Trennung auch für das Leben eine Befreiung aus der Bindung an die Materie, so wie sie für die Materie eine Befreiung aus der Bindung an das Leben ist? Besteht in dieser Trennung weiterhin eine wesenmäßige Bezogenheit von Mineral und Leben? Könnten wir diese Fragen bejahen, so wäre die Trennung des im Organischen, in der Pflanze noch Geeinten der exakte Gegenpol zu der Einigung des im Tier noch Getrennten. Der Weg vom Tier zum Menschen, vom Biologischen zum Überbiologischen entspräche genau dem Weg von der Pflanze zum Mineral, vom Biologischen zum Unterbiologischen.

Betrachtet und versteht man die Weltarchitektur nur von unten nach oben, vom Mineralischen zu den Formen des Lebens, dann erfährt man das kosmische Übergewicht des Anorganischen gegenüber der dünnen, hinfälligen Biosphäre, der Schicht, die mit Lebewesen besiedelt ist. Alles nur Physische repräsentiert eine Großmacht, eine Übermacht von kosmischen Ausmaßen, die unberührt von unserer Existenz, vom Dasein aller Lebewesen ihr eigenes, nur auf sich bezogenes Wesen vor und nach allem Leben hat. Von diesem niederdrückenden Gefühl gäbe es eine Befreiung, eine Erlösung, könnte man die Gewißheit aussprechen, daß nicht nur das Physisch-Materielle von kosmischer Größe ist, sondern daß diesem physischen Kosmos auch ein geistiger zugeordnet ist, daß es ein Weltenleben und eine Seelen- und Geisteswelt von kosmischen Ausmaßen gibt; dann wäre das Physische, das Materielle aus seiner Übermacht zurückgedrängt und erführe eine wohltuende Begrenzung und Abhängigkeit

von höheren Seinsformen, mit denen unser Inneres verwandt ist, von denen wir aber wie ausgestoßen und verbannt sind.
Gibt es ein Ich drinnen und draußen, drinnen als Kern der Person, draußen als biologische Art-Idee, dann ist auch mit einem Leben drinnen und draußen zu rechnen, drinnen als Wesensglied der Pflanzen und aller Lebewesen, draußen als das Höhere der Materie. Die Probleme, die hier in diesem Kapitel angeklungen sind, werden von anderen Seiten her vertieft und weiter beleuchtet und in den Zusammenhang mit der Evolution gebracht.

Die biologische Mitte: Pflanze und Tier

Die Phänomene der unteren und oberen Dreiheit lassen sich an Fig. 1 und 2 anschließen. Die Durchdringung beider macht Tatsachen sichtbar, auf die mit Fig. 3 hingewiesen ist. In der biologischen Mitte, in der Partnerschaft von Pflanze und Tier durchdringen sich Gesetz und Fall, Innerlichkeit und Selbstdarstellung. Pflanze und Tier sind Reiche mit Innerlichkeit und Selbstdarstellung, doch stehen beide noch auf der naturhaften Stufe von Gesetz und Fall. Das Allgemeine bestimmt noch das Besondere, aber das Besondere, das Individuelle ist auf dem Wege zu einer Bestimmung von innen her. Ganz individuelle Selbstbestimmung wird erst im Menschen möglich, und ganz unindividuelle Fremdbestimmung, gesetzliche Bestimmtheit alles Besonderen von außen her ist das Wesen des Anorganischen, des Mineralreiches.
Zwischen Pflanze und Tier besteht trotz biologischer Verwandtschaft doch ein großer Unterschied, ja eine polare Umkehr der Merkmale. Die Pflanze ist ein schlafendes Wesen, festgewachsen an die Erde und in der Regel ohne freie Ortsbewegung. Das Tier ist dagegen von der Erde emanzipiert, frei beweglich und sinnenwach. Die Pflanze wächst zentrifugal, sich nach außen hin verzweigend. Das Tier wächst umgekehrt zentripetal nach innen hin und sich in einer reichen Innenorganisation verzweigend. Im Tier begegnet uns schon

ein hoher Grad von geschlossener, individualisierter Gestalt und Innerlichkeit, während die Pflanze mit ihrer offenen Organisation und Wendung nach außen in hohem Grade das Unindividuelle und welthaft Geweitete darstellt. Wenn man nur diese wenigen Phänomene nach oben und nach unten hin steigert, wird die größere Polarität von Mensch und Mineral sichtbar. Totale Wendung nach außen und keine Innerlichkeit, das sind Wesenszüge des Minerals, das unter den Pflanzenschlaf hinunter zum Toten abgestiegen ist. Gesteigerte Wachheit, tiefere, aus der Personalität stammende Innerlichkeit, Selbstbestimmung aus eigenstem Wesen heraus, Emanzipation auch aus der Bindung an den Typus, das sind Wesenszüge des Menschen.

Pflanze und Tier sind als Partnerschaft die Mitte in der großen, das Ganze umfassenden Dreiheit. Aber auch jedes der beiden Reiche bildet für sich wieder eine Mitte. So ist die Pflanze die Mitte der unteren Dreiheit. Sie steht zwischen Mineral und Tier. Und das Tier ist die Mitte der oberen Dreiheit. Es steht zwischen Pflanze und Mensch. Immer deutlicher wird es, daß Trinität, Polarität und Mitte im Gefüge der Weltarchitektur eine besondere Rolle spielen.

III

Vom Geheimnis der Mitte – Quellorte der Evolution

Vier Reiche – drei Partnerschaften

Auch in diesem Kapitel beschäftigen uns beide Wege, aufsteigend der eine mit dem Menschen als Achse und Ziel, absteigend der andere mit der Erde, dem Mineralreich als Achse und Ziel. Da beide sich durchdringen, ist das Evolutionsgeschehen unendlich kompliziert, so daß es nötig wird, aus dem Ganzen der vier Reiche engere, überschaubare Zusammenhänge herauszugliedern, um diese dann zu untersuchen. Der Anfang wurde schon mit der Gliederung des Ganzen in zwei Dreiheiten gemacht. Die vier Reiche lassen sich aber auch ebenso sinnvoll in drei Zweiheiten gliedern: Mineral und Pflanze, Pflanze und Tier, Tier und Mensch. Wie Pflanze und Tier an beiden Dreiheiten Anteil haben, Mineral und Mensch jedoch nur einer Dreiheit angehören, so sind auch jetzt wieder Pflanze und Tier in eine untere und obere Zweiheit einbezogen, Mineral und Mensch dagegen nur in eine obere beziehungsweise eine untere Zweiheit.
Über die mittlere dieser Zweiheiten, über das Verhältnis von Pflanze und Tier, wurde schon gesprochen, über ihre polare Verschiedenheit trotz verwandtschaftlicher Nähe. Dies ist gemeint, wenn von einer Partnerschaft der beiden Reiche gesprochen wird. Da sich die gleichen Verhältnisse in der unteren und oberen Zweiheit wiederholen, polare Verschiedenheit bei verwandtschaftlicher Nähe, kann auch hier von Partnerschaften gesprochen werden. Als Glieder des Ganzen bleiben die drei Partnerschaften, ihre Phänomene und Probleme doch immer in einem überschaubaren Zusammenhang untereinander und mit dem Ganzen.

Die trinitarische Struktur der vier Reiche, wie sie in Fig. 3 sichtbar geworden ist, zeigt sich auch bei einer Gliederung in die drei Partnerschaften. Daß Mineral und Pflanze enger zusammengehören, ist schon an der Verwurzelung der Pflanzenwelt im Erdengrund zu erkennen. Die Pflanzendecke ist wie ein Glied, wie ein Organ der ganzen Erde. Tier und Mensch sind von dieser Bindung emanzipiert. Sie haben freie Ortsbewegung und einen hohen Grad von Selbstbestimmung ihres Daseins. Will man die Pflanze verstehen, so gelingt es am besten auf dem Hintergrund der Elemente, der Landschaft mit Erde und Himmel. Pflanzen bilden immer in irgendeiner Variation die Struktur der Landschaft nach, sind individualisierte Wiederholungen von Erde und Himmel mit allem, was sich dazwischen abspielt. Das Erdhafte lebt besonders in der Wurzel. Das Ineinander von Wasser und Luft hat seine Ausprägung im Stengel- und Blattbereich, während sich im Blütenhaften das Licht in besonderer Weise offenbart. Das sind nur wenige Hinweise, um zu zeigen, wie sehr die Pflanze auf dem Hintergrund der Welt zu verstehen ist, wie sehr sie als eine gesteigerte und individualisierte Wiederholung der Welt und des Standortes begriffen werden kann.
Sucht man eine solche Orientierung auch für die Tierwelt, so muß man auf den Menschen blicken. Von seiner Gesamt-Organisation aus fällt Licht auf die tausendfach gestreute Vielheit der Tierwelt. Auch in bezug auf die anatomische und physiologische Dreigliederung in Sinnes-Nerven-Organisation, rhythmische Organisation und Stoffwechsel-Gliedmaßen-Organisation ist der Mensch das einheitlich und harmonisch gestaltete Bild, nach dem die Tiere und ganze Tiergruppen geordnet und verstanden werden können.[1]
Die spiegelbildliche Umkehr ist deutlich: Die Pflanze als das höhere Reich ist zu orientieren an dem niederen, am Mineral, an der Erde, während das niedere Reich der Tiere an dem höheren des Menschen orientiert werden kann. Die extrem polaren Reiche Mensch und Mineral sind der Orientierungshintergrund für die beiden mittleren

[1] Poppelbaum, Hermann: Mensch und Tier, Dornach 1956
Schad, Wolfgang: Säugetiere und Mensch, Stuttgart 1971

Reiche Tier und Pflanze. In dieser Tatsache kommt auch zum Ausdruck, daß die Tiere mehr zum Pol des Wesenhaften gehören, dessen höchste Stufe der Mensch ist, während die Pflanzen ein ausgesprochenes Verhältnis zum Welthaften haben, das seine besondere Ausformung in der Erde hat.

Die Polarität und spiegelbildliche Umkehr der oberen und der unteren Partnerschaft kommt auch darin zum Ausdruck, daß einer der Partner das absolute Übergewicht hat, unten ist es das Mineral, oben der Mensch. Die Pflanze ist schon rein quantitativ als Pflanzendecke verschwindend klein. Dieses Übergewicht zeigt an, wer im Kern eigentlich gemeint ist: das Mineralreich, die ganze Erde. Dieser Vorrang gilt aber der ganzen Biosphäre gegenüber, der gesamten organischen Welt. In dem Verhältnis von Mineral und Pflanze wird diese Tendenz besonders deutlich. In der oberen Partnerschaft von Mensch und Tier hat der Mensch ganz eindeutig das Übergewicht, nicht quantitativ, aber qualitativ, dem Individuellen entsprechend, als schöpferische, kulturschaffende Personenfülle. Auch hier gilt das Übergewicht der ganzen Natur gegenüber mit den drei unteren Reichen. Wie passiv wirkt da das Mineralreich trotz seines Übergewichts an Masse, vergleicht man es mit der schaffenden Aktivität des Menschen, der wandelnd, aufbauend und zerstörend tief in die Natur eingreifen kann. Diese Übergewichte besonders in den beiden polaren Partnerschaften zeigen, daß es bei den Problemen der Evolution eben um diesen mächtigen Partner geht, um den Menschen oben, um das Mineral unten.

Da die aufsteigende Tendenz sich auf allen Stufen mit der absteigenden durchdringt, müssen sie auch in jeder dieser drei Partnerschaften wiederkehren. In dem engeren Rahmen einer Partnerschaft sind Abstammungszusammenhänge leichter zu fassen als im Gesamt der vier Reiche. Über den entwicklungsgeschichtlichen Zusammenhang von Mensch und Tier ist eher etwas Verläßliches und Überzeugendes zu erfahren als über den von Mensch und Pflanze oder gar von Mensch und Mineral. Und so ist es auch aussichtsreicher, über den Zusammenhang von Mineral und Pflanze etwas zu erfahren als über den von Mineral und Tier oder gar Mineral und Mensch.

In dieser mittleren Partnerschaft fehlt das Übergewicht des einen oder des anderen Partners. Die Verhältnisse sind ausgewogen und im Gleichgewicht. Das Polare zwischen beiden Reichen ist groß, aber nicht zugunsten oder ungunsten des einen oder anderen Partners verschoben. Dieses Gleichgewicht spricht für das verbindende und ausgleichende Wesen der Mitte schlechthin. Es wurde schon gesagt, daß eine Steigerung der polaren Verhältnisse von Pflanze und Tier zu der extremen Polarität von Mineral und Mensch hinführt. Hier wiederholt sich das Gleichgewicht, das in der mittleren Partnerschaft schon vorgebildet ist. Denn trotz extremer Verschiedenheit sind beide Reiche doch die polare Umkehr voneinander, zeigen innere Strukturen, die aufeinander bezogen werden können. Das wird sich im Verlauf der Arbeit noch zeigen (Kapitel 10).

Die Mitte als Ursprung getrennter Wege

Aus dieser Dreiheit von Partnerschaften ergibt sich die Möglichkeit, die architektonischen Formen und die entwicklungsgeschichtlichen Wege von der Mitte aus zu verstehen und von dieser Mitte aus in zwei polar verschiedene Richtungen zu gehen. Der eine Weg führt aufsteigend zum Menschen, zu einer Steigerung des Individuellen, des Wesenhaften, der andere absteigend hin zum Mineralreich, zu einer Steigerung des Universellen, des Welthaften. Doch bleibt unentschieden, wo denn genau diese Mitte liegt. Geht man von der Pflanze aus, so ist die gesuchte Mitte nach unten hin überschritten; geht man dagegen vom Tier aus, so ist sie nach oben hin überschritten. Die Mitte liegt, genau betrachtet und streng genommen, zwischen Pflanze und Tier, dort also, wo wir nichts finden. Doch fragen wir einmal, was denn dort liegen könnte oder liegen müßte? Eine Durchdringung und Einheit beider Pole, ein Pflanzenhaftes mit tierischen Merkmalen, ein Tierhaftes mit pflanzlichen Merkmalen, eine

Zwischenwelt von Pflanze und Tier, die beide ungeschieden ineinander liegen. In Urzeiten der Erde hat es dieses Zwischenreich gegeben. Blasse Andeutungen und Erinnerungen daran finden sich heute noch. Niedere Tiere zeigen oft pflanzenhafte Züge und niedere Pflanzen tierische Eigentümlichkeiten. Die Entwicklungswege müssen von solch einer Mitte ausgegangen sein. Was aber von der einen, der mittleren Partnerschaft gesagt werden kann, darf den anderen nicht vorenthalten werden. Auch hier muß mit einer Mitte gerechnet werden, unten zwischen Pflanze und Mineral, oben zwischen Tier und Mensch. Dann hätte sich aus einem Mittelreich zwischen Tier und Mensch aufsteigend der heutige Mensch entwickelt und absteigend die höhere Tierwelt. Der Aufstieg brachte Gewinn eines neuen Wesensgliedes, der Abstieg war verbunden mit dem Verlust einer Offenheit für das Neue, brachte Zerstreuung und Zersplitterung in eine Unzahl von Formen und Typen gegenüber der Einheitsgestalt des einen Typus Mensch, der einen Sonderart als Repräsentanten eines ganzen Reiches. Und ein Zwischenzustand zwischen Mineral und Pflanze muß der Ausgangspunkt zweier Wege gewesen sein, von denen der eine abwärts führte zum anorganischen Mineralreich heute, der andere dagegen aufwärts zur Formenfülle der heutigen Pflanzenwelt. Auch hier kam es beim Abstieg zur Isolierung und Zerstreuung in die Fülle einzelner mineralischer Substanzen. Geht man in allen drei Partnerschaften von diesen drei Mitten aus, so

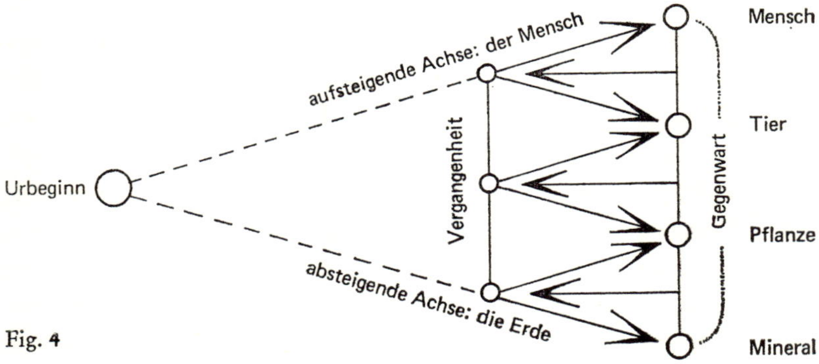

Fig. 4

entsteht ein sehr kompliziertes und doch wieder sehr übersichtliches Bild uralter Entwicklungswege. Um sie auch zeichnerisch sichtbar zu machen, verlegen wir diese drei Quell- und Mittelpunkte nach links hin, von wo aus die Wege polar zu den vier Reichen heute divergieren (Fig. 4).

Man sieht, daß Pflanzen- und Tierreich gar nicht so gleichartig und von gleicher Herkunft sind, wie es scheint. Sie müssen aus zwei Quellen gespeist worden sein, aus einem auf- und einem absteigenden Entwicklungsstrom. Denn es wiederholt sich für dieses Mittelreich das gleiche, was sich für die alte Einheit von Mensch und Tier ereignete. Wie dort der Mensch aufsteigend das Tier überwindet und das Tier absteigend sich vom Menschen entfernt und weitverzweigte eigene Wege geht, so überwindet ein Teil dieses alten Mittelreiches aufsteigend das Pflanzenhafte und wurde ganz Tier, ein anderer Teil überwindet absteigend und zurückbleibend das Tierhafte und wurde ganz Pflanze. Trotz dieser wechselseitigen »Reinigung« des einen vom anderen sind in niederen Tieren Anklänge an das Pflanzliche erhalten geblieben (Hohltiere, Hydren, Korallen) und in niederen Pflanzen Anklänge an das Tierhafte (z. B. in Algen und der geschlechtlichen Generation von Farnen und anderen Blütenlosen). Die höheren Pflanzen sind nicht die tiernahen, sondern gerade die tierfernen, in deren Bau ganz besonders das Wesen der Elemente, der Landschaft eingegangen und ausgeprägt ist: Blumen, Sträucher und Bäume. Die Sprache der Architektur fordert auf, beide Reiche, Pflanze und Tier, daraufhin genauer zu untersuchen.

Nun gibt es aber auch die extrem große Polarität von Mineral und Mensch, eine Partnerschaft größten Stiles. Auch hier muß es eine Mitte geben, einen Quellort uralter und ältester Gemeinsamkeit beider Reiche. Um ihn zeichnerisch sichtbar zu machen, muß man noch weiter zurückgehen in die Vergangenheit (nach links). Hier hätten wir die Mitte aller Mitten erreicht, einen Ur-Zustand der Erde, der noch ganz auch der Urzustand des Menschen war, einen Zustand des Menschen, der ganz noch der Uranfang der Erde war. Von dieser Mitte aller Mitten gehen dann aufsteigend und absteigend die beiden großen Achsen aller Wege aus. Welt und Wesen waren hier noch eins. Daß die Stilprinzipien der Weltarchitektur solche Ausblicke eröffnen, ist beglückend und ermutigend für das Bemühen, verborgene Wirklichkeiten verstehbar und einsichtig zu machen.

Mensch und Erde: die Ur-Einheit von Wesen und Welt

Der Einheit im Urbeginn entspricht heute das extreme Gegenüber von Erde und Mensch. Bei der fortschreitenden Trennung durch alle Stufen sind sie bis heute doch immer zusammengeblieben, füreinander gemeint und aufeinander bezogen. Schon die Polarität von Pflanze und Tier läßt eine Umstülpung ihrer gestaltlichen Verhältnisse erkennen. So muß eine Steigerung dieser Polarität in Mineral und Mensch auch eine gesteigerte, extrem geartete Umkehr des einen in das andere Reich sein.

Im Abstieg der Erde aus höheren Zuständen und Bereichen vollzog sich zugleich auch der Aufstieg aller Wesen, deren zentrale Achse der Mensch ist. Der Schritt vom Tier zum Menschen, genauer gesagt von der Tierstufe des Menschen zu seiner heutigen ichhaften Geiststufe ist nur die letzte, große Etappe auf den Wegen einer aufsteigenden Evolution der Wesen. Und der Schritt von der Pflanze zum Mineral, genauer gesagt von der pflanzlich-lebendigen Stufe der Erde zu ihrer erstorbenen Gegenwartsgestalt, ist nur die letzte Etappe auf den Wegen einer aus höheren Zuständen absteigenden Evolution der ganzen Erde. Mensch und Erde haben gemeinsamen Ursprung, sind deshalb auch die ältesten Reiche mit den längsten Entwicklungswegen.

Der heute immer noch vorhandene Nachklang dieser beiden großen, sich wechselseitig durchdringenden und bedingenden Evolutionswege ist in den beiden Tendenzen zu erkennen, die das strukturierende Gerüst der gesamten Architektur ausmachen (Fig. 1–3). Man kann darauf verzichten, diese Struktur unter dem Aspekt der Evolution zu sehen, man kann sie ganz als gegenwärtige Architektur betrachten. Doch will man die Entwicklungsgeschichte darin erkennen, dann sind Mensch und Mineral beides, Ursprung und Ziel. Dem gemeinsamen Ursprung in urferner Vergangenheit entspricht als das gemeinsame Ziel in der Gegenwart die extrem große Partnerschaft beider Reiche. Verfolgt man nur den aufsteigenden Weg mit dem Menschen als Ziel, dann lebt in den drei unteren Reichen auch die Vergangenheit des Menschen. Er hat diese Stufen durchlaufen, ohne jemals im Sinne der heutigen Natur ein Tier, eine Pflanze oder ein Mineral gewesen zu sein. Darum können diese Reiche auch nur als stellvertretende Bilder für Vergangenheitszustände des Menschen gelten. Verfolgt man aber nur den absteigenden Weg mit der Erde als Ziel, dann müssen die drei oberen Reiche die Rolle übernehmen, stellvertretende Bilder für ältere und höhere Vergangenheitszustände der Erde zu sein. Dieser Gedanke überrascht, ja er schockiert, aber er ist konsequent und entspricht dem Stilgesetz der Architektur. Die Erde war einst genau so wenig Pflanze, wie der Mensch einst kein Tier gewesen ist. Aber sie hatte teil an der Lebendigkeit des Pflanzenreiches, wie auch der Mensch einst an der Ichlosigkeit der Tiere Anteil hatte. Schwieriger wird es, sich den Abstieg der Erde aus noch höheren Stufen und Weltzuständen zu denken, einen Abstieg, der in Geistbereichen begonnen hat. Die Sprache der Architektur legt uns aber nahe, auch diesen Gedanken zu erwägen und zu wagen. Fig. 4 zeigt nur wenige Linien dieser unendlich kompliziert verlaufenden Entwicklungswege.

Bilder und Beispiele

Die Welt hat viele Beispiele dafür, daß die Entwicklungsabläufe aus einer Mitte heraus in polar verschiedene Wege auseinandergehen. Das polare Gegenüber der Geschlechter ist aus einer geeinten Zwienatur hervorgegangen, aus einer Zwitterigkeit. Viele Blüten haben die Einheit von männlichem und weiblichem Organ heute noch, in anderen ist diese Einheit getrennt und auf zwei Blüten verteilt. Die

Trennung kann noch weitergehen, so daß die beiden Geschlechter auf zwei verschiedene Gewächse verteilt sind. In der Tierwelt gibt es auch diese Stufen von alter Zwitterigkeit bis zur klaren polar verschiedenen Getrenntheit der Geschlechter. Aber immer bleibt in der Getrenntheit die Bezogenheit aufeinander bestehen.

Ein großes Bild für einen Mittelzustand zwischen oben und unten sind die Wolken. In ihnen durchdringen sich die Elemente Wasser und Luft. Das Wasser hat Gesetzmäßigkeiten des Luftigen angenommen und die Luft solche des Wasserhaften. So schwebt die Wolke als ambivalentes, doppeldeutiges Wesen in der Mitte zwischen oben und unten, »beidem gleich geneigt, obs fallend wässert oder luftig steigt« (Goethe). Die Trennung alter Einheiten ist auch das große Thema in der biblischen Schöpfungsgeschichte. Gott schied Licht und Finsternis, schied das Wasser über der Feste von dem Wasser unter der Feste, schied das Wasser vom Land und trennte schließlich die Geschlechter.

Auch in der Geschichte der Erde wächst rückschreitend das heute Getrennte wieder zu Einheiten zusammen. Als Pflanzen und Tiere noch das eine mittlere Reich bildeten, da standen sich auch Mensch und Mineral noch näher. Der Mensch war noch belastet mit Tierhaftem, das Mineral mit pflanzlich Lebendigem. Beide suchten ihr eigenes Wesen durch »Entlastung« reiner herauszuarbeiten. Der Mensch ließ aufsteigend das höhere Tier zurück und das Mineral absteigend den pflanzlichen Rest.

Um das Polare dieser beiden Wege einigermaßen auch in die Vorstellbarkeit zu bekommen, geht man am besten von dem Bild der Erde aus, schaut sich eine der Aufnahmen an, die von Astronauten gemacht wurden, oder denkt an einen Globus. Alles ist von sphärischer Natur, die Lithosphäre (Gesteinsmantel), Hydrosphäre (Wasserhülle), Atmosphäre (Lufthülle). Darin und darauf sind die Lebewesen, mehr linear als sphärisch gebaut, der Mensch unter ihnen ist direkt die Fortsetzung des Erdradius. Und nun lasse man die Erde in der Vorstellung wachsen, größer werden, wobei sie sich mehr und mehr ent-dichtet und zugleich durchlichtet. So kann sie wachsen über die Mondregion hinaus bis weit ins Planetarische. Dabei verliert sie sich für unsere Wahrnehmung mehr und mehr im Übersinnlichen, und alles Leben auf ihr ändert sich in dem Maße, wie sich die Erde ändert. Bis schließlich alles, Welt und Wesen, in dem einen Ur-Anfang zusammenfließt, die Urerde der Mensch wird und der Mensch die Erde. Dieser Uranfang ist wie ein Samenkorn, nur ungeheuer groß, und das sich daraus differenzierende Gewächs, der Organismus Erde heute ist durch ständige Konzentration entstanden. Heute wachsen alle Wesen vom Kleinen ins Große, die Welten aber sind vom Großen ins Kleine gewachsen.

Bisher war nur von der Trennung alter Einheiten die Rede, von den Prozessen der Divergenz. Doch gehört als notwendige Ergänzung die Konvergenz dazu, die Vereinigung alter Getrenntheiten. Die Konvergenz sucht die Mitte, während die Divergenz die Mitte verläßt.

IV

Der Schichtenbau der Reiche und die zwei Naturen

Das Alte, das Neue und die Überformung

Mineral, Pflanze, Tier und Mensch sind in einer bestimmten architektonischen Gesetzmäßigkeit so miteinander verbunden und ineinander verzahnt, daß sich das Mineral in der Pflanze wiederholt, die Pflanze im Tier und das Tier im Menschen. Ohne Mineral keine Pflanzen, ohne belebten Leib kein beseeltes Tier und ohne beseelten Leib kein Mensch als Träger des Geistes. Von Reich zu Reich tritt eine von unten her unableitbare neue Seinsstufe in Erscheinung, die eigentliche Urtatsache des jeweils neuen Reiches. Dreimal steht ein tragender Grund für einen neuen Inhalt bereit, das Mineralische für das Leben, der lebendige Leib für das Seelische und der beseelte Leib für das Geistige. Und dreimal tritt eine völlig neue, von unten her unableitbare Seinsstufe in Erscheinung, deren Wesen ohne die tragende Grundlage sich nicht offenbaren könnte: das Leben, das Seelische und das personhaft Geistige.

Der alte tragende Grund ist jeweils nach dem Wesen und durch das Wesen der neuen Seinsschicht verwandelt oder »überformt«. Das Leben gibt der Materie in den Pflanzen neue Formen und Vorgänge, und das Seelische prägt das pflanzlich Lebendige gemäß seinem Wesen so um, daß der tierische Leib für die seelische Innerlichkeit transparent wird. Und auch die Innerlichkeitsstufe des Geistes wirkt verwandelnd, umformend und überformend in die alte tierverwandte Unterlage, so daß auch hier das Neue durch das Alte hindurch zu erkennen ist. So sagt Goethe, daß im Menschen das Tier zu höheren Zwecken gesteigert ist und für das Auge wie für den Geist in Schatten gestellt wurde.

Diese Zusammenhänge sind in einem Vers von Friedrich Rückert († 1866) konzentriert und bündig ausgesprochen:

»Den Körper mit dem Stein, das Leben mit der Pflanze,
Die Seele mit dem Tier teilst du, o Mensch, fürs Ganze.
Vor Pflanze, Tier und Stein hast du voraus den Geist,
Daß du ein Ganzes selbst, nicht nur für's Ganze seist.«[1]

Was Rückert hier sagt, fußt auf altem Wissen und geht als Schichtenlehre in verschiedener Ausprägung durch die Jahrhunderte. In unserer Zeit wurde die Schichtenlehre besonders von dem Philosophen Nicolai Hartmann († 1950) in seinem Werk »Der Aufbau der realen Welt« neu und umfassend begründet.

Die Welt ist größer als der Umfang und Inhalt dieser vier Reiche, sie ragt über die hier gegebenen Grenzen hinaus. Der Teil der Welt aber, den zu untersuchen und zu beschreiben wir uns vorgenommen haben, hat eine klar erkennbare Gestalt, die unbeschadet ihrer Beziehungen zur größeren Welt – ob physisch oder geistig – doch in sich als ein geschlossenes Ganzes betrachtet werden kann.

Ohne das Mineralreich ist kein Pflanzenleben möglich. Aber diese unerläßliche Bedingung für das Auftreten des Lebens darf nicht zur Ursache, zum Quellgrund des Lebens gemacht werden. Und das Leben wieder ist unerläßliche Voraussetzung für das Erscheinen des Seelischen, nicht aber dessen Ursache und Urgrund. Und ohne die seelische Wirklichkeit kann der personale Geist des Menschen nicht sichtbar werden. Aber ein Irrtum wäre es, ihn aus dem seelischen Grund allein schon ableiten zu wollen. Die jeweils neuen Seinsstufen folgen auf die alten, so wie der Tag auf die Nacht folgt. Aber der Tag ist darum doch keine Weiter-Entwicklung der Nacht, das Licht ist nicht aus der Finsternis entstanden, es ist ein Novum, das hinzukommt und das Alte, die Finsternis sogar zurückdrängt und einschränkt.

Das eben erwähnte Goethewort ist schon auf die Pflanze anzuwen-

[1] Fr. Rückert, Weisheit des Brahmanen (VI, 43)

den. Denn auch in jeder Blume, in jedem Baum ist das Untere, das Mineralische zu höheren Zwecken gesteigert. Eine nur chemisch orientierte Botanik ist für diese Steigerung, für dieses Novum ebenso blind wie eine nur zoologisch orientierte Anthropologie für das spezifisch Neue und qualitativ Andere des Menschen.

Die Wiederkehr des Alten im Neuen schafft in den drei organischen Reichen eine deutliche Zweiheit in der Einheit ihres Wesens. Wir wollen diese beiden Seiten künftig die zwei Naturen der Lebewesen nennen. In der Pflanze sind es das Mineral und das Leben, im Tier der belebte Leib und das Seelische und im Menschen der beseelte Leib und der Geist.

Von zwei Naturen wurde in der Geschichte des Christentums gesprochen, wenn es bei dem Jesus-Christus um die Einheit seiner menschlichen und göttlichen Natur geht, eine Zweiheit, die in dem Doppelnamen Jesus-Christus zum Ausdruck kommt. Das ist das höchstmögliche Niveau der zwei Naturen, gewissermaßen ein Urbild aller niederen Formen des gleichen Prinzips. In jedem Fall handelt es sich um einen Aufstieg von unten und um ein Herab und Herein von oben, von außen aus einer Verborgenheit in das Offenbare der Welt. Auf jeder Stufe ist es das absolut Neue, das Novum, das aus einer transzendenten Verborgenheit in den Weltenvordergrund eintritt. Niemand weiß, woher es kam, woher es immer wieder kommt. Darum sucht man nach Quellgründen, die überschaubar sind. Die einen glauben, alles Höhere aus dem Unteren ableiten zu können, Leben, Seele und Geist aus der Materie. Andere verzichten auf jede Aussage über eine mögliche Herkunft von oben, um nicht in den Verdacht zu kommen, Metaphysiker zu sein.

Es gehört mit zu den Aufgaben dieser Schrift, die Möglichkeit und Tatsächlichkeit höherer Quellgründe wieder sichtbar zu machen, Wege zu zeigen, die nicht nur von unten nach oben gehen, vom Physischen zum Geistigen, sondern ergänzend und notwendig dazu auch die anderen von oben herab, vom Geistigen zum Physischen.

Es wurde bisher nur vom Schichtenbau gesprochen. Doch klingt »Schicht« sehr abstrakt und homogen gegenüber der konkreten und reich differenzierten Leibesgestalt der Lebewesen, aber auch gegenüber dem gestalthaft ganzheitlichen Verhalten der Tiere und der differenzierten Geistgestalt einer menschlichen Individualität. Wo das Leben so konkrete Gestalten schafft wie die physischen Leiber aller Wesen, sollte man sich nicht scheuen, auch diesem Leben, der »Schicht« gestalthafte Züge, d. h. den Charakter eines eigenen Organismus zuzuerkennen. Man könnte noch einen Schritt weitergehen und von leibhafter Gestalt sprechen, von einer Leiblichkeit des Lebens, der Seele und des Geistes, von Lebensleib, Seelenleib und Geistleib. Es handelt sich nicht um eine gleichartige Innerlichkeit verschiedener Tiefe, sondern um hochdifferenzierte Organisationen übersinnlicher Art. Für eine Erkenntnisfähigkeit, die Zugang zum Übersinnlichen hat, sind diese höheren Wesensglieder, diese Schichten oder »Leiber« wahrnehmbar. In Anlehnung an eine ältere Ausdrucksweise spricht Rudolf Steiner vom Ätherleib und Astralleib. Mit Ätherleib ist die »Schicht« des Lebendigen gemeint, mit Astralleib die des Seelischen. Pflanzen haben also einen Ätherleib, Tiere darüber hinaus einen Astralleib und der Mensch noch das Ich, die ichhafte Geistgestalt. Doch bedarf es nicht der übersinnlichen Wahrnehmung, um legitim von diesen höheren Wesensgliedern, von diesen Schichten oder »Leibern« zu sprechen.

Man kann die architektonischen Phänomene betrachten und untersuchen, ohne gleich auch die Fragen nach ihrer Evolution mit einzubeziehen. Auch wenn man weiß, daß jedes Bauwerk einmal geworden ist, so ist man doch nicht gezwungen, gleich nach der Baugeschichte zu fragen. Je genauer man aber die gegenwärtigen Verhältnisse untersucht, um so fruchtbarer und sicherer werden diese Erkenntnisse für die Fragen nach der Evolution.

Spricht man von dem Tier im Menschen, so ist zunächst nur auf die Verwandtschaft zwischen beiden Reichen hingewiesen. Meint man aber die tatsächliche Entwicklungsgeschichte, so darf man den Rahmen des Reiches nicht verlassen. Das Tier nämlich, von dem der Mensch abstammt, ist er selber, ist eine tierische Vorstufe des Menschen. Der Mensch war einst so ichlos und von außen gelenkt wie heute noch die Tiere. Aber er war offen, bereit und fähig, ein neues Wesensglied, eine neue »Schicht«, den Geist, das Ich, den Typus eigener Herkunft in sich aufzunehmen. Wo diese Offenheit verlorenging, entstand erst die höhere Tierwelt[1]. In keinem Falle sollte man die untere der beiden Naturen unmittelbar auch aus dem unteren Reich ableiten, sondern immer im Rahmen des Reiches selber bleiben und die untere Natur nicht als Leihgabe nur des unteren Reiches verstehen, sondern als Urgabe und ältere Stufe des gleichen Reiches. So ist die Pflanze zwar mit dem Mineralreich verwandt, aber es wäre ein Irrtum, ihren Ursprung im Mineralreich zu suchen. Die untere der beiden Naturen in der Pflanze, der physisch-mineralische Tragegrund, deutet auf einen alten Zustand der Pflanze selbst. Das Mineralische, aus dem sie entstanden ist, kann gar nicht die anorganische Materie gewesen sein, sondern ein Mineralisches, das dem Leben noch nahestand. Es stammt weder der Mensch aus dem Tier, noch das Tier aus der Pflanze, und auch diese ist nicht aus dem Mineralreich entstanden. Und doch gibt es nicht nur verwandtschaftliche Beziehungen von Reich zu Reich, sondern auch Abstammungszusammenhänge, die aber von anderer Art sind, als man gemeinhin glaubt. Der wahre Ursprung liegt immer in der Mitte zweier Reiche, wo in alter Vergangenheit das eine Reich auch noch die Züge des anderen in sich barg, wo das Mineral noch pflanzlich, die Pflanze noch mineralisch war, und auch das Tier noch menschenhaft offen und der Mensch noch tierhaft ichlos gewesen ist.

[1] Fr. A. Kipp, Höherentwicklung und Menschwerdung, Hippokrates Verlag, Stuttgart 1948

V
Die Sonderstellung des Mineralreiches und des Menschen

Der fehlende Partner

Die Stufenfolge, wie sie in Kapitel 4 dargestellt ist, beginnt mit dem Mineralreich und endet im Menschen. Dem Mineralreich fehlt ein unterer Partner, dem Menschen ein oberer. Nach beiden Richtungen hin ist die Architektur offen, unabgeschlossen, nicht deutlich begrenzt. Nach beiden Seiten hin geht die Welt physisch oder geistig weiter. Doch sollte man auch bedenken, daß wir in den beiden Hauptachsen sind und sie nicht ohne Grund verlassen dürfen. Zunächst sieht es so aus, daß die Architektur keinen Einblick in das Fehlende gewähren will. Doch kann man auch gerade in diesem Fehlen den Hinweis lesen, das Gesuchte nicht irgendwo draußen, darunter oder darüber zu vermuten, sondern in den Reichen selbst. Mensch und Mineral sind die beiden Weltachsen, und daher ist alles Vergangene und alles Zukünftige zuerst einmal eine Sache dieser Achsen selbst.

Wo der untere Partner fehlt, da fehlt der Einblick in die Vergangenheit dieses Reiches. Und wo der obere Partner fehlt, da fehlt die Möglichkeit eines Einblicks in die Zukunft. An einer Vergangenheit des Minerals kann ebensowenig gezweifelt werden wie an einer Zukunft des Menschen. Nur muß man einsehen, daß uns die Architektur darüber nur dann etwas sagt, wenn wir sie nicht verlassen, wenn wir das Fehlende, den Partner im Mineralreich und im Menschen selbst suchen. Da über die Zukunft des Menschen im III. Teil besonders gesprochen wird, gilt unser Interesse jetzt dem Mineralreich und der Frage nach seiner Vergangenheit und seinem Ursprung.

Wie finden wir nun die Vergangenheit dieses Reiches, ohne daß wir durch einen unteren oder älteren Partner dahin geführt werden? Es muß geprüft werden, ob sich in diesem Reich eine ältere und eine jüngere Stufe unterscheiden läßt. Gibt es Phänomene, die als eine innere Gliederung gelten können und gleichzeitig Hinweise auf die Evolution dieses Reiches sind?

Seit alten Zeiten spricht man von einer Stufenfolge der Elemente Erde, Wasser, Luft und Feuer (Wärme), und man sah darin auch eine Entwicklungsgeschichte der Erde von der Wärme abwärts über das Luftartige und Flüssige bis zum festen Grund der Erde. Das Wasser, über dem nach dem biblischen Schöpfungsbericht der Gottesgeist schwebte, ist als eine alte Entwicklungsstufe der Erde zu verstehen. Doch die Elemente spielen in der Wissenschaft und in Fragen der Weltentwicklung keine Rolle mehr. Übrig geblieben sind die Aggregatzustände des Festen, Flüssigen und Gasförmigen. Die Wärme hat längst aufgehört, zu dieser Stufenfolge zu gehören, obwohl sie innigst an Schmelzen und Verdampfen, am Kondensieren und Erstarren der Substanz beteiligt ist. Wie so viele alte Wahrheiten ist auch diese verschüttet und wartet mit den anderen auf Wieder-Entdeckung ihres alten hohen Ranges. Soviel kann man mit Sicherheit sagen, daß Kristalle, Gesteine und alles Fest-Geformte nicht Anfang des Mineralischen gewesen sind. Wasser und Luft, das Flüssige und das Gasförmige gehören älteren Stufen der Materie an. Unterstellt man einmal, daß sich darin Hinweise auf einen Entwicklungsweg des Mineralreiches erkennen lassen, dann gehen hier die Wege nicht wie gewohnt von unten nach oben, sondern umgekehrt von oben nach unten. Die älteren Zustände sind zugleich auch die oberen, während das letzte, das jüngste Glied, die feste Form, aus diesem Älteren und Oberen nach unten hin ausgesondert wurde. In der Geschichte der Naturwissenschaft ist das Element Luft erst relativ spät auch als Materie erkannt worden. So sehr empfand man »Luft« noch einer höheren Welt zugehörig. Und ähnlich ging es dem »Wärme-Stoff«, der seine Rolle, mit in die Stufenfolge der Elemente zu gehören, heute endgültig verloren hat. In der griechischen Philosophie ist jedes der drei höheren Elemente für den Ursprung in Anspruch genommen worden. Thales sah wie die Bibel im Wasser den Ursprung der Welt. Goethe läßt ihn sagen:

»Alles ist aus dem Wasser entsprungen!
Alles wird durch das Wasser erhalten!
Ocean, gönn uns dein ewiges Walten!«
(Faust II, Klassische Walpurgisnacht)

In der Bibel ist sogar von drei Entwicklungsstufen des Wassers die Rede. Das Ur-Wasser, über dem der Gottesgeist brütend schwebte, wird in ein Wasser über der Feste und in ein Wasser unter der Feste geschieden. Und das Wasser unter der Feste wird noch einmal geschieden, so daß jetzt erst das Meer und das Land entsteht. Das Land ist dann wie eine Art großer, kosmischer Ausfällung und Absonderung aus plastisch-flüssigen Vorzuständen. Die Elemente der alten Naturanschauung sind mehr als nur die Aggregatzustände der Materie.

Der Weg von oben nach unten, vom Leben zum Tode

Mit diesem Schritt vom Flüssigen zum Festen, vom Organischen zum Anorganischen, vom Lebendigen zum Erstorbenen ist eine Umkehr der Verhältnisse verbunden, eine Inversion von alt und jung, unten und oben. Das Alte ist nun nicht mehr das Untere, sondern muß oben, in höheren Bezirken gesucht werden. Das Novum hat jetzt die Rolle des Unteren übernommen. Sogar innerhalb der mineralischen Stufe aller Lebewesen, in der Entstehung ihrer physischen Leiblichkeit wiederholt sich dieser Weg vom Flüssigen zum Festen. Knochen, Schalen, Holz, alles fest Geformte ist immer ein Endzustand. Die Anfänge stehen immer noch dem Flüssigen und Plastischen nahe. Diese Endzustände können sogar ganz aus dem Leben herausfallen, womit zugleich auch ein Weg der anorganischen Materie aus dem Leben angedeutet ist. In der absteigenden Stufenfolge der vier Reiche ist das Mineral das Ziel, voraus gehen die höheren Stufen des Lebens. Sollte das Leben wirklich die gesuchte höhere und ältere Welt sein, aus der das Mineralreich, die ganze Erde heraus und herab verdichtet wurde, dann müßte etwas von diesem Leben im Mineralreich als überformte Wiederkehr des Alten im Neuen vorhanden und zu finden sein. Dieses Alte und Höhere kann in den Elementen Wasser, Luft und Wärme gesehen werden, während das Feste, der Kristall, das Gestein das eigentliche Novum dieses Reiches ist. So wie die Vorform des heutigen Menschen nie ein Tier war, sondern der Mensch auf der ichlosen Stufe des Tieres, so war auch der Vorzustand der Erde nicht die Pflanzenwelt, sondern die Erde selber auf der Stufe belebter organischer Substanz. Materie und Leben, Mineralisches und Lebendiges durchdrangen sich und waren noch nicht geschieden.

Wenn heute über den Ursprung des Lebens gedacht und geforscht wird, so gilt als selbstverständliche Voraussetzung, daß Materie in der anorganischen Gestalt älter ist als alles Leben. Auch wenn man von einer Evolution chemischer Substanzen als Vorstufe belebter Materie spricht, wenn also eine gewisse Lebendigkeit der ganzen Erde oder einer ihrer Sphären angenommen wird, so wird dieses nicht als ein Zustand gedacht, der aus noch älteren Zeiten herüberragt, sondern als ein jüngeres, im Grunde sekundäres Geschehen. Dieselbe Denkweise versteht auch den Menschen als eine sekundäre Erscheinung, die aus dem Tierreich abgeleitet werden kann. Zwar ist er auf seiner heutigen Stufe jünger als die Tiere, doch als Achse der Evolution geht er den Tieren voraus, ist der Stamm, von dem sie abgezweigt sind. So ist auch das Leben in der heutigen Gestalt der Pflanzenwelt jünger als die Erde oder gleichzeitig mit der absterbenden Erde entstanden. Und doch geht Leben als ein älteres Prinzip dem erstorbenen Erdenzustand voraus.

Wo diese Zusammenhänge nicht erkannt sind und nicht anerkannt werden, besteht keine Veranlassung, weder nach einem Menschenzustand zu fragen, der älter ist als die Tiere, noch nach einem pflanzlichen Leben, das älter ist als das erstorbene Mineral. Für die Frage nach dem Ursprung und der Vergangenheit der Materie kommen daher auch keine anderen als nur physikalische Aspekte in Frage. Und doch bleibt es merkwürdig, warum der Gedanke eines Abstieges der Materie aus dem Leben hin zum Toten immer wieder überrascht, befremdet und abgewiesen wird, da dieser Weg doch der täglichen Beobachtung zugänglich ist. Wir sehen, wie das Tote aus dem Leben entsteht, wie Holz, Blätter, Schalen, Federn und ganze Leiber immer wieder den Weg vom Leben zum Tode gehen. Das Umgekehrte, wie Leben aus dem Tode entsteht, hat noch niemand gesehen. Das aber beherrscht unser Denken und Forschen, während das große Gleichnis der Natur unbeachtet bleibt. Die architektonische Ordnung läßt Raum für beides, für den Aufstieg der Pflanze aus dem unteren Tragegrund der Substanz und für den Abstieg der Materie aus dem oberen Tragegrund des Lebens. Man darf dabei weder vom heutigen anorganischen Zustand der Materie ausgehen, noch von einer uns vertrauten Pflanzenwelt. Die Sonderstellung des Mineralreiches hat uns wieder auf das Problem einer abwärts gerichteten Stufenordnung und damit auf das Phänomen einer Umkehr der zwei Naturen aufmerksam gemacht. Bei der aufsteigenden Entwicklungstendenz finden wir die Vergangenheit immer unten. Der absteigende Weg des Minerals belehrt uns, daß es Vergangenheiten auch oben, in höheren als nur physischen und physikalischen Bereichen gibt.

VI

Ein vergessener Weg

Der untere Tragegrund

Wie kommt es, daß in den Theorien über die Entstehung der Naturreiche, über das Auftreten der Pflanzen, der Tiere und des Menschen, über das Erscheinen des Lebens, des Seelischen und des Geistes immer nur Wege genannt werden, die von unten nach oben führen. Warum wird nicht erwogen, ob in diesem Aufstieg auch ein Abstieg mit enthalten sein könnte, ein Weg, der von oben nach unten führt, aus einer Übernatur in die Natur hinein, aus einer geistigen in die physische und sinnliche Welt?

Die Antwort scheint sehr einfach zu sein: Es kommt daher, daß wir heute weder einen Abstieg beobachten, noch überhaupt ein »Oben« kennen oder sehen, von dem aus dieser Abstieg stattgefunden haben könnte. Wäre die Antwort aber wirklich so einfach, wir hätten die Frage gar nicht gestellt. Denn es ist noch nicht lange her, da sprachen die Menschen nur von diesem abwärts gerichteten Weg; da wußte man noch gar nichts von einem Aufstieg. Leben, Seele und Geist kamen von oben, waren Schöpfungen, Gaben und Geschenke einer oberen, einer göttlichen Welt. Sogar das Mineralreich hatte eine Geschichte, die im Geistigen ihren Anfang nahm, sei es in einer geistnahen Urwärme, Urluft oder in einem himmlischen Wasser. Die Sanduhr kann uns ein Bild für diesen Abstieg im Aufstieg sein. Der untere Berg der Uhr wächst nur dadurch nach oben, daß ihm die neuen Substanzen von oben her zufließen. Ein Ameisenhügel dagegen oder ein Vulkan wachsen nur aus immanenten Kräften von unten nach oben, aus Kräften, die in ihnen selbst liegen, und können somit das Bild für die herrschende Anschauung sein. Wir haben die Wege von oben herab heute ganz vergessen, und auch vergessen müssen, um einmal die aufsteigenden Wege und Kräfte kennenzulernen, die Entwicklungsschritte, von denen wir bisher nichts wußten.

Geben wir also einmal zu, daß nichts zu sehen sei, was von oben nach unten absteigt, nichts, das uns einen solchen Weg nahelegen könnte. Sehen wir denn aber den anderen Weg, sehen wir wirklich den Aufstieg von unten nach oben? Die Frage klingt herausfordernd und will es auch sein. Denn wir zweifeln nicht im geringsten daran, daß es einen Aufstieg gibt oder gegeben hat, wir zweifeln nur daran, daß dieser Prozeß wirklich gesehen werden kann, daß man irgendwo die Entstehung des Lebens aus der Materie, der Pflanze aus dem Mineralreich beobachtet. Die Welt zeigt uns zwar niedere und höhere Naturreiche, zeigt uns auch, daß die höheren Reiche auf den niederen fußen, daß sich die niederen in den höheren wiederholen, aber sie zeigt uns das alles doch nur als eine fertige, eine vollendete Architektur, nicht als einen im Werden begriffenen Prozeß. An keiner Stelle sehen wir den Aufstieg des Lebens aus der Materie, des Beseelten aus dem Lebendigen, des Geistes aus dem Beseelten; wir sehen keinen Menschen wirklich aus dem Tierreich aufsteigen und kein Tier aus dem Pflanzlichen und sehen kein Pflanzliches aus der anorganischen Materie, nichts Lebendiges aus dem Unlebendigen aufsteigen. Uns liegt nichts ferner als kleinlicher und kleingläubiger Zweifel an dem Gedanken der Entwicklung, uns liegt nur an der Einsicht, daß diese Vorgänge nicht nur durch die gegenwärtigen Verhältnisse zugänglich sind, sondern daß die Gegenwart immer stellvertretend für die realen Vorgänge der Vergangenheit steht. Sie ist Bild, das nur Hinweise auf einst gegangene Wege enthält, nicht aber die Wirklichkeit dieser Vorgänge selbst.

Wenn wir z. B. sagen, der Mensch stammt vom Tiere ab, so ist diese Aussage wahr und falsch zugleich. Sie ist falsch, wenn der Begriff des Tieres aus unserer gegenwärtigen Erfahrungswelt genommen wird, wenn wir mit Tier ein Wesen meinen, das eindeutig in das System der Zoologie einzuordnen ist. Wahr ist diese Aussage erst dann, wenn der Begriff des Tieres hier nur stellvertretend für Zustände und Seinsweisen gebraucht wird, die wir mit Zuständen und Seinsweisen der Tiere vergleichen dürfen, die wir auch heute noch in der Tierwelt antreffen. So ist z. B. die Ichlosigkeit auch heute noch ein Kriterium für die Tierstufe. Insofern ist der Vorfahre des Menschen ein Wesen von tierhafter Natur. Aber was ihn nun trotz aller Verwandtschaft mit dem Tier doch von diesem grundsätzlich unterscheidet, ist die in ihm veranlagte Möglichkeit, ein Ichwesen, ein Geistträger zu werden, den Geist als Ich-Gestalt in sich aufzunehmen. Dazu ist kein Tier in der Lage. Wesen, die das nicht mehr können, die diese Potenz eingebüßt haben, sind überhaupt erst als Tiere zu bezeichnen. Hinter dem Bildschleier der Gegenwart lassen sich die Konturen einer Vergangenheit abtasten, in der es Wesen gab, die ichlos waren wie die Tiere heute noch, aber auch offen wie der Mensch noch heute. Diese Wesen waren Menschen auf der Stufe des Tieres, und Tiere auf der Stufe des Menschen. Ihre Ichlosigkeit machte sie zu Tieren und ihre Offenheit zu Menschen. Wir bringen dieses Beispiel nur, um uns an ihm den Bildcharakter ins Bewußtsein zu heben, der allen Aussagen über die großen Evolutionsschritte eigen ist.

Wer die Pflanzenwelt und damit auch das Lebendige aus der Materie ableitet, sagt in dem gleichen, eben entwickelten Sinne Wahres und Falsches. Falsch ist die Aussage, wenn mit Materie das gemeint ist, was wir heute als anorganische Materie kennen, und wahr wird sie, wenn der Begriff Materie nur stellvertretend für Vorzustände dieses Naturreiches steht, die uns unbekannt sind, die aber beides noch in sich trugen, die Wege aufwärts zum Pflanzlichen und abwärts zur heutigen Materie. Wir brauchen diese Einsicht in den Bildcharakter, um Verständnis für unsere Ausgangsfrage zu wecken und zu finden. Denn wenn uns der Aufstieg nicht anders als durch das Bild gegeben und allein durch diesen Schleier zugänglich ist, wie könnte es da für einen eventuellen Abstieg von oben anders sein! Gibt es diesen Abstieg, dann kann auch er gar nicht anders als durch das Bild zu uns sprechen.

Wer von einem Aufstieg spricht, hat in jedem Fall eine Ausgangsbasis, und sei es die unterste, die Materie, von der aus die Wege gegangen sein können. Wo ist aber eine solche Basis, ein »oberer Grund« für die Wege, die etwa abwärts von oben nach unten führen? Dieser Mangel muß die Aussagen metaphysisch, spekulativ, dualistisch und damit für das moderne und wissenschaftliche Bewußtsein tief verdächtig, ja indiskutabel machen.

Trifft aber dieser wieder so einfache wie selbstverständliche Einwand wirklich zu? Gibt es für unsere Welterfahrung keine »obere Basis«, keinen nachweisbaren Tragegrund, der alle Wirklichkeit wie von oben her trägt? Ist uns nicht jeder Tatbestand der Welt – gehöre er dem Anorganischen oder dem Organischen an – immer von zwei Seiten her gegeben, von der Seite der Wahrnehmung und von jener der Idee? Bleibt nicht jede Wahrnehmung für uns dunkel ohne diese »Basis von oben«, ohne die sie tragende und ihr erst sinngebende Idee? Wäre nicht aller Wahrnehmung ohne die Idee der Boden genauso entzogen oder vorenthalten, wie den Lebewesen ohne Materie die Existenz entzogen sein müßte? Die Behauptung also, es gäbe für unsere Erfahrung kein »oben«, von dem aus Entwicklungswege herabführen könnten, ist mindestens voreilig ausgesprochen.

Mit diesem kurzen Hinweis auf die Rolle des Ideellen und des Denkens in der Welt berühren wir die wundeste Stelle des gesamten modernen Bewußtseins. Ihm ist die Sicherheit für die Realität des Geistigen als eines zur Welt gehörenden Elementes vollkommen verlorengegangen. Und wenn wir die Frage stellen, ob zu den aufsteigenden Entwicklungswegen nicht auch solche von oben herab ergänzend und sinnerfüllend dazugehören, dann ist damit nichts Spekulatives und Metaphysisches gemeint, sondern ein Problem, das in die Sphäre des Wissenschaftlichen gehört.

Wir fragen uns also, ob nicht in aller Entwicklung mit beiden Wegen gerechnet werden muß, mit dem aufsteigenden und absteigenden, mit Evolution und Kreation, mit Entwicklung und Schöpfung.

Und zwar so, daß sich beide Prozesse durchdringen und ablösen, daß sie in Einheit und ständiger Bezogenheit aufeinander sich abspielen. Ein Bild aus der organischen Welt mag das Gemeinte noch deutlicher zeigen. Viele Blüten sind erst dann vollständig und wesenserfüllt, wenn Bienen oder Schmetterlinge sie besuchen. Der Schmetterling kommt von außen, die Blüte steht in Erwartung. In ihr lebt schon der Schmetterling, ehe er kommt. Und in dem Schmetterling lebt die Blüte, ehe sie gefunden ist. Beide sind auch in der zeitlichen und räumlichen Trennung primär aufeinander bezogen, aber die Vereinigung findet erst sekundär statt. Niemand wird in dieser Getrenntheit einen dualistischen Riß empfinden, da uns in der Trennung die Einheit mitgegeben ist. Wenn diese aber fehlt, könnte jemand, um den Dualismus zu vermeiden, den Schmetterling dialektisch aus der Blüte heraus ableiten wollen.
Wir werden jetzt Tatsachen schildern, die als Bilder für dieses zweiseitige Entwicklungsgeschehen gedeutet werden können. Denn zur Divergenz, der Trennung alter Einheiten, gehört die Konvergenz, die Vereinigung alter Getrenntheiten, als der andere große Evolutionsprozeß dazu.

VII
Die Konvergenz – ein unbeachtetes Phänomen

Die wachsende Angleichung von Reich zu Reich

Aufstieg und Abstieg sind uns immer schon begegnet, aber nur als Ergebnis einer Trennung alter Einheiten. Der Ausgangspunkt und Quellort dieser Wege ist die verborgene Mitte zwischen den getrennten Partnern. Das Thema dieser Evolutionswege ist Divergenz. Aber es gibt auch das andere, das Umgekehrte, eine Getrenntheit im Anfang der Reiche, in der aber doch eine Bezogenheit zueinander besteht. Die Entwicklungswege zielen dann auf Vereinigung, Begegnung und Durchdringung. Auch da gibt es Aufstieg und Abstieg, aber mit dem Ziel der Vereinigung. Einheit ist hier das Ende der Wege, während sie dort der Anfang ist. Hier ist die Mitte nicht Ausgangspunkt, nicht Quellort polar verschiedener Wege, sondern Ziel aus polar verschiedenen Richtungen. Das Thema dieser Evolutionswege ist nicht Divergenz, sondern Konvergenz. Das eben genannte Beispiel von Blüte und Schmetterling ist ein Bild für diese anderen Wege. Beide Wege gehören zusammen, durchdringen und bedingen sich in rhythmischer Folge von Trennen und Einen, Trennen des Geeinten und Einen des Getrennten.

Es gibt eine Erscheinung im Stufenbau der Naturreiche, die wenig beachtet wird und doch den Schlüssel für eine Antwort auf unsere Frage enthält. Es ist die morphologische Annäherung und Angleichung der Reiche von Stufe zu Stufe.

Vergleichen wir die Abstände, welche die Naturreiche voneinander haben, so ist der Unterschied zwischen Tier und Mensch so gering, daß der Mensch nicht nur in das zoologische System der Wirbel- und

Säugetiere eingeordnet werden kann, sondern sogar eingeordnet werden muß. Begriffe wie Menschenaffe und Affenmensch sind nur auf Grund dieser engen Systemverwandtschaft und morphologischen Nähe möglich. Welche Kluft besteht dagegen zwischen Pflanze und Tier! Sieht man von gewissen niederen Formen ab, so gibt es kein Tier, das morphologisch auch noch in das System der Pflanzen eingereiht werden könnte. Botanik und Zoologie können vom Gesichtspunkt der Systematik niemals so ineinanderfließen wie Zoologie und Anthropologie.

Ziehen wir nun noch das erste Paar aneinandergrenzender Reiche zum Vergleich heran, das Mineral und die Pflanze, dann gibt es, vom System her gesehen, überhaupt keine Brücke mehr. Daß es in niedersten Wesen, in den Viren, Zwischenformen zwischen Leben und Materie gibt, darf nicht über das hier Gemeinte hinwegtäuschen. Denn was man unter Pflanzen versteht, ist nicht diese Primitiv-Schicht der Viren, sondern die uns allen vertraute Vegetationsdecke der Erde, die Wälder, Wiesen, Blumen und Bäume. Mineralogie und Botanik fließen noch weniger zusammen als Botanik und Zoologie. Die morphologische Kluft zwischen zwei Reichen hat hier ihr Maximum erreicht.

Vom Gesichtspunkt der Stufenpyramide ist die Angleichung nichts anderes als ein Entgegenkommen des jeweils höheren und neuen Reiches an seinen vorausgehenden unteren Partner, und zwar von oben herab. Diese Konvergenz wird sofort sichtbar, wenn man die aufeinanderfolgenden Reiche einmal als Partner nebeneinander ordnet (Fig. 5).

So erst wird in der aufsteigenden Bewegung auch eine absteigende Stufenfolge der Reiche erkennbar. Welche entwicklungsgeschichtlichen Realitäten sich hinter dem Bildschleier verbergen, muß erst behutsam herausgearbeitet werden.

Wir stellen vorerst nur Fragen: Gibt es für jedes Reich einen absteigenden und einen aufsteigenden Weg? Will die Figur uns sagen, daß die Stufen des Lebens, der Seele und des Geistes als Ergebnisse einer Schöpfung von oben und außen her stammen, während ein anderer

Weg aufsteigend ihnen entgegengeht? Verhalten sich beide Wege zueinander wie Bild und Spiegelbild, so daß jedem Schritt von oben ein gleicher Schritt von unten entspricht? Was geht sich, genau betrachtet, aufsteigend und absteigend entgegen, ist es das Novum und das Wiederholte der Schichtenlehre, die obere und die untere Natur des gleichen Wesens, stehen die Reiche in der Darstellung von Fig. 5 nur stellvertretend für den eigentlichen Kern der Vorgänge? Und die letzte Frage: zielt nicht alles über die Figur hinaus auf einen Konvergenzpunkt hin, in dem erst die Antwort auf diese Fragen gegeben werden kann? Entspricht dem Konvergenzpunkt in der Figur auch eine Wirklichkeit in der Welt, und welche kann es sein?

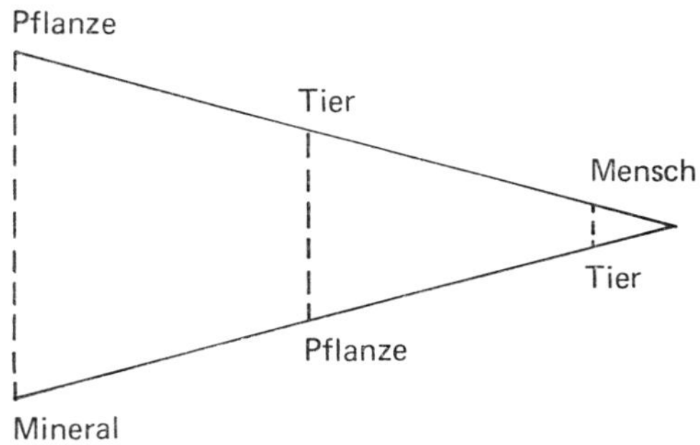

Fig. 5

Der Mensch als Art unter Arten

Wir richten unser Interesse zunächst einmal auf das Konvergenzphänomen ohne Rücksicht auf Probleme der Evolution. In der Annäherung und Angleichung verbirgt sich eine andere Tendenz, eine wachsende Unterschiedenheit, die zwischen Tier und Mensch ihr Maximum erreicht. In dem Verhältnis, das je zwei Reiche als Partner zueinander haben, erkennen wir die Prinzipien der Schichtenlehre wieder. So ist z. B. das Mineralreich der tragende Grund und die Voraussetzung für das Pflanzenreich, es ist das schon Vorhandene, kehrt in der Pflanze wieder und wird dort von der neuen Seinswirklichkeit des Lebens überformt. Das Leben selbst ist keine Fortsetzung des Mineralreichs und niemals aus ihm entstanden, ist unableitbar neu und erstmalig und hat seinen eigenen Ursprung. Die Wiederkehr des Mineralreichs in der Pflanze ist selbstverständlich auch Bild für einen irgendwie gearteten Entwicklungsweg. Das »Wie« aber dieses Weges liegt völlig im Dunkel, genauso wie die Herkunft des Lebens. Die gleichen Probleme wiederholen sich in dem Verhältnis von Pflanzenreich und Tierreich. Die Pflanze ist das Vorhergehende und sich im Tier Wiederholende; die lebendige Leiblichkeit im Tier wird von der tierischen Seinsstufe als schon vorhanden vorausgesetzt. Wie es zu diesem Aufstieg kam und wo der Ursprung des Seelischen zu suchen ist, bleibt auch jetzt wieder völlig im Dunkel der Vergangenheit.

Und zum dritten Male wiederholen sich diese Verhältnisse in der Partnerschaft von Tier und Mensch. Die tierische Organisation kehrt überformt im Menschen wieder, während das Ichhaft-Geistige das unableitbar Neue dieses Reiches ist, dessen Ursprung und Herkunft für uns ebenso eine offene Frage ist wie die Herkunft des Seelischen und des Lebens und schließlich auch die des Physischen. Aber in dieser dritten Partnerschaft ist doch ein ganz neuer Klang zu vernehmen. Die beiden Reiche haben sich einander so genähert, die Konvergenzbewegung hat einen solchen Grad von Nähe angenommen, daß die beiden Aspekte, von denen aus das Reich charakterisiert werden kann – Schichtenlehre und biologische Systematik – in eins zusammengewachsen sind. Sprachen wir bisher von den Partnern nur als von Reichen, so wird es jetzt möglich, das Reich durch eine niedere System-Kategorie auszudrücken. Die Menschheit als das neue Reich ist, vom Aspekt der Systematik aus gesehen, nur eine einzige Art, eine und nur eine Species. Und das Tierreich verhält sich dieser einen Art gegenüber wie eine Vielheit von Arten. Aus dem Verhältnis von Reich zu Reich wird nun das andere von Art zu Arten.

Die große morphologische und systematische Verwandtschaft beider Reiche rückt auch die Frage nach der Abstammung in greifbare

Nähe. Es ist gewiß nicht abwegig und gehört zur selbstverständlichen wissenschaftlichen Überzeugung, wenn man den Menschen als Art in einen entwicklungsgeschichtlichen Zusammenhang mit der Arten-Vielfalt besonders der höheren Tierwelt bringt. Den oberen Partner aus dem unteren abzuleiten, bereitete hier weit weniger Schwierigkeiten als die Frage nach der Herkunft des Tierischen aus der Pflanze und der des Pflanzlichen aus dem Mineral. In diese Abstammung, in diesen Aufstieg der einen Art aus der Artenvielfalt der niederen Stufe ist natürlich auch jetzt noch nicht das eigentliche Novum, das Ichhaft-Geistige mit eingeschlossen. Das hat seinen eigenen Ursprung, ist trotz größter Nähe beider Reiche nicht aus dem unteren Partner entwicklungsgeschichtlich abzuleiten. Aber wir dürfen hoffen, daß auch dieses Dunkel sich lichtet, da das andere Dunkel, das des Aufstieges, sich schon so sehr aufgehellt hat.

Trotz dieser Nähe und Greifbarkeit dürfen wir nicht übersehen, daß es sich immer noch um zwei verschiedene und im Grunde doch fremde Reiche handelt. Das muß uns zur Vorsicht mahnen, den Abstammungszusammenhang nicht jetzt schon seines immer noch bildhaften, stellvertretenden Charakters zu entkleiden. Wir dürfen nicht vorschnell das Bild zur Wirklichkeit verdichten, sonst wird aus dem Menschen doch nur das aufgestiegene Tier. Was wir in dieser dritten Partnerschaft vor uns haben, ist immer noch erst eine architektonische, eine ontologische Realität, noch keine entwicklungsgeschichtliche Wirklichkeit, wenn auch die Abstammung in greifbare Nähe gerückt ist. Aber greifbar wird sie erst dort, wo jede Fremdheit zweier Reiche zugunsten einer Partnerschaft innerhalb nur des einen Reiches überwunden ist. Das ist erst im Konvergenzpunkt erreicht, in dem auch Ontologie und Evolution zusammenfallen, das Seiende und das Werdende sich wechselseitig erhellen. Um die Aufdeckung dieser neuen Partnerschaft geht unsere weitere Mühe.

VIII
Der Mensch als Ziel und Mitte

Von der Partnerschaft der Reiche zur Partnerschaft der Wesensglieder

Da uns über dem Menschen nichts gegeben ist, das sich in räumlicher Getrenntheit und Fremdheit an ihn anschließt wie der Mensch an das Tier, müssen wir prüfen, ob nicht alle weiteren Wege und Stufen in ihn hineinführen, ob alles »Über« von jetzt ab auch ein »Innerhalb« und »Innen« wird. Die Konvergenzbewegung legt uns diese Vermutung nahe. Es wäre dann dieses Näherkommen von Reich zu Reich nur die Vorbereitung für einen neuen und entscheidenden Schritt, für den Eintritt in das Innere des Reiches selber. Wir müssen also fragen, ob die Phänomene, die wir in dem Verhältnis der Partner zueinander kennenlernten, verinnerlicht und verwandelt im Menschenreiche wiederkehren, ob sie so wiederkehren wie die Blattkreise eines Pflanzensprosses konzentriert und verwandelt in der Blüte wiedererkannt werden können. Nur wenn wir diese Bestätigung finden, bewegen wir uns auf sicherem Boden, nur dann sind unsere Wege wirklich legitim und der Konvergenzpunkt nicht nur eine gedankliche Möglichkeit, sondern auch eine ontologische und evolutive Wirklichkeit.

Gibt es also innerhalb des Menschenreiches auch noch eine Partnerschaft, und verhalten sich beide Partner so zueinander, daß die Prinzipien der Schichtenlehre in ihnen wiederzuerkennen sind, ein Novum und ein schon Vorhandenes, ein unableitbar Erstmaliges und ein Wiederkehrendes? Die Fragen lassen sich mit ja beantworten; denn das Verhältnis von Typus und Individualität ist eine Zweiheit, in der die Schichtenlehre wiederzuerkennen ist. Das Wiederkehrende, schon aus der Tierwelt Bekannte und immer schon Vorhandene ist der Typus, der untere Partner. Neu dagegen und erstmalig ist die Person, die Individualität, das Ich. Die zwei Naturen sind das Ergebnis einer Konvergenz von unten herauf und von oben herab.

Zwar hat es immer schon Exemplare eines Typus gegeben, Individuen einer Art; das ist nicht neu. Aber das Novum besteht darin, daß diese Menschen-Exemplare selbst wieder den Rangwert einer Art haben, den Einmaligkeitsgrad einer Species, daß sie nicht mehr nur auswechselbare Vertreter eines Typus sind, sondern als Personen oder Individualitäten unvertretbar und unauswechselbar einmalig sind wie sonst nur eine Art. Darin besteht das Novum, und es ist unableitbar aus den Kräften und Möglichkeiten des Typus, so unableitbar wie das Leben aus der Materie, in der es sich manifestiert. Es wiederholt sich auch in dieser neuen Partnerschaft das gleiche, das sich durch alle Stockwerke hindurch gezeigt hat: das Novum, der eigentliche Kern des oberen Partners, ist nicht aus dem unteren Partner entstanden, und doch geht ein entwicklungsgeschichtlicher und abstammungsgesetzlicher Weg auch von unten nach oben.

Wir sind sogar Zeuge dieses Vorganges; wir können in jeder Geburt diesen doppelten Weg erkennen, den einen aufsteigend aus dem Typus, den anderen auf eigenen und anderen Wegen sich mit dem Typus-Exemplar einend. Denn die Individualität kann durch keinen wie auch immer gearteten Sprung aus dem Typus abgeleitet werden, sie ist niemals nur eine Manifestation des Typus, der sich ihr gegenüber dienend, bettend und bergend verhält, nicht aber gesetzlich bestimmend wie in der Tierwelt.

Doch woher kommt das Novum? Das war bisher immer die unbeantwortete Frage, auf die im Konvergenzpunkt erst deutlich geantwortet wird. Das Novum und das schon Vorhandene fließen hier als die zwei Naturen unmittelbar ineinander. Das Novum tritt wie von oben und außen kommend in eine empfangsbereite Unterlage ein. Was die schrittweise Annäherung durch die Stufen vorher nur ahnen läßt, das wird im Konvergenzpunkt zur Gewißheit.

Die Zweiheit von Typus und Individualität, von Art und Arten, Menschenart und Personen ist nun nicht mehr räumlich getrennt wie noch in der vorausgehenden Partnerschaft von Mensch und Tier, sondern ist unzertrennlich ineinandergedrängt, so daß es Mühe macht, in dieser Einheit noch die Zweiheit zu erkennen.
Der Mensch ist eine Einheit von Typus und Individualität, von aufsteigender und abgestiegener Wirklichkeit, von alter und neuer Natur. Eine wirklichkeitsgerechte Anthropologie muß daher immer auch eine Zwei-Naturenlehre des Menschen sein. Die zwei Naturen gibt es schon bei Tieren und Pflanzen. Doch was hier zur Einheit zusammenfließt, bleibt immer noch im Rahmen naturhafter Gesetzlichkeit. Erst im Menschen wird das Gesetz, der Typus selbst Person, wachsen Idee und Individuum zusammen. Die Zwei-Natur hat einen ganz neuen Rang.
Wir wollen nun das Phänomen der Konvergenz an Hand der Figur noch genauer betrachten. Der Weg vom Tier zum Menschen ist der letzte Schritt in der Stufenpyramide. Wir könnten weder über diesen Gipfel hinaus noch in ihn hineinkommen, wenn es nicht gelungen wäre, den Menschen in seiner inneren Zwei-Natur zu durchschauen.

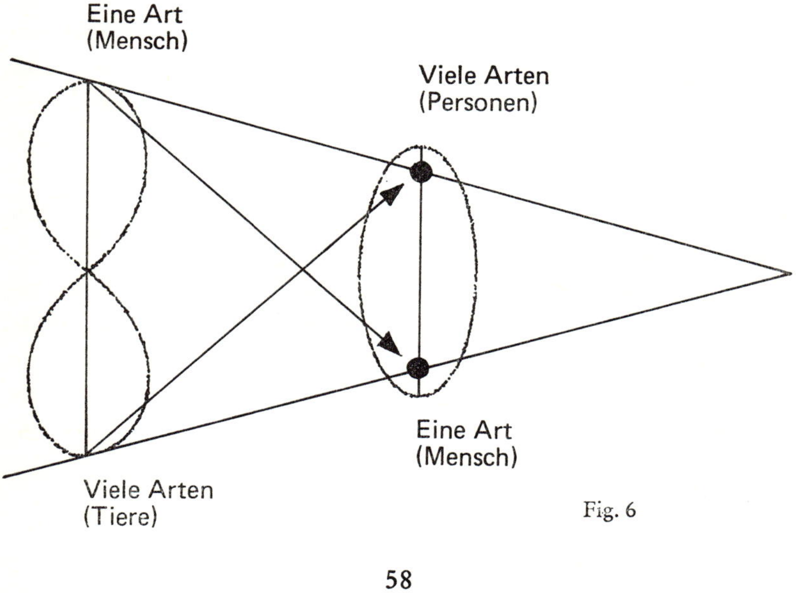

Fig. 6

Dieses letzte Paar zweier sich gegenüberliegender Reiche ist in der Zeichnung (Figur 6) von einer Lemniskate umschlossen, die einerseits die räumliche Getrenntheit, andererseits aber auch die große Verwandtschaft ausdrücken soll. So erst wird sichtbar – und zwar nur hier beim Menschen –, daß die Prinzipien der Schichtenlehre, das Wiederholte und das Novum durch eine Konvergenzbewegung zusammenfließen. Die zwei Naturen im Menschen deuten auf zwei verschiedene Wege, die er in seiner Entwicklungsgeschichte gegangen sein muß. Was einst in ferner Vergangenheit aufgestiegen ist, war nur die eine Art, die untere Natur, die vorbereitet wurde, von oben her das Absteigende zu empfangen, den Kern der Individualitäten, das Ich, die Species sui generis, die obere Natur. Somit wiederholt sich im Menschen das gleiche Verhältnis von Art und Arten, von Einheit und Vielheit, nun aber ganz zusammengedrängt und in umgekehrter Ordnung.

Menschheitsachse und Schichtenlehre

Die besondere Bedeutung des Konvergenzpunktes liegt darin, daß alle Verhältnisse, die sich bisher immer über zwei getrennte Reiche erstreckten, nun ganz auf das eine Reich des Menschen selbst bezogen sind. Alle Phänomene und Probleme der Schichtenlehre, die Partnerschaften, das Novum und das Wiederholte, das Erstmalige und schon Vorhandene, die Überformung, der Aufstieg und Abstieg sind von nun an keine Sache mehr von zwei fremden Reichen oder Stufen, sondern eine Sache nur noch des einen, in sich selbst gegliederten Menschenreiches. Das Prinzip der Wiederkehr des Alten auf neuer Stufe, ein durchgehendes Phänomen der Stufenpyramide, kann von jetzt an nicht mehr die Wiederholung eines anderen und fremden Reiches sein, sondern ist die Wiederkehr des Menschen selber auf neuer und höherer Stufe. Und ebenso ist jedes Novum, auch Seele und Leben, nicht ein anderes, neues und fremdes Reich, sondern ein neues Wesensglied, eine neue Stufe des Menschenreiches selber.

Das hat für das richtige Verständnis der Evolution tiefgreifende Konsequenzen. Niemals ist der Mensch aus dem Tierreich aufgestiegen, sondern er selbst war ichlos wie das Tier noch heute und war einst ohne Beseelung wie die Pflanze noch heute. Und immer war das Novum auf jeder Stufe – ob als Leben, Seele oder Geist – der Mensch selber. Er ist die Achse der Evolution und geht als Stamm oder Ausstrahlungskern durch alle Reiche hindurch.

Im Konvergenzpunkt wird erst offenbar, was eigentlich konvergiert, was sich auf allen Stufen immer schon entgegenging. Hier erst wird sichtbar, daß es die Schichten selber sind, die Wesensglieder, die sich durch alle Weltalter hin gesucht haben und immer suchen werden. Im Menschen nun erreicht dieser Weltprozeß eine ganz besondere und entscheidend wichtige Stufe. Denn hier konvergiert zum ersten Male das Besondere mit dem Allgemeinen, das Exemplar mit dem Typus, der Fall mit dem Gesetz, das Reale mit dem Idealen, der »empirische« Mensch mit dem »idealischen«, der »Mensch in der Zeit« mit dem »Menschen über der Zeit«. Darin liegt der hohe Rang dieser menschlichen Zwei-Natur gegenüber der Zwei-Natur bei Tier und Pflanze.

Jedes Reich und jedes Wesen hat sein Unteres und hat sein Oberes, seine physische und seine geistige Realität. Und die beiden sind es, die sich suchen und im Menschen zum ersten Male finden und durchdringen. Daher die wachsende Verwandtschaft der Partner, je näher wir zum Menschen kommen. Das Novum wird durch die Annäherung immer mehr schon in dem vorausgehenden Niveau vorverkündet, prophetisch angedeutet, der Mensch schon im Tier, die Person in der Art.

Das Neue kündigt sich im Alten immer deutlicher an, das Alte weist auf das Kommende schon hin. Das Obere und Künftige existiert schon im Unteren und Gegenwärtigen, das Untere hat sein Dasein auch oben. So entspricht allem Physischen, Lebendigen und allem Seelischen ein Geistiges. Und der letzte, tiefste Sinn aller Konvergenz besteht in nichts anderem, als daß sich das Zeitliche und das Ewige durch alle Äonen hin suchen, das Physische und das Geistige,

die Natur und die Übernatur, der irdische und der himmlische Mensch. Denn der Prozeß ist nicht abgeschlossen, er hat im Menschen gerade begonnen, seine geistige Stufe zu erreichen.
Im Konvergenzpunkt wird das bisher nur architektonische Bild der Welt zum ersten Male auch entwicklungsgeschichtliche Wirklichkeit und Gegenwart. Hier kann man erkennen, was geschieht und immer schon geschehen ist. Aber auch, was künftig noch geschehen wird. Der Konvergenzpunkt ist das Paradigma, das faßbare Beispiel für alle vorausliegenden und künftigen Schritte und Wege. Der Mensch ist daher nicht nur die Achse des Geschehens, sondern auch die Achse des Verstehens. In ihm und mit ihm ist uns die Möglichkeit gegeben, auch das Wesen und das Werden der Welt zu begreifen.
Um tiefer noch in die Umkehrung der Verhältnisse Einblick zu gewinnen, ziehen wir die im Konvergenzpunkt zusammengewachsenen Partner wieder etwas auseinander, tun in unserer Zeichnung (Figur 6) gewissermaßen das gleiche, was der Botaniker mit der Blüte macht, wenn er in der Zeichnung das Gestauchte wieder streckt, um so ihren Bau überschaubar zu machen. Die Ellipse mag andeuten, daß die Pole eine unzertrennliche Einheit bilden. Der abwärts gerichtete Pfeil sagt, was immer schon geschah:
daß der obere Partner auf der nächstfolgenden Stufe zum unteren Partner wird. So erschien die Pflanze zuerst oben und dann unten. Ebenso das Tier, und nun geschieht das gleiche auch beim Menschen, er erscheint als Basis einer neuen Partnerschaft. Das Novum, das zu diesem unteren Partner gehört, seine obere Ergänzung ist die gleiche Menschheit, nun aber von einem anderen Aspekt als dem der Art, jetzt vom Aspekt der vielen Arten, der Individualitäten, der Species sui generis.
Der aufwärts gerichtete Pfeil deutet auf den Zusammenhang von Arten und Personen, zeigt das Gemeinsame in der Verschiedenheit ihrer Niveau-Lage. Individualitäten sind Arten auf höherem Niveau, und Arten sind das Individuelle auf einem unteren Niveau. Selbstverständlich meint dieser Pfeil keinen Abstammungszusammenhang. Auf dem Wege vom Tier zum Menschen, von der einen

Partnerschaft zur anderen begegnet uns zum ersten Male diese Inversion, die Umkehr und Überkreuzung der Verhältnisse. Wir werden sehen, daß uns dieses Phänomen als durchgehende Struktur auf den weiteren Wegen begleiten wird.
Mit dem Menschen ist zwar ein Ziel und ein Gipfel erreicht, aber er ist auch der Anfang einer ganz neuen Entwicklung und werdenden Zukunft. Es wird unsere Aufgabe sein, zu prüfen, wie der begonnene Weg nach innen hin weitergeht, ob sich an die erreichte Konvergenz eine Divergenz anschließt, ob auf die Einheit wieder eine Trennung des Geeinten folgt, ob wir von nun an mit einem Rhythmus von Diastole und Systole zu rechnen haben, der uns auf den Wegen atmender Pulsation immer weiter nach innen und vielleicht darüber hinaus auch wieder in die Weiten der Welt und Zukunft trägt.

IX

Systole und Diastole – Rhythmus und Evolution

Die Trennung des Geeinten – die Einung des Getrennten

Die letzten drei Kapitel (6, 7, 8) waren besonders dem Prinzip der Konvergenz und der Evolution des Menschen gewidmet. In dem nun folgenden Kapitel wenden wir uns wieder der Gesamtarchitektur zu. Es wird sich zeigen, daß Divergenz und Konvergenz, Trennung alter Einheiten und Einung alter Getrenntheiten das durchgehende Stilgesetz der Weltarchitektur und ihrer Evolution ist. In Goethes Farbenlehre finden sich Sätze (§ 739), die in prägnanter Form das wiedergeben, was uns hier beschäftigt:

»Treue Beobachter der Natur, wenn sie auch sonst noch so verschieden denken, werden doch darin miteinander übereinkommen, daß alles, was erscheinen, was uns als ein Phänomen begegnen solle, müsse entweder eine ursprüngliche Entzweiung, die einer Vereinigung fähig ist, oder eine ursprüngliche Einheit, die zur Entzweiung gelangen könne, andeuten und sich auf eine solche Weise darstellen. Das Geeinte zu entzweien, das Entzweite zu einigen, ist das Leben der Natur; dies ist die ewige Systole und Diastole, die ewige Synkrisis[1] und Diakrisis[2], das Ein- und Ausatmen der Welt, in der wir leben, weben und sind.«

Der rhythmische Ablauf der Atmung und die rhythmischen Bewegungen des Herzens mit Zusammenziehung (Systole) und Ausweitung (Diastole) sind Bilder für ähnliche und verwandte kleine und große rhythmische Prozesse. Das organisch-ganzheitliche Denken Goethes

[1] Einen

[2] Scheiden

suchte überall in den Welterscheinungen diese rhythmischen Vorgänge. Das Wachstum der Pflanze von Knoten zu Knoten bis in den Bau der Blüten und Früchte, diese Ausdehnung und Zusammenziehung, diese Pulsation und Steigerung hat ihn ganz besonders gefesselt. Rhythmus lebt auch in dem Wechsel von Aufwachen und Einschlafen, von Geburt und Tod, und gerade hier ist das Einen des Getrennten und das Trennen des Geeinten besonders deutlich zu sehen. Auch im Wechsel der Tages- und Jahreszeiten lebt der Rhythmus von Ausatmung und Einatmung. Das Jahr ist wie ein großer Tag, der kleinere Rhythmus des Tages wiederholt sich im großen des Jahres und umgekehrt. Und auch das Menschenleben verläuft nach dem gleichen Rhythmus. Die Jugend ist Morgen und Frühling, das Alter gleicht dem Abend und Herbst. Ein Menschenleben aber ist nur wieder ein Tag in einem viel größeren Jahreszyklus, in dem platonischen Jahr mit 25 920 Erdenjahren. In diesem Weltenjahr wandert der Frühlingspunkt – das ist der Schnittpunkt von Sonnenbahn und Himmelsäquator – einmal durch den ganzen Tierkreis. Teilt man die Zahl des Weltenjahres durch 365, dann ergibt das 71 Jahre, also ein volles Menschenleben. Ist also ein Mensch 71 Jahre alt geworden, so hat er einen Tag des platonischen Jahres gelebt, zugleich aber auch 25 920 Erdentage hinter sich gebracht. Und noch einmal begegnet uns diese Zahl in einem einzigen Erdentag, wenn wir die Atemzüge zählen und dabei von 18 Atemzügen in der Minute als einem Durchschnitt ausgehen. Auf diese Zusammenhänge hat Rudolf Steiner oft hingewiesen. Rhythmisches Geschehen ist ein Welten durchdringendes und Welten bestimmendes Prinzip, dem auch Erdentstehung und Erdenende unterworfen sind, Geburt, Tod und Wiedergeburt ganzer Welten. So mögen diese wenigen Hinweise ein Verständnis dafür wecken, daß wir den Aufbau der Architektur von Reich zu Reich einmal unter diesem Gesichtspunkt untersuchen und fragen, ob auch hier ein Wechsel von Systole und Diastole wieder zu erkennen ist, ein Sammeln und Zerstreuen, ein Trennen des Geeinten und Einen des Getrennten.

Wir beschreiben diesen Rhythmus zunächst in seiner räumlich fixier-

ten Gestalt, ohne dabei auf den zeitlichen Ablauf Rücksicht zu nehmen, und beginnen mit dem Mineralreich. Aus dem Mineralreich und auf ihm erhebt sich durch einen Akt der Trennung und Emanzipation die Pflanze. Eine erste diastolische Phase ist erreicht. In dieser Getrenntheit lebt aber auch Verwandtschaft und Bezogenheit der Partner zueinander. Die Pflanze hat mitgenommen, wovon sie sich trennte. Als Leib trägt sie das Mineral in sich und bleibt in lebendiger Beziehung zu der Welt, von der sie sich trennte. Doch daß sie nun Pflanze wurde, sich vom mineralischen Grunde trennen und emanzipieren konnte, das ist dem neuen Einschlag von oben zu verdanken – dem Novum der Schichtenlehre –, dem neuen Wesensglied, dem Leben oder Lebensleib. So entsteht durch Einung des im Mineral noch Getrennten die neue systolische Einheit der pflanzlichen Zwei-Natur. Auf die Einheit des Mineralreiches folgt die diastolische Partnerschaft zweier Reiche, die in der systolischen Einheit der pflanzlichen Zwei-Natur wieder überwunden ist.
Die systolische Phase im Pflanzenreich wird nun wieder zum Ausgangspunkt eines neuen Schrittes nach vorne und oben, wird zur diastolischen Getrenntheit von Pflanze und Tier. Das Tier löst sich von der Pflanze, aber nicht ohne einen Teil als Mitgift in sich aufzunehmen. Und auch hier wurde diese Emanzipation nur möglich durch einen neuen Einschlag von oben und außen, durch Ver-inner-lichung des Seelischen, des Novum, der neuen Seinsschicht. So wie beim Aufwachen in den pflanzenhaft schlafenden Leib etwas Neues einströmt, so ist in einen pflanzlichen Grund das Seelische eingeströmt, eingeschaffen, und das Tier entstand. Nicht alles Pflanzliche wurde Tier, und nicht alles Mineral wurde Pflanze. Es muß also eine Auswahl, eine Ausgewähltheit, eine Bevorzugung geben, die solchen Aufstieg möglich machte.
Mit der Partnerschaft von Pflanze und Tier ist die zweite diastolische Phase erreicht. Das Tier kann uns zweierlei sagen, es zeigt, was der Pflanze noch fehlt, was für sie wie außerhalb und oberhalb existiert. Und es sagt, daß die diastolische Getrenntheit zugunsten einer systolischen Einheit in ihm selber überwunden ist. Auf die

Trennung des Geeinten ist wieder die Einung des Getrennten gefolgt.

Die systolische Phase des Tieres wird nun wieder zum Ausgangspunkt einer neuen Trennung, eines neuen Schrittes nach vorne und oben, einer neuen diastolischen Phase. Die Emanzipation des Menschen aus dem Bereich des Tierhaften ist vollzogen. Das Tier wird zurückgelassen, zugleich aber auch als die untere Natur des Menschen mitgenommen. Diese Trennung des bisher Vereinten geschieht auch hier mit einer Vereinigung des bisher noch Getrennten. Denn das Novum des Menschen, unableitbar von unten her, erscheint wie von oben und außen und verbindet sich mit dem aufsteigenden »Tier« zur menschlichen Zwei-Natur. Die diastolische Partnerschaft zweier Reiche ist in der systolischen Einheit der zwei Naturen überwunden. So ist auf Diastole wieder Systole gefolgt.

Will man nun diesen räumlich fixierten Rhythmus unter dem Aspekt der Evolution betrachten, in die gegenwärtige Raumesordnung den Zeitenlauf mit einbeziehen, so kann man das Ganze der vier Reiche als Gegenwart verstehen, das Mineral so gut wie den Menschen. Von dieser umfassenden Gegenwart aus suchen wir die Phasen der Vergangenheit. Über die Vergangenheit der drei diastolischen Phasen wurde im 3. Kapitel schon gesprochen. Fig. 4 zeigt die Ureinheit von Mensch und Tier, von Tier und Pflanze und von Pflanze und Mineral. Die Erde war damals noch nicht so reich ausdifferenziert wie heute, hatte nur diese drei Reiche, in denen aber die Vierheit und besonders die beiden Hauptachsen angelegt waren.

Für die drei diastolischen Phasen kann man also von einer Vergangenheit sprechen, in der das heute Getrennte damals noch geeint war. Es ist nun zu prüfen, ob polar dazu für die systolischen Phasen mit einer Vergangenheit gerechnet werden darf, in der das heute Geeinte damals noch getrennt war. Für die Zwei-Natur des Menschen würde das bedeuten, daß es einen ichlosen Vorzustand des Menschen gegeben hat, in dem das Ich noch außerhalb der naturhaften Realität war. Diese Ichlosigkeit unterscheidet sich aber von der der Tiere dadurch, daß der Vormensch berufen und befähigt war, das neue Wesensglied aufzunehmen. Den Tieren war und ist solches verschlossen. Ja, man muß sogar sagen, daß der Verlust dieser Offenheit erst der Beginn der höheren Tierentstehung bedeutet. Die Aufnahme des absteigenden Ichs in einen aufsteigenden Tragegrund ist die Konvergenz, von der schon oft die Rede war. Sie steht stellvertretend auch für die anderen Konvergenzen, für das Novum von Seele im Tier und von Leben in der Pflanze, das noch älteren Vergangenheiten angehört.

In alten Zeiten, als es den ich-tragenden Menschen noch nicht gab, als der Mensch schrittweise die höhere Tierwelt von sich ablöste und zurückließ, da war er selbst schon ein beseeltes Wesen. Seelisches und Lebendiges gab es aber auch schon in dem mittleren Reich der Pflanzentiere und Tierpflanzen. Sogar das Mineralreich war noch mit Leben durchzogen. Seelisches und Lebendiges müssen also in noch älteren Zeiten in die werdende Erde und ihre Wesen eingeflossen und eingeschaffen sein. Ganz im Urbeginn ist auch die alte Einheit von Erde und Mensch, der Anfang der beiden großen Evolutionsachsen als das Ur-Novum, das Erstmalige, die Mitte aller Mitten aus schaffenden Welt- und Wesensgründen heraus in die Erscheinung getreten. Der Evolutionsprozeß als das Trennen alter Einheiten und das Einen alter Getrenntheiten vollzog sich schrittweise durch Äonen bis hin zur heutigen Welt. Die Architektur hat die Spuren dieser Wege bewahrt, und sie sind es, die uns im Bilde auf diese Schritte von Systole und Diastole aufmerksam machen.

Nur für einen kleinen Ausschnitt, für die Partnerschaft von Tier und Mensch, soll das Ineinander und Miteinander von Systole und Diastole als Entwicklungsgeschehen gezeigt werden. Der Weg führt von der gegenwärtigen Getrenntheit dieser beiden Reiche zurück in die Vergangenheit, in ihre systolische Einheit, in welcher der Mensch noch tierhaft ichlos war und die Tiere weithin noch menschenhaft offen waren (Fig. 7). Aus diesem ambivalenten Zwischenzustand arbeitete sich der Menschenstamm nach oben hin reiner und reiner heraus, ließ Tierisches zurück, ließ auch primitiv Menschliches zurück, das im Laufe langer Zeiträume untergegangen ist. Auf dem abwärts führenden Weg entstanden in reicher Verzweigung und Zerstreuung zurückgelassen die Typen der höheren Tiere. Der Mensch bewahrte in urbildlicher Einheit, was absteigend sich als Vielheit der Tierformen um ihn ausgebreitet hat.

In dieser Vergangenheit war das Ich des Menschen, das künftige höhere Wesensglied, noch im Schoß einer geistigen Welt. Diese alte diastolische Phase ist in Fig. 7 mit aufgenommen. Im Laufe einer langen Entwicklung ist durch Konvergenz daraus die heutige Zwei-Natur des Menschen geworden. Das absteigende ichhafte Geistwesen verband sich mit dem aufsteigenden Tragegrund zur systolischen Einheit heute. Durch Trennung entstand aus der alten Einheit die gegenwärtige Zweiheit der Reiche. Und polar dazu ist durch Konvergenz aus einer alten Getrenntheit die Einheit zweier Naturen entstanden. Die systolische Phase der Gegenwart ist aus einer diastolischen Phase der Vergangenheit hervorgegangen. Und die diastolische Phase der Gegenwart hat ihren Ursprung in einer alten Systole. Beide Prozesse gehören zusammen und bedingen einander.

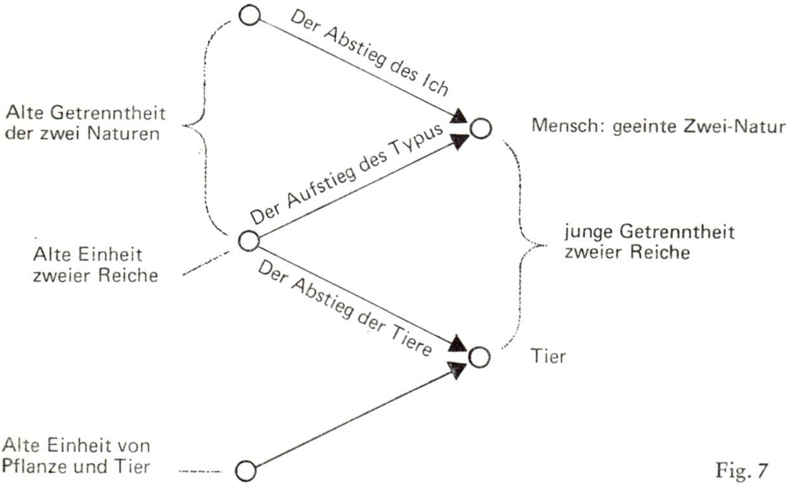

Fig. 7

Nun ist in Fig. 7 noch ein aufsteigender Entwicklungsweg mit einbezogen, der seinen Ursprung in der alten Einheit von Pflanze und Tier hat, in dem alten Mittelreich der Pflanzentiere und Tierpflanzen. Aus dieser Einheit ist ein Teil aufsteigend dem Tierreich zugeflossen, ein anderer Teil absteigend der Pflanzenwelt. Hier haben sich in Pflanze und Tier Konvergenzen ereignet, die keine Einheit zweier Naturen schaffen, sondern die eine An- und Eingliederung ganzer Gruppen zu einem Reiche sind. Beide Reiche sind Mischgebilde aus einem jüngeren und älteren Teil.

Jenseits von Mensch und Mineral

Die Architektur der vier Reiche ist durch die beiden Pole Mineral und Mensch begrenzt. Aber die Weltwirklichkeit ist größer, geht über die Grenzen hinaus in ein umfassendes größeres physisch-geistiges Weltgefüge. Und es ist zu erwarten, daß die rhythmischen Prinzipien auch über die in Mensch und Mineral gesetzten Grenzen hinaus Gültigkeit haben, daß die Wege weiter gehen, in das Innere des Menschen und des Minerals und über dieses verborgene Innere hinaus in die Weiten der physischen und geistigen Welt.
Dem Menschen fehlt ein oberer Partner, dem Mineral ein unterer Partner. Dieses Fehlen zeigt auf eine Offenheit nach beiden Seiten. Da die Welt aber weitergeht und größer ist, als sie sich in den vier Reichen zeigt, bedeutet dieses Fehlen zugleich auch eine Verborgenheit, ein den Sinnen Unoffenbares und Verschlossenes. Auch diese Un-Sinnlichkeit ist einbezogen in das polare Verhältnis von Mineral und Mensch, so daß man von einem Übersinnlichen und Untersinnlichen sprechen darf und darüber hinaus von einer Übernatur und Unternatur. Unsere erfahrbare Welt liegt wie in einer Mitte zwischen Über- und Unternatur, wird von beiden Seiten her begrenzt, getragen und durchwirkt. Dieses Verborgene, Un-Sinnliche ragt von beiden Seiten her auch herein in die Mitte, besonders eben in den Menschen und in das Mineralreich. Beide Reiche müssen in ihrer Weise teilhaben an dem, was jenseits dieser Grenzen liegt, ein Untersinnliches im Inneren der Materie und ein Übersinnliches und noch Verborgenes im Inneren des Menschen oder über seiner empirischen

Realität. Die Naturwissenschaft ist seit einiger Zeit in diese neuen, verborgenen Dimensionen der Materie vorgedrungen. Wir werden uns aber nur mit der anderen Seite beschäftigen, mit dem verborgenen Anteil des Menschen an einer Welt jenseits dieser Grenze.

Die Vergangenheit des Menschen kennt eine diastolische Phase, in der ein höheres Wesensglied, die ichhafte Geistgestalt noch außerhalb der damaligen naturhaften Wirklichkeit verborgen lebte. Auf diese diastolische Phase ist die systolische des heutigen Zustandes gefolgt. Doch drängt nicht das Prinzip des Rhythmus zu der Frage, ob es auch in der Gegenwart wieder eine diastolische Phase gibt, ein Getrenntsein von einer neuen, höheren und anderen Geiststufe, die verborgen über der gegenwärtigen Stufe des Menschen liegt und lebt? Es wäre das eine Wiederholung von Zuständen, wie sie in Fig. 7 für die Vergangenheit gezeigt sind, eine Wiederkehr gleicher rhythmischer Verhältnisse auf ganz neuem Niveau. Die Frage ist berechtigt, weil sie in der Konsequenz des rhythmischen Ablaufes liegt.

Aber noch etwas anderes gehört zu dieser Wiederholung: Der gegenwärtige Zustand der Menschheit müßte im verborgenen auch eine mögliche Zweiheit enthalten, eine Ungeschiedenheit, die zu einer neuen Trennung und Polarisierung fähig wäre. Es müßte mit einer möglichen Scheidung der Menschheit gerechnet werden, wie sich einst die alte Einheit in Mensch und Tier getrennt hat, eine Spaltung innerhalb des Menschenreiches selbst, eine künftige neue diastolische Phase zusammen mit einer künftigen neuen systolischen Einheit. Das wäre die weiterschreitende Evolution im Sinne des Rhythmus von Trennen und Einen. Das aber deutet auf Alt-Bekanntes, auf eine schicksalsschwere Scheidung und Entscheidung, auf eine Zukunft, die lange Jahrhunderte Inhalt religiöser Überzeugung der Christenheit war, ein Inhalt, den wir kaum noch in unserem Bewußtsein tragen und nicht mehr zu denken wagen.

Bevor wir uns im II. und III. Teil des Buches ganz den Entwicklungsfragen des Menschen zuwenden, sei als Abschluß des I. Teiles noch einmal das polare und partnerschaftlich zugeordnete Verhältnis von Mensch und Mineralreich deutlich aufgezeigt.

X
Der Mensch und das Mineralreich – Gemeinsames in polarer Verschiedenheit

Eine Art mit vier Wesensgliedern – ein Wesensglied mit vierfacher Artung

Von den vier Wesensgliedern, die für den Menschen charakteristisch sind, hat das Mineralreich nur den physischen Leib, diesen aber nicht in wesenhafter Organisation, sondern als welthafte Substanz. Wesen und Welt liegen hier ineinander, sind eins. Wir stehen vor der erstaunlichen Tatsache, daß ein ganzes, großes Reich in der begrenzten Gestalt nur eines Wesensgliedes erscheint. Das Begrenzte bezieht sich nicht auf die räumliche Ausdehnung; denn diese ist groß, macht den ganzen Erdenkörper aus. Die Begrenzung liegt in der Teilhabe an nur einem Wesensglied. Zu diesem erstaunlichen Phänomen gibt es die ebenso erstaunliche polare Entsprechung im Menschen. Auch hier erscheint ein ganzes, großes Reich in einer auffallend verengten Einheitsgestalt. Diese gehört aber nicht zu dem Bereich der Wesensglieder, sondern zu der Hierarchie der Typuskategorien. Die Menschheit ist ein ganzes Reich, erscheint aber als Reich zugleich in den engen Grenzen einer einzigen Species gegenüber der Artenfülle der Reiche unter ihr. Das Mineralreich ist ebenfalls ein ganzes Reich, erscheint aber zugleich in den engen Grenzen einer einzigen Schicht, eines einzigen Wesensgliedes, gegenüber den zwei, drei und vier Wesensgliedern der Reiche über ihm. Arten sind nicht wie die Individuen und ihre Wesensglieder naturhaft real. Als Begriffe gehören sie zur Sphäre der Ideen, des Allgemeinen. Wesensglieder gehören immer zur Sphäre des Besonderen, des naturhaft Konkreten, während der Mensch mit der Einheitsgestalt zum Geistig-Ideellen, zum Allgemeinen gerechnet werden muß. Nun gibt es kein Allgemeines ohne das Besondere, keinen Typus ohne Exemplare, und es gibt kein Besonderes, kein Wesensglied, nichts Individuelles ohne das Allgemeine, ohne das Ideelle. Zu der einen Species Mensch gehören die konkreten Individuen, und diese wieder sind innerlich gegliedert in die vier Wesensglieder. Die Einheitsgestalt des Menschen birgt in sich eine Vierheit von Wesensgliedern. Die Einheitsgestalt des Mineralreiches ist das eine Wesensglied, und wir fragen hier nach der polaren Ergänzung, nach dem Allgemeinen, nach einer vierfachen Gliederung dieses Reiches, in der etwas von der ideellen Überhöhung des Konkreten zur Erscheinung kommt. Man könnte von einer vierfachen Artung sprechen, auch wenn nicht an den biologischen Artbegriff dabei gedacht werden muß.

Art oder Artung enthält zweierlei: das sinnlich Konkrete und das nur denkend zu fassende Un-Sinnliche, das Allgemeine oder auch Ideelle. Die Art ist immer mehr als die Summe ihrer Exemplare, sie ist mehr und höher. Und wenn wir im Mineralreich nicht von Art, sondern von Artung sprechen, so ist auch hier diese Zweiheit gemeint, nur auf einem tieferen Niveau. Im Mineralreich gibt es das sinnenhaft Konkrete der Aggregatzustände. Zu diesen physischen Konkretheiten gehört eine überphysische Ergänzung des Lebendigen, ein Höheres, das mit dem Allgemeinen, ja Arthaften zu vergleichen ist. Hier liegt auch die alte Bedeutung dessen, was einst Element genannt worden ist. Es ist in jedem Fall mehr als die Aggregatzustände der Materie. Aber es ist auch weniger als eine biologische Species. Das Arthafte ist gewissermaßen nach unten hin ins Physische überformt und ins Welthaft-Sphärische umgewendet.

Der Mensch ist als Reich nur eine Art, höchste und letzte Zuspitzung in der aufsteigenden Stufenordnung. Das Mineral ist als Reich nur eine Schicht, ein Wesensglied, größte und unterste Ausweitung des Physischen. Der Mensch ist eine Art mit vier Wesensgliedern, das Mineral ist ein Wesensglied mit vierfacher Artung. Die vier Wesensglieder des Menschen sind der Gehalt der vier Reiche, konzentriert in der einen Art. Die vierfache Gliederung des Minerals spiegelt die vier Reiche in dem einen Wesensglied, in dem physischen Leibe. So steht das Element Erde in einem besonderen Verhältnis zum Mineralreich, das Element Wasser zum pflanzlich Lebendigen, das Element Luft zum Seelischen und das Element Feuer (Wärme) zum Geist. Diese architektonischen Entsprechungen sind wie eine Aufforderung, das Alte und längst Erledigte erneut zu bedenken.

Die Individuation als Ich und als Kristall

Auf beiden so polar verschiedenen Wegen gibt es doch im Menschen und im Mineral ein gemeinsames Ziel, das Ziel der Individuation, den Weg aus dem Allgemeinen in das Besondere. Aufsteigend geht der Weg von Reich zu Reich zu immer individuelleren Stufen bis hin zur Individualität im Menschen. Und das Mineral erreicht absteigend über Stufen des Ungeformten seine ausgeprägteste Individual-Gestalt im Kristall. Was der Mensch als Wesen erreicht, das ist im Mineral als Welt erschienen. Auch das ist ein Phänomen des Gemeinsamen im polar Verschiedenen. Wir beginnen etwas von der tiefen Weisheit zu ahnen, die den Weltprozeß durchwaltet. Um im Menschen die Individuation bis zur Stufe der Person zu erreichen, bedarf es als Gegenbild des Individuellen, als Widerstand einer Welt, einer Umwelt, die im Festen ebenfalls den Widerschein des Individuellen trägt. Zum höchsten Leben in der Person ist der Tod der Materie, der erstorbene Tragegrund die unerläßliche Bedingung. Die Erde und unser Leben auf ihr und mit ihr sind die große Ermöglichung für unsere Individuation, für unser Selbstwerden.
Damit ist ein großes Ziel des Weltprozesses erreicht, die Ichwerdung des Menschen, das Erscheinen des Individuellen als Person. Zugleich liegt in diesem Ziel der Anfang ganz neuer Wege. In der so geschaffenen Naturgrundlage beginnt eine neue Phase der Evolution, beginnt die Geschichte der Menschheit über Ur- und Frühformen, über mythische und prähistorische Zeiten bis zur Gegenwart und in die Zukunft hinein.
Der innerste Kern aber der Menschheit ist die Person, die Indivi-

dualität, ist das Ich. Dieser Kern wird von der großen, tragenden Hülle des Typus gebettet und von den vielen engeren Hüllen der Rassen, Kulturen, Völker, Stämme und Sippen. Wie die Schalen einer Zwiebel sich um den eigentlichen Vegetationskern legen, so ist der Keim der Individualität in eine Vielheit von bergenden und tragenden Hüllen gebettet. Diesen Keim zur Entfaltung zu bringen, ist der tiefste Sinn aller nun folgenden Evolutionsschritte. Unser Interesse gilt diesem Kern, gilt der Frage, welche Möglichkeiten ihm gegeben sind, am Weitergang der Evolution teilzunehmen. Es geht um die Frage nach dem Wo und Wie dieser Wege durch die Weltalter der Geschichte. Denn das ist das absolut Neue, daß das Individuelle selbst mit in die Evolution einbezogen wird, daß der einzelne Mensch teilhat an den großen Wegen der Menschheit durch die Zeitalter der Geschichte. Der Weltprozeß, der mit aller Deutlichkeit den intimen Zusammenhang von Mensch und Erde zeigt und die Individualität als den innersten Kern des Menschen offenbart, er muß auch diesem Kern, nicht nur der Menschheit als Ganzem, Zeiten und Räume zu seiner Evolution »zur Verfügung stellen«. Die unfaßbar großen Vorbereitungen durch die Stufen der Entwicklung sind nicht geschehen, damit wir als einzelne nur mit einem kurzen Menschenleben daran teilnehmen und so auf alle Möglichkeiten weiterer Entwicklung und Entfaltung verzichten müßten. Wäre es so, dann überwucherte wieder das naturhafte Sein den geistig-individuellen Zukunftskeim, dann hätte auch in der Zukunft das Allgemeine wieder das Übergewicht über das Besondere. Ein großer Aufwand wäre schmählich vertan. Um aber als Person, als Ichwesen am weiteren Gang der gesamten Menschheitsgeschichte teilnehmen zu können, bedarf es der wiederholten Erdenleben. Wer die tiefangelegte Partnerschaft von Wesen und Welt, von Menschheit und Erde lange auf sich wirken läßt, der schafft in seiner Seele den besten Boden, in dem der Gedanke der wiederholten Erdenleben, der Reinkarnation frei von Neugier, Sensation und Emotion in Ruhe wachsen und reifen kann. Diesem Gedanken ist nun der folgende Teil des Buches gewidmet.

ZWEITER TEIL

Evolution und Reinkarnation

XI
Wiederholte Erdenleben – warum?

Warum nicht?

Was kann einen modernen Menschen veranlassen, die Frage nach den wiederholten Erdenleben überhaupt zu stellen? Setzt doch das Problem nicht nur ein Leben nach dem Tode voraus, sondern auch eine Existenz vor der Geburt, und das in rhythmischem Wechsel. Aber in welcher Unsicherheit, Ungewißheit und Ablehnung leben wir heute alle in bezug auf diese elementaren Voraussetzungen.

Und doch gibt es Gründe, traditionelle Urteile und Vorurteile zurückzustellen, um der Frage einmal ganz unbefangen gegenüberzustehen. Einer der gewichtigsten Gründe jenseits aller Weltanschauungen und Religionen ist die Evolution selber. Sie nimmt keine Rücksicht auf Neigungen und Abneigungen, auf Gemeintes, Geglaubtes und Verworfenes, zwingt uns und läßt uns gleichzeitig völlig frei, die Frage doch ernst zu nehmen. Statt zu fragen: Warum wiederholte Erdenleben?, könnte man zu der anderen Frage gedrängt werden: Warum eigentlich nicht? Warum steht bei so viel Evolution für das innerste Ziel, für die menschliche Person kein Raum mehr für die individuelle Evolution bereit? Was hindert den Menschen noch, diese Frage von ganz neuen Aspekten her erneut zu stellen, warum scheut er sich, Konsequenzen zu ziehen, zu denen die Tatsachen geradezu drängen? Der Schöpfungsaufwand ist doch so groß, die Bezogenheit von Mensch und Welt zu deutlich und die Individualität als das eigentliche Entwicklungsziel zu klar erkennbar, als daß man in nur einem Menschenleben den Sinn seiner Existenz schon erfüllt sehen könnte. Was soll dieser ganze durch Äonen

hingehende Schöpfungsaufwand, diese unendliche göttliche Mühe, dem Menschen einen Ort seiner Entwicklung zu schaffen, wenn der einzelne nur mit dem Minimum eines Menschenlebens daran teilhaben kann, wenn ihm die weitere Teilnahme am Gang der Geschichte, am Leben der Menschheit, an der weiterschreitenden Evolution des Ganzen versagt und verschlossen bleibt! War Menschheit das große Ziel der Erdentwicklung, so ist nun und in Zukunft Individualität das große Ziel der Menschheitsentwicklung. Warum spricht man nur von dieser, von der Menschheits-Evolution, aber nicht von jener, der Evolution der Individualitäten? Was die Menschheit und die Menschen noch zu werden bestimmt und befähigt sind, kann sich nur auf und mit der Erde vollziehen und verwirklichen. Aber man weiß nur von einer Evolution der Menschheit, des ganzen Stammes durch die Jahrtausende der Geschichte, nicht aber von einer ebenso langen Geschichte der Personen, der Individualitäten. Wozu eigentlich geschah die Inversion von Typus und Exemplar? Was soll's, daß der Typus zur bergenden Hülle, der einzelne aber zum Wesenskern der Menschheit wurde, wenn doch nur immer weiter dem Typus das Übergewicht gegeben wird!
Da wir alle nur ein sehr begrenztes Leben haben, die Weltgeschichte aber einen viel größeren Atem, kann unsere Teilnahme an diesem großen Atem nur in Gestalt kleinerer Atemzüge, rhythmischer Wiederholungen möglich sein. So wird aus einmaliger Inkarnation der Geistwesen ihre Reinkarnation. Sie ist die der Individualität gemäße einzig mögliche Form einer Teilnahme an den Werdewegen der ganzen Menschheit und schafft Raum für die eigene, individuelle Stammesgeschichte. Es gilt zuerst, ein Verständnis für die Berechtigung dieser Frage zu gewinnen und dann nach dem »Wie« zu fragen. Kann man diese Berechtigung einsichtig begründen, dann ist das »Wie« gar nicht mehr so schwer anzuerkennen. Es geht nicht um Behauptungen, sondern um Einsicht in Phänomene, die alle in diese Konsequenz weisen, so daß es immer schwerer wird, der Frage aus dem Wege zu gehen.

Mit Reinkarnation soll also nicht irgendeine Weltanschauung oder Religion gestützt und bestätigt werden. Reinkarnation kann als ein allgemeingültiges Phänomen für die ganze Menschheit entdeckt werden, als Phänomen einer universellen Anthropologie.
Die Erde ist der allgemeine Tragegrund für die Menschheit und ihre Geschichte. Dieses Verhältnis von Menschheit und Erdennatur wiederholt sich systolisch integriert und konzentriert im Menschen selbst als das Verhältnis der zwei Naturen zueinander. Somit hat der Menschheitsstamm und die Menschheitsgeschichte in systolischer Konzentration eine Trägerschaft übernommen, die, auseinandergelegt, der dreifachen Erdennatur entspricht. In der diastolischen Getrenntheit ist die ganze Menschheit das Getragene, während in der systolischen Einheit der Getragene die Person ist, die Individualität, das Ich. Menschheit und Individualität, Geschichte und einzelmenschliche Geschicke sind eng aufeinander bezogen und füreinander gemeint.
Da jeder einzelne Mensch Art seiner selbst ist, wird sein Leben, seine Entwicklung, seine Evolution zu einer neuen Form einer Art-Geschichte, die aber nicht in dem kurzen Zeitraum eines Menschenlebens zu verwirklichen ist, sondern nur in den großen Zeit-Räumen der Völker- und Kulturgeschichte. Was sich als Darwinismus, als Abstammung und Evolution in das Bewußtsein der Menschen eingelebt hat, ist berufen, auf neuem Niveau, ins Historische und Spirituelle hinauf transponiert, uns erneut zu bewegen und zu beunruhigen. Offenbar hat die Menschheitsgeschichte nur dann ihren eigentlichen Sinn und ihr Ziel gefunden, wenn es gelingt, Sinn und Ziel ihrer Individualitäten zu erfüllen. Das spricht Lessing schon in seiner »Erziehung des Menschengeschlechtes« mit aller Deutlichkeit aus. Die Schrift mit ihren 100 Paragraphen hat Vermächtnischarakter und wartet immer noch darauf, zeitgemäß weiterentwickelt zu werden.

»Und wie? Wenn es nun gar so gut als ausgemacht wäre, daß

> das große, langsame Rad, welches das Geschlecht seiner Vollkommenheit näher bringt, nur durch kleinere, schnellere Räder in Bewegung gesetzt würde, deren jedes sein Einzelnes eben dahin liefert?« (§ 92) »Eben die Bahn, auf welcher das Geschlecht zu seiner Vollkommenheit gelangt, muß jeder einzelne Mensch (der früher, der später) erst durchlaufen haben« (§ 93).

Muß es unbedingt die Erde sein, auf der sich der Entwicklungsgang der Menschen abspielt, gibt es im Transzendenten, im Übersinnlichen, in geistigen Welten nicht ganz andere, umfassendere Gelegenheiten, das fortzusetzen, was hier nur begann? Sicher kann und darf mit Entwicklungswegen in einer nachtodlichen und geistigen Welt gerechnet werden. Aber wieder muß man sich fragen, wozu dieser geradezu unerhörte Aufwand an Schöpfung und Entwicklung, wozu dieses Kunstwerk Erde, Menschheit, Geschichte, wenn auf all das auch verzichtet werden kann, wenn es auch andere Wege gibt, die gleichen Ziele zu erreichen? Andere Wesen gehen andere Wege, haben andere Räume und andere Ziele. Des Menschen Wege und Ziele aber sind mit der Erde verbunden. Hat die Erde ihre Aufgabe an dem Menschen vollendet und der Mensch seine Aufgabe an der Erde? Spricht nicht alles dafür, daß diese Aufgaben ganz neu vor uns liegen?

Die Zeit ist reif, den Gedanken einer Evolution der Individualität durch alle Geschichtszeitalter hin bis zum fernen Endziel zu fassen, zu verstehen und zu fordern. Wie reif sie geworden ist, zeigt das Werk des französischen Paläontologen, des Jesuitenpaters Teilhard de Chardin. Aber sein Werk zeigt auch, wie sehr ein progressiver Denker doch wieder in der Macht alter Traditionen befangen bleibt. Chardin macht die Idee der wiederholten Erdenleben wie eine geistige Frucht so reif, daß man sie ohne Mühe pflücken könnte, aber er pflückt sie nicht. Ob er es nicht wollte, nicht konnte, nicht durfte? Chardin sieht mit voller Klarheit die Umkehr in dem Verhältnis von Typus und Exemplar, von Stamm und Individuum, von Phylum und Element. In der Natur ist das Individuum nur ein flüchtiger Stützpunkt für einen Lauf, der über es hinweggeht. Das Element (Exemplar) ist ganz dem Phylum (dem Stamm) unterworfen. Doch langsam nimmt das Individuum in seinem Verhältnis zur Art an Wert zu. Beim Menschen angekommen, überstürzt sich das Phänomen. »Mit der Persönlichkeit, die ... mit unbegrenzten Möglichkeiten individueller Entwicklung begabt wurde, hört der Zweig (Typus) in seiner anonymen Gesamtheit auf, ausschließlicher Träger der Versprechungen für die Zukunft zu sein. Die Zelle (das Individuum) ist ›jemand‹ geworden.«[1] Wir alle sind dieser jemand, und allen sind diese Versprechungen für eine ferne Zukunft durch alle Phasen der Evolution gegeben. Aber wo und wie können sie eingelöst, aufgegriffen und erfüllt werden? Lessing sah die Konsequenzen und sprach sie aus. Chardin hat ein Gewölbe gebaut, dem der Schlußstein noch fehlt. Warum zögert er, ihn zu setzen? Auch diejenigen, die sein Werk verwalten, bemerken nicht, daß der Schlußstein fehlt. Ist es die alte Dogmatik, welche die neue Aussicht nicht freigibt? Von der neuen Dogmatik, der materialistischen Voreingenommenheit so vieler Evolutionisten, kann man noch weniger erwarten, daß sie den Blick in die neuen Perspektiven freigibt. Darum gibt es nur den einen Weg, sich vorurteilslos und undogmatisch der Sprache der Phänomene anzuvertrauen, einen Weg, der von jedem, der guten Willens ist, gegangen werden kann.

In den nun folgenden Kapiteln ist versucht, das Problem auch als ein Phänomen sichtbar werden zu lassen. Um die Aussicht frei zu bekommen, bedarf es oft langer Wege, die man aber angesichts der Bedeutung der Sache nicht scheuen sollte. In jedem Kapitel kommen andere Aspekte zur Sprache, die sich alle gegenseitig stützen, sich überschneiden und untereinander zusammenhängen.

[1] Chardin, Der Mensch im Kosmos, S. 159/60

XII

Die Geschichte der Arten – ein altes Thema in neuem Gewande

Das überzeitliche und zeitliche Wesen der Arten

Schon mehrfach hat es sich gezeigt, welch große Bedeutung dem Problem der Art zukommt, wie das Ich aus dem Phänomen der unauswechselbaren und unvermehrbaren Natur der Art verständlich wird, die Person als die höhere Erscheinungsform der Art und diese als eine niedere Erscheinungsgestalt der Person erkannt werden kann.

Die Frage nach Ursprung und Geschichte der Art ist durch Charles Darwin in das Bewußtsein der Menschen eingegangen. Im Jahre 1859 wurde sein Werk veröffentlicht, das den Titel trägt: »Über den Ursprung der Arten durch natürliche Auslese«. Es ist nicht unsere Absicht, auf Einzelheiten des Darwinismus einzugehen, sein Für und Wider zu erwägen. Uns beschäftigt nur die Tatsache der Evolution an sich. Schon in den ersten Sätzen des Werkes sagt Darwin, gegen welche andere und ältere Anschauung er sich als Vertreter einer neuen Auffassung empfindet. Für die Zeiten vor ihm waren Arten etwas Unveränderliches, das mit der Schöpfung gegeben ist.

Als ein besonderer Vertreter dieser älteren Auffassung gilt der große schwedische Naturforscher Carl von Linné mit seiner Lehre von der Konstanz der Arten. In verschiedenen Abwandlungen spricht er den Gedanken aus: Es gibt so viele Arten, wie das unendliche Wesen, also Gott, im Anfang geschaffen hat. Der Ursprung der Species liegt nicht in der Zeit, wie bei Darwin, sondern es ist ein Ursprung vor aller Zeit aus dem göttlichen Schöpfergrund. So tragen die Arten als Werke des Schöpfers auch noch den Abglanz einer überzeitlichen

Ewigkeit und Dauer. Es sind für Linné Ideen im Bewußtsein Gottes, verwandt mit den Ideen Platos. In Linné wirkt ein altes geistiges Erbe nach. Das Wort »Art« klingt schon aus der Schöpfungsgeschichte zu uns herüber. Dort heißt es: »Und Gott sprach, es lasse die Erde aufgehen Gras, Kraut und Bäume ... ein jegliches nach seiner Art.« Warum wird mit solcher Eindringlichkeit immer wiederholt: »ein jegliches nach seiner Art«? Zehnmal steht es im 1. Kapitel des 1. Buches Mose. Handelt es sich wohl in erster Linie um die Schöpfung der Art, der ideenhaften Einheit, der System-Kategorie und nicht um das konkrete Exemplar? Sollte nicht die Ganzheit des Typus gemeint sein, die erst sekundär die Vielheit der Exemplare aus sich heraus gebiert?

Was bei Linné noch so kraftvoll entfaltet war, die Arten als Schöpfung, als Ideen, das tritt mehr und mehr in den Schatten und wird schließlich bedeutungslos. Die einst geistig-ideell verstandene Konstanz und Einheit des Typus sinkt seit Darwin ganz herab auf eine nur noch physisch vorstellbare Konstanz und Kontinuität der Erbvorgänge und Abstammung. Im Jahre 1857 erschien ein Buch mit dem Titel »Anthropologie – Die Lehre von der menschlichen Seele – begründet auf naturwissenschaftlichem Wege«. Der Verfasser ist Immanuel Hermann Fichte, der Sohn des bekannten Philosophen Johann Gottlieb Fichte. Auch in diesem Werk begegnet uns das nun schon oft gehörte Wort »Species«, aber wir lesen es dort in einer ganz neuen Bedeutung. Fichte verwendet diesen Begriff mehrfach, um das einzig-artige Wesen der menschlichen Individualität zu charakterisieren.

> »Denn der Genius, die geistige Eigentümlichkeit in ihrer Einzelheit, ist ebenso ein Wesen sui generis (eigenen Ursprungs) wie irgend eine neue in die Geschichte der Erde eintretende Tierspecies« (§ 230). »Jeder ist nach seiner geistigen Grundgestalt präformiert; denn geistig betrachtet gleicht kein Individuum dem andern, so wenig wie die eine Tierspecies einer der übrigen« (§ 231). In § 226 sagt Fichte, daß die neue Individualseele nicht aus dem Akt der Zeugung bloß zusammenfließe.

»Dies widerspräche aller Erfahrung ... denn dann wäre gar keine Geschichte möglich, wenn nicht das geistig Neue, der ›Genius‹ als Unvorhergesehenes und wahrhaft Jenseitiges dem wiederkehrenden Kreislauf menschlicher Zeugungen sich einsenkte ...«

Der Mensch als Art seiner selbst

Damit ist ganz klar ausgesprochen, daß der Mensch als einheitliches Wesen doch auch eine innere Zweiheit ist, ein Exemplar der Gattung Mensch, das den »Genius«, »das wahrhaft Jenseitige«, in sich aufnimmt und trägt. Im Rahmen der Menschheit ist jeder einzelne noch einmal eine eigene Species, ein Individuum mit dem Rangwert einer Art. Das Individuum ist also mehr als ein nur kommendes und wieder vergehendes Exemplar des Typus, es ist darüber hinaus auch Typus seiner selbst. Damit enthüllt sich das Individuum als eine begrenzte Erscheinungsform seines eigenen überzeitlichen, der Dauerwelt angehörenden Wesenskerns. Dieser Wesenskern ist »präformiert« und hat gegenüber der Vergänglichkeit der naturhaften Individuation Prä- und Postexistenz, eine Existenz vor der Geburt und nach dem Tode.

Dieser Wesensunterschied von Tier und Mensch wird eindeutig offenbar, wenn man ihre Biographie untersucht. Darauf hat Rudolf Steiner oft und eindringlich hingewiesen. Tiere erscheinen im Gewande des Individuellen, ihr eigentlicher Wesenskern gründet aber im Typus. Das Verhältnis von Art und Exemplar bleibt trotz aller möglichen Unterschiede immer das von Gesetz und Fall. Beim Menschen kehrt sich dieses Verhältnis um. Eine Biographie der Menschheit als Art hätte für die Erfassung einer bestimmten Persönlichkeit nur untergeordnete Bedeutung. Nicht so, als ob dieses Typische (Rasse, Volk, Geschlecht, Sippe usw.) unwichtig wäre, doch ist es nicht der Kern. Der Mensch ist angelegt auf Individualität, auf Ichheit, und er ist dieser Urbestimmung um so näher, je mehr sein

Individuelles im Typischen zur Erscheinung kommt, je weniger er nur Fall eines Typus ist, je mehr das Typische Fall seiner Ichheit wird. Ichheit ist sein Wesenskern, und das Gattungshafte ist variierende Hülle dieses Zentrums. Kern und Hülle, Zentrum und Peripherie, Gesetz und Fall sind vertauscht, wenn wir den Schritt vom Tier zum Menschen tun. Aus dem tierischen Individuum, das nur ein Fall seines Typus ist, wird beim Menschen die Individualität, für die das Typische ein Fall ihrer Ichheit ist. Wenn das Individuum zur Individualität aufsteigt, zum Typus seiner selbst, dann steigt umgekehrt das Arttypische ab und wird zum variierenden Fall der Individualität.

Reinkarnation als die neue Gestalt einer Geschichte der Arten

Hat man diesen Gipfel der Erkenntnis und des Verständnisses einmal erstiegen, dann ergeben sich ungeahnte Perspektiven und ganz neue Fragen. Darwin fragt nach Ursprung und Evolution der Arten. Linnés Gedanken kreisen um die mit der Schöpfung gegebene ideenhafte Konstanz der Arten. Wie neu sehen die Probleme aber aus, wenn die Arten nicht mehr nur biologische System-Kategorien sind, sondern geistige Individualitäten als physisch reale Einzelwesen! Die Frage nach Schöpfung und Entwicklung, nach Sein und Werden, nach dauerndem Wesenskern und wechselnder Erscheinung sind wieder da, nun aber auf einem ganz neuen Niveau, und sie zeigen sich in einem ganz neuen Licht. In der Ausdrucksweise Linnés müßten wir fragen: Sind diese Species sui generis, die menschlichen Ich-Wesen auch von Anfang her gegeben, »ab initio« vorhanden? Durchlaufen sie dann im Rahmen der Geschichte eine Evolution, um ihr Eigenwesen herauszuarbeiten und zu entfalten? Für die Evolution der Tierwelt spielen die Individuen eine untergeordnete Rolle. Man fragt nicht nach Ursprung, Geschichte und Entfaltung der einzelnen Exemplare, sie repräsentieren nur den Typus, und nur um dessen Evolution geht es. Wenn aber das Exemplar wie beim Menschen selbst zum Range eines Typus aufsteigt, dann ist die Frage nach der Evolution jetzt direkt an das Einzelwesen gerichtet, an jeden einzelnen Menschen. Darin besteht das Neue gegenüber aller nur naturhaft verstandenen Evolution, daß nun die Individuen selbst mit in den Entwicklungsprozeß einbezogen werden müssen. Das Individuum steht nicht mehr nur passiv vor den Toren einer Entwicklung, sondern es ist aufgenommen zum individuellen Miterleben und Miterleiden einer Weltalter-großen Evolution. Noch mehr: es ist sogar der innere Kern, das zentrale Geschehen der gesamten Menschheitsentwicklung. Wenn die Geschichte des Tierreiches auch die Geschichte seiner Typen und Arten durch Erdzeitalter hin umfaßt, dann muß die Geschichte des Menschenreiches auch eine Geschichte seiner Arten sein, das heißt jetzt aber seiner Individualitäten, und zwar durch alle Geschichtsräume hindurch. Was Charles Darwin für den Impuls der Evolutionslehre bedeutet, das bedeutet in einer umfassenden Art Rudolf Steiner für die Lehre von der Reinkarnation. Einzelheiten aus der konkreten Fülle des von ihm neu Erforschten und Mitgeteilten sollen hier nicht zur Sprache kommen. Es sollte nur gezeigt werden, wie folgerichtig sich solche Erkenntnisse aus den wissenschaftlichen Voraussetzungen ergeben und wie man auch ohne übersinnliche Einsichten und ohne Berufung auf eine andere Autorität als die von Beobachtung und Denken zwar nur »silhouettenhaft«, aber doch legitim über Reinkarnation sprechen kann.

Nach allem, was hier vorgebracht worden ist und noch vorgebracht werden könnte, ist der Reinkarnationsgedanke, von naturwissenschaftlichen und anthropologischen Aspekten her gesehen, geistesgeschichtlich fällig; er klopft vernehmlich an die Tore des Zeitbewußtseins. Warum wird nicht geöffnet?[1]

[1] Vgl. Zeitschrift für Religions- und Geistesgeschichte, 1957, Heft 2, Sonderheft »Reinkarnation«

XIII
Einmaligkeit und Wiederkehr

Einheit und Vielheit – zwei Seiten einer Sache

In jeder Art begegnen sich das Allgemeine und das Besondere. Die Exemplare einer Art sind das Besondere. Was sie alle zur Einheit zusammenfaßt, ist das Allgemeine. Die Individuen sind sinnenhaft konkret, die Art dagegen, diese Einheit in und über der Vielheit, ist nicht sinnlich wahrzunehmen. Die vielen Rehe sind konkrete Wesen des Waldes. Aber das Reh als Art, als das Allgemeine gibt es nicht als ein sinnlich konkretes Tier im Wald. Jedes Exemplar ist eine Einheit, aber sie ist von ganz anderem Rang als die Einheit des Typus. Die Exemplare sind zeitlich begrenzte Wesen, sie werden geboren und sterben. Die Art dagegen ist zeitumfassend. Auch sie ist entstanden und kann vergehen. Aber dabei umfaßt sie lange Zeiträume, Arten sind unvermehrbar und unteilbar. Das Reh als Art gibt es nur einmal und ist nicht zu vermehren. Die Zahl der Rehe ist groß und praktisch unbegrenzt.

Wenn es zutrifft, daß der Mensch schon als Einzelwesen eine Art ist, Art seiner selbst, dann muß sich ein Konvergenzprozeß ereignet haben, bei dem die beiden Pole Einheit und Vielheit ineinander aufgenommen worden sind. Die bisher unsichtbare Einheit der Art, dieses gedanklich abstrakte Wesen ist nun sinnlich real geworden, ist aus seiner Anonymität herausgetreten und erscheint als konkrete Person. Die Art ist in die Region der Individuen eingetaucht und hat etwas von deren Wesen und Existenzform angenommen. Aber auch umgekehrt nimmt das Individuum etwas von der Seinsweise der Art, des Allgemeinen, des Einmaligen an. Die Vielheit der

Exemplare tritt zurück zugunsten nur eines Individuums, und dieses eine Individuum erfährt auch darin eine Steigerung, daß es den Einmaligkeitsgrad einer Art erreicht. In der Konvergenz von Typus und Exemplar wird der Typus individuell und das Individuum universell, der Typus wird enger, das Individuum weiter. Die Pole durchdringen sich und nehmen wechselseitig Anteil aneinander, ohne ihr Eigenwesen aufzugeben oder zu verlieren.
Das hat Konsequenzen, die man leicht übersieht. Der Einmaligkeitsanspruch der Art kann dann in dieser Gestalt nicht aufrecht erhalten werden. Die Art bleibt weiterhin was sie ist, aber ihr wird die Möglichkeit eröffnet, auch an der Vielheit teilzunehmen, in vielen verschiedenen Manifestationen zu erscheinen, ohne dabei ihre Identität zu verlieren. Und die uferlose Vielheit der Exemplare kann nicht bleiben, was sie ist, wenn sie stärker in die konzentrierende Region des Arthaften eintritt. Zwischen absoluter Einheit und uferloser Vielheit gibt es die Mitte einer begrenzten Vielheit. Dort begegnen sich beide Pole in der Konvergenz. Das uferlos Viele erfährt eine Begrenzung, und das absolut Eine erfährt eine Vervielfältigung. Die Art wird »vermehrbar«, die Exemplare als Individuen werden »unvermehrbar«. Das Einheitsprinzip der Art-Idee nimmt teil an einer vielfältigen Erscheinung, tritt ein in die Zone der Vielheit. Umgekehrt tritt die Vielheit der Exemplare ein in die Einheit stiftende Zone des Typus, so daß so etwas wie eine unwiederholbare und nicht auswechselbare Einmaligkeit des Individuellen entsteht. Wenn die Einheit an der Vielheit teilnimmt und diese an der Einmaligkeit des Typus, dann ist damit ausgesprochen, daß der Typus sui generis, das Ich, viele Manifestationen, das heißt aber viele Inkarnationen hat, und jede Inkarnation den Rangwert einer Art. Jeder Mensch ist in der unwiederholbaren Einmaligkeit seiner Existenz doch auch die Wiederkehr seiner selbst. Unwiederholbar einmalig ist jede Inkarnation, und doch sind sie alle die Ausformungen, die verschiedenen Individuationen der einen Wesens-Entelechie. Im Konvergenzpunkt steigt das Vergängliche des Individuellen zur zeitübergreifenden Existenz eines Typus auf, ohne damit aufzuhören, auch zeitbe-

grenztes Individuum zu sein. Und das ideelle Dauerwesen des Typus taucht ein in die Zone individueller Vergänglichkeit, nimmt teil an Geburt und Tod der Individuen, ohne seine überzeitliche, prä- und postexistente unsterbliche Natur dabei zu verlieren. Diese Individuationen können sich nur in einem zeitlichen Nacheinander durch Jahrhunderte und Jahrtausende manifestieren, nicht mehr nur gleichgültig, gleich-wertig und gleich-artig in einem räumlichen Nebeneinander wie bei den Tieren.

Die Wiederkehr des Typus und die Einmaligkeit des Individuellen

Was ist in der Pflanzen- und Tierwelt unwiederbringlich einmalig, was kehrt immer wieder? Gemeinhin wird angenommen, die Exemplare, die Individuen kehren wieder. Aber gerade sie sind es, die kommen, gehen und nicht wiederkehren. Im Sinne der Identität kehrt kein gestorbenes Tier jemals wieder, immer sind es andere, die kommen, gehen und auch niemals wiederkehren. Was allein wiederkehrt, ist der Typus in immer neuen und anderen Exemplaren. Wie kommt es aber, daß man doch von einer Wiederkehr der Exemplare spricht? Weil sie das sinnlich Konkrete sind und von so geringem Individuationsgrad, daß sie austauschbar werden. Keine Sonnenblume, die in diesem Jahr geblüht hat, kehrt je wieder. Sie vergehen alle endgültig, und was allein wiederkehrt, ist der eine und gleiche Typus in anderen, neuen und ebenso nie wiederkehrenden Exemplaren. Nur ihre Gleichheit und Auswechselbarkeit ist es, die uns veranlaßt, von einer Wiederkehr der Exemplare zu sprechen. Auch in der Tierwelt, ja auch im Typus Mensch kommen und gehen die Exemplare, die Individuen, ohne je wiederzukehren. Selbst der wiederkehrende Schnee hat teil an dieser unwiederholbaren Einmaligkeit; denn niemals sind es dieselben Flocken, immer sind es wieder andere von gleicher Gestalt und nach dem gleichen Gesetz geformt. Kommen und Gehen ohne Wiederkehr, das ist das Schicksal der Exemplare. Kommen und Gehen mit ständiger Wiederkehr, darin lebt sich der Typus aus. Da aber der einzelne Mensch Art seiner selbst ist, so hat auch diese Art ihre »Exemplare«. Das sind die verschiedenen Inkarnationen. Sie sind die Vielheit, die zur Einheit der Wesens-Entelechie gehört. Kommen und Gehen ohne Wiederkehr ist auch jetzt wieder das Schicksal der »Exemplare«, in diesem Falle also der einzelnen Inkarnationen, von denen jede den Rang unwiederholbarer Einmaligkeit hat. Aber in diesem Kommen und Gehen lebt auch die Wiederkehr der Wesens-Entelechie. Das ist Reinkarnation, das Wiederkehrende im unwiederholbar Einmaligen.

Wenn ein Tier stirbt, ist damit der Typus noch nicht völlig aus der Welt heraus. Denn überall treffen wir Exemplare, in denen er weiterhin da ist und innerhalb der Welt gefunden werden kann. Das trifft natürlich auch für den Menschen zu, wenn wir ihn als Exemplar der Species Mensch verstehen. Meinen wir ihn aber, insofern er Art seiner selbst ist, Species sui generis, meinen wir den Einzelmenschen als eigene Art, dann finden wir von diesem Typus nach seinem Tode nichts mehr in der Welt, er ist ganz und total aus der Welt herausgegangen. Dieses Schicksal träfe die tierische Art nur dann, wenn sie ausstirbt. Wenn nun ein Tier geboren wird, dann kommt der Typus nie so vollständig und vollwirklich in die Welt hinein wie bei der Geburt eines Menschen. Er bleibt immer noch in einer überindividuellen Anonymität zurück. Die Geburt eines Menschen bedeutet eine ganz andere, individualisierte Anwesenheit der Art, der Species sui generis. Ist der Tod des Menschen mit dem Aussterben einer Art zu vergleichen, so die Geburt mit ihrer Entstehung.

Was in den Geburten tierischer Art-Exemplare zu uns kommt, ist als Typus immer schon da. Und was in ihrem Tode von uns geht, ist nie ganz fort. Dieses »nie ganz fort« und »nie ganz hier«, diese Zwischenstellung ist charakteristisch für die tierischen Arten. In der totalen Anwesenheit und der ebenso totalen Abwesenheit des Typus sui generis liegt die Steigerungsstufe von Kommen und Gehen. Aus dem »nicht ganz hier« wird die vollwirkliche Anwesenheit, und aus dem »nicht ganz fort« wird der endgültige Abschied im Tode.

Die Reinkarnation ist unlöslich mit dem Konvergenzgeschehen verbunden, sie ist ein besonderer Aspekt dieser Prozesse. Von oben her gesehen, ist sie ein Schritt tiefer in die Welt und in die Geschichte hinein, eine gesteigerte, erweiterte Teilnahme an der Erde, ihren Völkern und der ganzen Geschichte. Von unten her gesehen, hebt sie uns über die Natur und über die Geschichte hinaus mehr und mehr in die geistigen Tiefen und Zukünfte unseres eigenen Wesens und der Menschheit, eine Steigerung der unwiederholbaren Einmaligkeit des Individuellen. Indem wir immer individueller werden, werden wir zugleich immer universeller, gehören immer deutlicher zu allen Menschen, zu allen Völkern, zur ganzen Menschheitsgeschichte und zur Erde. Ohne diese wechselseitige Ergänzung der Pole müßte das Universelle im Allgemeinen verfließen und das Individuelle im Besonderen erstarren. Wenn auch die Individuation das Ziel der Evolution ist, die Heranbildung der Persönlichkeit, so hat dieser Weg seinen Sinn nicht nur in sich selbst, sondern weist notwendig und ergänzend über sich hinaus zu den anderen, zu allem um uns her, zur Welt. Kein Wesen auf der Erde ist so auf das Individuelle hin organisiert und zugleich auf das Universelle, keines so auf Individualität und keines so auf Gemeinschaft. Ohne Mitmenschen kommt kein Mensch zu sich selbst, ganz im Gegensatz zu den Tieren, wo eine Ente auch dann noch Ente wird, wenn sie von einer Glucke oder gar einem Apparat ausgebrütet wird. Und ohne die Individualität bleibt Gemeinschaft immer auf dem niederen, ichlosen oder ichfeindlichen Rang eines Kollektivs, einer Gruppe, die aus Typusgesetzen lebt, denen das Individuelle geopfert wird. Das eine ist nicht ohne das andere. Die unwiederholbare Einmaligkeit eines Erdenlebens erfüllt erst ihren Sinn in der Wiederkehr, und die Wiederkehr würde zu einem sinnleeren Verfließen ohne die unvermehrbare, unteilbare Einmaligkeit einer Individualität. Diese Zusammenhänge von Einmaligkeit und Wiederkehr entkräften auch einen Einwand gegen die Reinkarnation. Da wird gesagt, daß zyklische Wiederkehr ein Zeichen der Natur sei, gleich dem Wechsel von Tag und Nacht, Sommer und Winter, gleich dem Kommen und

Gehen der Generationen. Es sei auch die Denkweise alter, mythischer und meist östlicher Völker, den Weltprozeß in Kreisen, Umläufen, Zyklen zu erfahren. Einmaligkeit sei das Wesen des Menschen, und unumkehrbar seien die Abläufe der Geschichte. So erlebe und denke besonders das christliche Abendland. Widerspricht Reinkarnation nicht der Un-Umkehrbarkeit des Geschehens, der Einmaligkeit, werden wir nicht zu überwundenen Weltanschauungen zurückgeworfen, wo nur vom zyklischen Ablauf der Dinge gesprochen wird?

Man kann verstehen, daß die Reinkarnation von diesem Aspekt aus auf Widerstand stoßen muß. Scheint sie doch in naturhafte Abläufe zurückzuführen und uns unserem wahren Wesen zu entfremden. Wie einseitig diese Anschauung ist und wie unbegründet die Sorge, das braucht nach allem nicht weiter gezeigt und ausgeführt zu werden. Da die Wirklichkeit immer beides ineinanderfügt, besteht kein Grund zu einem Entweder-Oder. Es gibt nichts Neues und Erstmaliges, das nicht auf den Bahnen und auf dem Boden einer Wiederkehr erscheint, und nichts Wiederkehrendes, in dem nicht das Element des Erstmaligen und Einzigartigen mit enthalten ist. In jeder unwiederholbaren Einmaligkeit einer Inkarnation lebt zugleich eine Wiederkehr, und aus jeder Wiederkehr blickt uns ein absolut Erstmaliges an.

XIV
Zur Stammesgeschichte des Menschen – Kreation und Reinkarnation

Zweierlei Stammesgeschichte

Es gibt kleine und große Stämme unter Tieren und Pflanzen, kleine und große Gruppen, die alle ihre eigene Geschichte, ihre Evolution haben. Ein Stamm, ob groß oder klein, weit oder eng, ist ein Phylum, und darum heißt seine Geschichte auch Phylogenese. Die Entwicklung der einzelnen Lebewesen von der Zeugung bis zur vollen Entfaltung ist ihre Ontogenese. Phylogenese und Ontogenese sind untrennbar miteinander verbunden. Phylogenetische Entwicklungswege können nur an den konkreten Exemplaren erkannt werden. Stufen der Embryonalentwicklung zeigen oft sehr deutlich die Wegstationen, die der ganze Stamm in Erdzeitaltern durchlaufen hat. So kann die Ontogenese ein Spiegelbild, eine kurze, oft abgewandelte Wiederholung phylogenetischer Prozesse sein. Die großen und die kleinen Stämme bei Pflanzen und Tieren bleiben aber alle im Rahmen des jeweiligen Reiches, ihre Entwicklung spielt sich bei der Pflanze auf der Grundlage der Lebendigkeit ab, beim Tier auf der uralten Grundlage des Seelischen. Was eine Pflanze ist, wird in erster Linie von der Lebendigkeit bestimmt. Und ebenso bestimmt das Seelische, welche Wesen Tiere genannt werden müssen. Die Stammesgeschichten innerhalb der Reiche ereignen sich auf diesen Grundlagen, sind selbst aber ein Geschehen innerhalb der Typus-Kategorien und sind damit auch jünger. Das Jüngste z. B. an einer Amsel ist zweifellos ihr Amselsein, älter ist der Vogel in ihr und noch älter das Wirbeltier, zu dem sie ja auch gehört. Aber der älteste Grund ist das Seelische als die Urvoraussetzung allen Tierseins. Lebendig-

keit und Beseelung gehören zu den großen Seinsstufen der Welt und ihrer Reiche. Es sind die Nova, das unableitbar Neue in jedem Reich, das aus dem unteren Grund nicht verstanden werden kann, das wie von oben und außen aus einer schaffenden Überwelt hineingesenkt worden ist als Ergebnis einer Schöpfung oder Kreation. Wen der Gedanke einer Schöpfung stört, sollte nicht auf Mutationen oder dialektische Sprünge zurückgreifen, sollte lieber das Unableitbare als solches unerklärt auf sich und in sich beruhen lassen. Er ist der Wahrheit damit immer noch näher als alle diejenigen, die den Grund für das Neue im Alten suchen.
Nun gibt es aber noch eine andere Stammesgeschichte, die sich nicht nur als Differenzierung in die Typus-Kategorien eines Reiches auslebt, sondern die vertikal durch die Reiche und Seinsstufen hindurchgeht und das ganze Reich betrifft, nicht nur die einzelnen Stämme eines Reiches. Sie hat ihren ontogenetischen Niederschlag in den zwei Naturen. Die untere der beiden Naturen deutet immer auf einen alten Zustand des ganzen Reiches, die obere Natur ist der neue und jüngere Zustand. Jedes Reich hat seine eigene vertikal gerichtete Stammesgeschichte. Der Stamm der Pflanze wurzelt im Mineralischen, nicht in dem heutigen Mineralreich, und der Stamm des Tieres wurzelt in einer Vorstufe des Tieres, die erst pflanzlich war, und der Stamm des Menschen tritt aus einer Vorstufe heraus, die dem Tier verwandt ist. Das Mineralreich hat eine abwärtsgerichtete Stammesgeschichte.

Die Ichwerdung als stammesgeschichtliches Grossereignis

So geht der Stamm des Menschen, rückwärts verfolgt, durch alle Reiche, durch alle Seinsstufen über Tier und Pflanze bis hinab zum materiellen Grund. Die ontogenetische Wiederholung dieses Weges ist in den drei unteren Wesensgliedern zu erkennen. Der Aufstieg eines Reiches von Stufe zu Stufe ist jedesmal ein stammesgeschichtliches Großereignis, ein phylogenetisches Ur-Geschehen. Als Zentralachse aller Wesen hat der Mensch auch alle Schichten durchlaufen und auf diesem Wege niedere Stufen als eigene Reiche zurückgelassen, die eigene, weit verzweigte Wege gegangen sind. Das letzte dieser phylogenetischen Großereignisse ist von einem ganz besonderen Rang. Da erreicht der Menschenstamm ein neues Wesensglied, das Ich, das zugleich auch eine neue Artgeschichte einleitet. Das neue Wesensglied ist identisch mit einer Systemkategorie. Die vertikale Stammesgeschichte und die Stammesgeschichten der Typen werden identisch. Bei Tier und Pflanze geschieht die Stammesgeschichte der Typen auf der Grundlage der Lebendigkeit und der Beseelung. Im Menschen wird die Stammesgeschichte der Typen zu einer Evolution der Individualitäten. Der tragende Grund ist die Sonderart Mensch. Die vertikale Stammesgeschichte des ganzen Reiches fällt zusammen mit der Stammesgeschichte der Typen, der Personen. Diese Konvergenz ist von höchster Bedeutung für die Bewertung der Individualität. Die Individualität wird zu einem menschheitsgeschichtlichen Problem und Phänomen. Vertikaler Stamm des Reiches und die Fülle der Einzelstämme wachsen aufeinander zu, streben einander entgegen.

Aus dem Dunkel der Vergangenheit stieg der Menschenstamm empor, sonderte stufenweise Wesen ab, die sich zur heutigen höheren Tierwelt weiter differenzierten, bis der Stamm einen Reifegrad erreicht hatte, der ihn befähigte, Träger des neuen Wesensgliedes zu werden. Dieses Einsenken, Absteigen oder Einströmen der Iche aller Menschen geschah aus geistigen Schöpferhöhen. Das ist ein Schöpfungsakt ganz großen Stils, das stammesgeschichtliche, phylogenetische Groß- und Urereignis der Ichwerdung des Menschen.

Reinkarnation als ontogenetische Wiederholung des phylogenetischen Urereignisses

Dieses phylogenetische Urereignis muß sich in der Ontogenese wiederholen, muß einen Nachklang in jeder Einzelentwicklung bis heute haben. Bei dieser ontogenetischen Wiederholung geht es also nicht um die einzelnen Leibesformen während der Embryonal-Entwicklung, sondern um einen unsichtbar damit verbundenen Prozeß der »Verleiblichung« des Geistwesens, des Ichs, eine Verschmelzung der Geist-Seele mit dem werdenden Leibe. Die katholische Kirche vertritt diese Anschauung in der Lehre vom Kreatianismus, von der Schöpfung der unsterblichen Seele aus dem göttlichen Weltengrund. Dabei macht sie keinen Unterschied zwischen dem stammesgeschichtlichen Groß- und Urereignis und seiner ontogenetischen Wiederholung. Macht man aber diesen Unterschied, dann bezieht sich die erste Schöpfung auf dieses phylogenetische Urereignis, auf das erste Heran- und Herabkommen des Ichs. Das ist dann die wahre Kreation: »Lasset uns Menschen machen, ein Bild, das uns gleich sei.« Die tausendfach sich immer und immer ereignende ontogenetische Wiederholung bei jeder Geburt ist dann nicht die erste Kreation, die erste Inkarnation, sondern ist schon Reinkarnation. Ohne diese Unterscheidung von phylogenetischer und ontogenetischer Kreation, Inkarnation und Konvergenz, entgeht einem die Tatsache, daß wir in bezug auf das Ich mindestens so alt sind wie die Menschheit seit der Hominisation, seit ihrer Ichwerdung, daß jeder vor seiner jetzigen Erscheinungsform schon präexistiert und in rhythmischer Folge in den Kreislauf organischer Entwicklung eintaucht und im Gang der Geschichte wieder und wieder erscheint. Was gibt uns aber das Recht, diesen Unterschied von phylogenetischer und ontogenetischer Kreation oder Inkarnation zu machen? Denn nur bei dieser Unterscheidung weitet sich die Inkarnation zur Reinkarnation, müßte auch die Kirche den Kreatianismus ausweiten zur Lehre von der Reinkarnation. Es hängt also alles davon ab, diesen Unterschied in den Phänomenen selbst, im Stilprinzip der Welt zu erkennen.

Im Sinne der Schichtenlehre, des Stufenbaues der Reiche ist das Ich das vierte Wesensglied, das sich an das Seelische, Lebendige und Physische anschließt. Jedes neue Wesensglied begründet auch jedesmal ein neues Reich. Das neue Wesensglied in der Pflanze ist das Leben, ist der Ätherleib. Und das neue Wesensglied in der Tierwelt ist das Seelische, der Astralleib, und das neue Wesensglied im Menschenreich ist das Ich. Niemand wird bezweifeln, daß das Leben so alt ist wie die Pflanze selber. Es geht auf eine Urschöpfung zurück, auf ein phylogenetisches Ur- und Großereignis. Seit dieser Zeit ist es da, tritt mit jeder Pflanze immer wieder in Erscheinung, wird aber nicht noch einmal geschaffen. Und niemand wird bezweifeln, daß das Seelische so alt ist wie die Tierwelt. Einmal entstand es durch ein stammesgeschichtliches Großereignis. Nun ist es da und tritt mit jedem Tier wieder in Erscheinung, kommt aus einer rätselhaften Verborgenheit – aber neu geschaffen wird es nicht. Leben ist so alt wie die Pflanzenwelt, Seele so alt wie die Tierwelt. Müßte da nicht das Novum des Menschen, das Ich so alt sein wie die Menschheit seit ihrer Ich-Stufe, seit der Hominisation? Wodurch wäre denn dieses Reich als ein neues charakterisiert, wenn nicht durch die phylogenetische Schöpfung des neuen Wesensgliedes, des Ich? Das Leben ist in allen Pflanzen, auch in den jüngsten, uralt. Und das Seelische ist in allen Tieren, auch in den jüngsten, uralt. Niemand kommt auf die Idee, es immer wieder aufs neue aus göttlicher Quelle entstehen zu lassen. Und noch einmal die Frage: müßte nicht auch das Geistige im Menschen, das neue Wesensglied, das Ich in allen Menschen, auch in den letzten und jüngsten uralt sein? Kann man sich dieser logischen Konsequenz entziehen? Und wenn man es doch tut, müßte auch das Seelische der Tiere und das Leben der Pflanzen immer wieder im Sinne eines »Kreatianismus« neu geschaffen werden. Zwar ist es ein großes Rätsel, wie bei jeder Ontogenese sozusagen aus dem Nichts die Lebensgestalten und Seelengestalten immer wieder in Erscheinung treten, es ist das Geheimnis der Individuation, aber neu geschaffen im Sinne einer Kreation werden Leben und Seele nicht. Ihre Ur-Schöpfung liegt weit zurück wie die des Leibes. Wir alle sind so alt wie die Menschheit seit der Hominisation und treten immer wieder neu aus tiefer Verborgenheit in Erscheinung.

Nirgendwo in der Natur ist eine Systemkategorie, eine Art, eine Gattung oder Familie selber zum individuellen Wesensglied geworden. Alle diese Kategorien gehören zum Gesetzeshaften, zum Typus, zum Allgemeinen, sind Ideen, die in Gestalt von Begriffen durch uns wie von Ferne erfaßt werden. Nur im Menschen beginnt es, daß die Kategorie der Art aufhört, bestimmendes Gesetz für ungezählte Individuen zu sein, und der Wesenskern, das Ich eines Individuums wird, daß sie als 4. Wesensglied zu den anderen schon vorhandenen drei Wesensgliedern hinzukommt. Die Art oder die Idee als Wesensglied, das ist das absolut Neue und Erstmalige in der gesamten Evolution.

Uralt und immer wieder jung

Insofern der Geist des Menschen ein Wesensglied ist wie Seele und Leben, geht er wie diese aus einer Schöpfung, aus einer Kreation hervor und hat ein hohes Alter. Insofern aber dieses Wesensglied Art-Charakter hat, nimmt es teil an einer jüngeren Entwicklung, an der Evolution der Typen und wird immer wieder neu. Jeder von uns ist so alt wie die Menschheit und tritt durch seine Geburt immer wieder neu und wie erstmalig in die Welt und in die Geschichte ein. Wir sind uralt und werden immer wieder jung, ohne dabei in der Vielheit der Manifestationen und Metamorphosen die innere Identität zu verlieren. Diese Einheit von hohem Alter und jüngster, letzter Erscheinung ist wieder eine andere Seite des Paradoxes Mensch. Leben und Seele sind auch bei Pflanze und Tier uralt, werden in der Ontogenese nicht neu erschaffen, sondern treten auch hier immer wieder neu in Erscheinung. Aber es fehlt doch die Identität, die das tiefe Geheimnis des menschlichen Wesenskernes ist. Was da bei jeder Geburt wiederkehrt, ist nicht einfach und schlechthin Geist, sondern ist der Geistkern, der schon einmal dagewesen ist. Im biologischen Erbgeschehen ist uns das Phänomen der Wiederkehr durchaus geläufig. Aber es umfaßt die ganze Zwei-Natur, auch den überbiologischen Teil unseres Wesens. Da vollzieht sich das Geschehen eben auch überbiologisch. Insofern die Lehre von der Kreation mit einem Weg von oben her aus geistig-göttlichen Schöpfer-Welten rechnet, muß man ihr zustimmen. Insofern sie aber dieses Geschehen beschränkt und begrenzt auf die eine ontogenetische Konver-

genz, gibt sich diese Lehre als ein Rest, als ein geistesgeschichtliches Rudiment einer viel umfassenderen Anschauung zu erkennen. Ihr geht voraus ein Wissen um die Präexistenz und um die Reinkarnation. Geht auch dieses Rudiment noch verloren, dann sind wir ganz im Naturalismus angekommen, und es wird schwer sein, dann noch Atemluft für ein nachtodliches ewiges Leben zu haben.
In der Lehre von der Kreation ist die spirituelle Seite der Ontogenese noch erhalten. Aber das Spirituelle ist zu eng gefaßt, ist verkürzt. Der Mensch tritt zu spät in die Geschichte ein und wird mit dem Tode zu früh und endgültig aus ihr herausgehoben. Dadurch wird dem einzelnen die Teilnahme am gesamten Geschichtsverlauf und an den darin enthaltenen Möglichkeiten individueller Entwicklung verwehrt und vorenthalten. Die Menschheit aber sind wir in der Gesamtheit der einzelnen. Hier liegen die Gewichte auch der Evolution. Menschheitsgeschichte, Zeit- und Völkergeschichte sind bettende und hüllende Rahmen für den Kern, für die Individualitäten. Da jeder Mensch Species sui generis ist, sein eigener Stamm, hat auch jeder im großen Rahmen des Menschheitsstammes seine eigene Stammesgeschichte, seine eigene Phylogenese mit Vergangenheit, Gegenwart und Zukunft. Die Phylogenese des Typus Mensch vollzog sich durch lange Zeiträume im Zusammenhang mit der Geschichte der tierischen Typen und Arten. Die Stammesgeschichte der einzelnen Menschen, die individuelle Phylogenese, vollzieht sich im Rahmen der Geschichte in innigstem Kontakt mit der Stammesgeschichte der anderen Menschen. Darin offenbart sich ein Teil unseres Schicksals, das wir mit den anderen Menschen erleben und erleiden.

Reinkarnation – ein vergessenes Urwissen der Menschheit

Der Verlauf der wiederholten Erdenleben läßt sich so darstellen, wie es in Fig. 8 gezeigt ist. Der große Bogen bedeutet die Grenze zwischen natürlicher und übernatürlicher Welt. Die Wellenlinie meint den Weg des Menschen in rhythmischem Wechsel durch beide

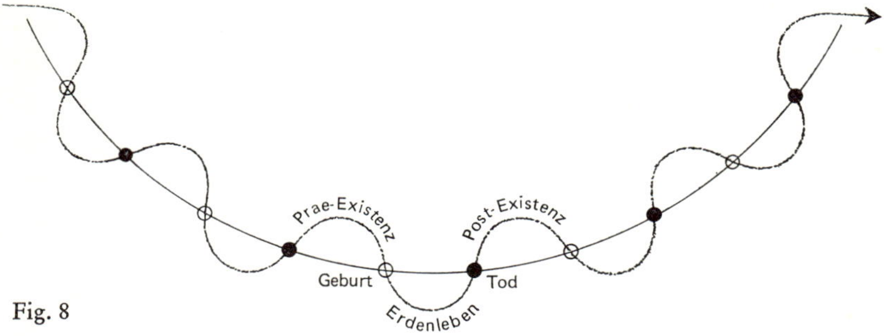

Fig. 8

Welten. Wo sie den Bogen schneidet, liegen Geburten und Tode. Die Bögen unter der Linie bedeuten das Leben auf der Erde, die Bögen darüber ein Leben in geistigen Welten. Über Zeiten kann und soll damit gar nichts gesagt werden. Nur soviel ist gewiß, daß die »Zeiträume« im Geistigen länger sind als die der Erdenleben, die ja mit 80 und 90 Jahren begrenzt sind. Dieses Urwissen der Menschheit verdunkelte sich und schränkte sich ein auf einen engeren Ausschnitt, der noch Präexistenz und Postexistenz kennt, ein Leben vor der Geburt und nach dem Tode. Plato hatte noch beides, ja sogar noch Reinkarnation. Aristoteles verliert schon die Präexistenz, behält aber die Postexistenz. Die Kirche schließt sich dem an, verdammt ausdrücklich die Präexistenz auf dem Konzil zu Konstantinopel 553[1]. Der Verengungsprozeß ist aber erst dann abgeschlossen, wenn auch von der anderen Seite her die Grenze gesetzt wird, wenn nach der Präexistenz auch die Postexistenz verlorengeht. Was die Kirche vorbereitet hat, vollendet das materialistische Bewußtsein, für das Geburt und Tod keine Schwellen mehr sind, keine Tore in andere Seinsformen, sondern absolute Grenzen, Anfang und Ende einer jeden Person. Der ganze Prozeß ist wie eine große bewußtseinsgeschichtliche Verengung, eine Systole, auf die eine Befreiung und neue Ausweitung folgen kann und wird, ein neuer diastolischer Weg, auf dem wir das nachtodliche Leben und die Präexistenz wiedergewinnen und mit beiden die wiederholten Erdenleben.

[1] Vgl. R. Frieling, Christentum und Wiederverkörperung, S. 10–12

Zum Schluß möge ein Vergleich das Verhältnis von stammesgeschichtlicher, phylogenetischer Kreation oder Hominisation und individueller, ontogenetischer Wiederholung verdeutlichen. Jedes Menschenleben ist wie ein großer Atemzug, die Geburt eine große Einatmung in die Welt, der Tod das große Ausatmen aus der Welt heraus. Aber in diesem großen Rahmen und Bogen sind die vielen Tage des Menschenlebens eine verkleinerte, engere Gestalt dieses großen einmaligen Kommens und Gehens. Jeder Morgen ist wie ein Nachklang der Geburt, das neue Herein in die Welt. Und jeder Abend, jedes Einschlafen zur Nacht ist wie eine Vorform des Sterbens, des Heraus aus der Welt. In dem großen Atemzug des Menschenlebens zwischen Geburt und Tod liegen die vielen kleineren Atemzüge von Aufwachen und Einschlafen. So werden die kleinen Rhythmen zum Bild und Gleichnis für den großen.

Das Erscheinen der Iche, der Beginn der Geschichte ist wie der große Menschheitsmorgen, dem das Ende der Geschichte, das Ende aller Inkarnationen, der große Menschheitsabend folgen wird. In diesem großen Rhythmus der gesamten Menschheit pulsieren die vielen kleineren Rhythmen, die kleineren Atemzüge der Individualitäten, ihre Inkarnationen, Exkarnationen und Reinkarnationen. Die große Geburt, das war die Schöpfung des Ichs und ihr Eintritt in die Erdenwelt, die große Kreation. Und der große Tod, das wird das Ende aller Inkarnationen sein, der Abschied der Menschen von der sterbenden, untergehenden Erde. Über Zeitverhältnisse will und kann dieses Gleichnis ebensowenig sagen wie die Figur 8.

XV
Die Entelechie des Menschen und ihre Inkarnationen

Versteht man den Einzelmenschen als Species sui generis, als Art seiner selbst und eigener Abkunft, dann hat auch diese Art ihre »Exemplare«, das heißt ihre Individuationen aus dem geistigen Zentrum heraus. Jede Inkarnation ist eine der möglichen Individuationen dieser einen Individualität. Sie ist mehr und umfassender als eine oder als die Summe ihrer möglichen Ausprägungen. Dieses Umfassende kann man die Entelechie des Menschen nennen. Ungenau und mißverständlich ist es daher auch, wenn z. B. von Goethe gesagt wird, er habe schon einmal gelebt und käme als solcher wieder. Was einst gelebt hat und wiederkehrt, wird niemand als Goethe erkennen, weil es gar nicht Goethe ist. Denn »Goethe« ist eine unwiederholbare und einmalige Inkarnationsgestalt aus der Wesensfülle der Entelechie, die einst in anderen Individuationen lebte und auch in Zukunft in anderen Individuationen wieder da sein wird. Nur wenn man mit dem Namen »Goethe« diese Entelechie und nicht nur diese eine ihrer Manifestationen meint, darf man sagen, er habe schon gelebt und komme wieder. Man denke sich einmal zwölf solcher Inkarnationen des einen Geistwesens an einem Ort versammelt, in einem Raum, an einem Tisch, um das Unzulässige und das Berechtigte dieser Ausdrucksweise ganz zu empfinden. Da uns in jedem Menschen die Entelechie nur als eine ihrer möglichen Individuationsgestalten begegnet und auch nur als diese eine Gestalt bekannt ist, da wir seine größere Tiefe und höhere Fülle, seinen eigentlichen Wesensumfang weder kennen noch ahnen und meist überhaupt nicht bedenken, machen wir uns von dem Ich, von dem Wesenskern ein zu einfaches, einseitiges und statisch fixiertes Bild, eine Vorstellung, die dem Wesen der Entelechie nicht entspricht und nicht gerecht wird.

Ein Beispiel aus der Tierwelt kann diese Zusammenhänge noch verdeutlichen. Die Gruppe der katzenartigen Raubtiere umfaßt etwa 30 Arten: den Löwen, den Tiger, den Panther, den Jaguar, den Luchs, die Katze usw. Trotz großer Verschiedenheiten erkennen wir in allen doch das Gemeinsame, den höheren Wesensumfang, und wir können jede dieser Species als eine Ausformung, als eine mögliche Individuation aus diesem größeren Umfang, als Variation eines Themas verstehen. Mit jeder Art tritt uns etwas Neues und unwiederholbar Einmaliges entgegen. Wir erleben, daß die Arten das eigentlich Individuelle in der Tierwelt sind. Aber daß wir alle diese Arten als »Katzen« erkennen, beruht darauf, daß wir in der Einmaligkeit einer jeden Art doch ein Wiederkehrendes entdecken, in der Verschiedenheit ein Gleichbleibendes, in den Variationen das gemeinsame Thema. Die unwiederholbare Einmaligkeit wird nicht dadurch in Frage gestellt, daß sie auch ein Wiederkehrendes in sich schließt.

So ist auch jeder Mensch in der konkreten Gegebenheit seiner Existenz die unwiederholbar einmalige Individuation seiner eigenen höheren Fülle. Der Unterschied zur Natur besteht nun darin, daß wir in der Natur das höhere Allgemeine, das Thema meist ohne Schwierigkeit wiedererkennen, während das Wiedererkennen des gleichen höheren Wesensselbst im Menschen nur der intuitiven Erkenntnis möglich ist. Aber auch die Natur hat Beispiele dafür, daß die eine Art zwei radikal verschiedene »Individuationen«, man könnte auch sagen »Inkarnationen« nacheinander herauszustellen vermag. Denn niemand erkennt in der Raupe den künftigen Schmetterling und im Schmetterling die künftige Raupe, und doch werden sie im Nacheinander ihrer total verschiedenen Erscheinung durch das einende Band der gemeinsamen Art zusammengehalten. Daß der Schmetterling seine Raupe nicht kennt und die Raupe nicht ihren Schmetterling, ändert nichts an dem tatsächlichen Zusammenhang.

Und unser eigenes Nicht-Wissen in bezug auf den Zusammenhang verschiedener Inkarnationen ist kein Beweis gegen die Reinkarnation, sondern ein Beweis für den geringen Grad unseres Bewußtseins, das diesen Horizonten noch nicht gewachsen ist.
Wer von allen Katzen nur den Löwen kennt, wird sich mit Recht gegen den Gedanken sträuben, der Löwe könnte im Tiger wiedergekehrt sein. Was im Tiger wieder da ist, kann weder die eine noch eine andere Species sein, sondern ist in allen Arten das Umfassende des Katzentypus. Und wer von allen Inkarnationen einer Individualität nur eine kennt – in dieser Lage sind wir alle uns selbst und unseren Mitmenschen gegenüber –, der wird mit Recht erstaunt sein oder erschrocken, überrascht, betroffen oder überwältigt, wenn ihm andere aus den Jahrhunderten und Jahrtausenden der Menschheitsgeschichte genannt werden.
Was hier an Entdeckungen auf uns wartet, ist unabsehbar und wäre ein ganz neues Kapitel im alten Buch der Geschichte.

XVI
Reinkarnation und Vererbung

Kontinuität und Diskontinuität

Wer von wiederholten Erdenleben spricht, setzt voraus, daß unser eigentlicher Wesenskern nicht aus dem gattungshaften biologischen Erbstrom kommt und auch nicht darin weiterströmt, daß wir in bezug auf diesen Kern weder von den Eltern stammen noch in den Kindern weiterleben, daß wir eine individuelle Existenz haben, die über die Grenzen von Geburt und Tod hinausweist. Das ist die Voraussetzung. Aber nur wenn sich dieses Kommen und Gehen in bestimmten Zeitabständen wiederholt, weitet es sich zur Reinkarnation.

Wer aber ganz aus biologischem und erbbiologischem Denken herkommt, dem muß es schwerfallen, außer den Umwelteinflüssen im Menschen noch ein Element anzuerkennen, das nicht aus dem biologischen Erbgrund stammt. Woher sollte es auch kommen, und wie sollte es sich manifestieren? Denn es wird selbstverständlich in den meisten Fällen der Nachweis möglich sein, daß diese oder jene Eigenschaften, Fähigkeiten, Mängel usw. aus der einen oder aus der anderen Quelle stammen, entweder aus dem Erbe oder aus der Umwelt. Es wäre ein Fehler, das Wesen der geistigen Individualität in irgendwelchen Eigenschaften, Fähigkeiten oder Mängeln allein zu suchen.

Vererbung ist in erster Linie eine Gestaltübertragung, ein Wiederauftreten ganzer Gestalten und nur im Rahmen solcher Gestaltganzheiten auch das Wiederauftreten einzelner Merkmale. Man vergißt zu leicht, daß eine Haarfarbe, eine Blütenform, daß Charaktereigenschaften nur im Rahmen einer ganzen Gestalt, also einer Pflanze, eines Tieres oder eines Menschen real und sinnvoll sind. Im Vordergrund unseres Interesses steht deshalb die Tatsache, daß Pflanzen aus Pflanzen, Tiere aus Tieren und Menschen wieder aus Menschen hervorgehen. Lilien haben nur Lilien als Vorfahren und Nachkommen, Pferde nur Pferde, Menschen nur Menschen, Personen nur Personen. Es kann sich nicht darum handeln, über die komplizierten biologischen Zusammenhänge zu sprechen, über Erbgesetze, Zellteilungen, Chromosomen, Gene und molekularbiologische Probleme. Wir begnügen uns mit dem Phänomen der Wiederkehr ganzer Gestalten an sich[1]. Das geschieht nicht aus einer Geringschätzung dieser wichtigen, die Genetik beherrschenden Probleme. Man begegnet so eher dem Ursprünglichen, den Urgegebenheiten und dem Umfassenden der Tatsachen, die dann auch williger Geheimnisse preisgeben, die sich sonst hartnäckig einer Entdeckung widersetzen oder in der Überfülle der Spezialkenntnisse überhaupt nicht als solche geahnt werden.

Jedes Individuum ist aufgebaut aus Wesensgliedern, und jedes Wesensglied ist eine ganzheitliche Gestalt. Wenn Pflanzen immer wieder aus Pflanzen hervorgehen, dann erstreckt sich die Kontinuität, das erbende Strömen auf beides, auf den Leib und das Leben, auf die physische Leibesorganisation und den Lebensleib. Es genügt also nicht, nur zu sagen: Tulpen aus Tulpen, es kann auch genauer gesagt werden: das Leibliche aus dem Leiblichen, das Leben aus dem Leben. Beim Tier muß man das erweitern und die erbgesetzliche Kontinuität auch auf das dritte Wesensglied, auf das Seelische ausdehnen: Leib aus Leib, Leben aus Leben, Seelisches aus Seelischem. Auch hier kann man von Wiederkehr sprechen, aber nicht im Sinne der Identität. Denn jedes Exemplar wird neu aufgebaut, war vorher nicht und wird nach dem Tode nicht mehr sein. In dieser Diskontinuität von Vorfahre und Nachkomme muß eine Kontinuität bestehen: Seelisches aus Seelischem, Leben aus Leben, Leibliches aus Leibli-

[1] Vgl. H. Poppelbaum, Entwicklung, Vererbung und Abstammung, Philosophisch-Anthroposophischer Verlag am Goetheanum, Dornach 1961

chem. Sichtbar ist diese Kontinuität im Leiblichen, in Samen und Eiern, in dem nie abreißenden Strom der Keimzellen. Sie sind die Garantie, daß immer wieder neue Gestalten sich in die Erscheinungswelt hereinleben und hereinleiben. In der materiellen Kontinuität des Leiblichen ist das Phänomen des Zusammenhanges am deutlichsten zu sehen, und hier ist auch die eigentliche Domäne der Erbwissenschaft. Kontinuität muß aber auch in der Schicht des Lebens und des Seelischen bestehen. Diese Kontinuitäten liegen aber tiefer und sind verborgen wie ein Fluß, der im Karstgebirge verschwindet und irgendwo wieder austritt: Diskontinuität im kontinuierlichen Fließen. Die entfalteten Gestalten des Leibes, des Lebens und des Seelischen sind von Generation zu Generation alle durch unsichtbare Ströme miteinander verbunden. Nur im Materiellen bleibt dieser Strom als Keimbahn auch wahrnehmbar. Verborgen ist er im Lebendigen und noch tiefer im Seelischen. Die nie abreißende sichtbare Kontinuität in den Keimzellen, in der Schicht des Leiblichen bekundet in der ständigen Gegenwart die Verwandtschaft mit dem Mineralreich selber. Dieses Reich nimmt nicht teil an den Phänomenen der Vererbung, kennt nicht den Wechsel von Dasein und Verborgensein, kennt nicht das Kommen, Gehen und Wiederkehren. Was beim schmelzenden Eis geht, ist als Wasser wieder da und umgekehrt, ohne daß der Fluß des Geschehens in ein Unsichtbares verschwände und von dort her wieder aufträte. Da herrscht immer-währende Gegenwart, und diese Urtatsache des Mineralischen, unterer Tragegrund zu sein, setzt sich fort in der Leibessubstanz aller Lebewesen. Da nimmt das Mineralreich am Erbgeschehen selbst Anteil und zeigt die Stufe des Erbgeschehens, die in der All-Gegenwärtigkeit besteht.

Das Ich als Vorfahre und Nachkomme seiner selbst

Welche Gestalt nimmt das Prinzip von Kontinuität und Diskontinuität an, wenn wir das vierte Wesensglied, das Ich, betrachten? Hieß es vorher Leib aus Leib, Leben aus Leben, Seele aus Seele, so muß es jetzt selbstverständlich heißen: Ich aus Ich. Aber es wäre ein Irrtum zu glauben, das Ich der Kinder stünde in einem erblichen Abstammungszusammenhang mit dem der Eltern. Das widerspräche dem Wesen des Ich. Ich aus Ich kann nur heißen, daß ein Ich sich selbst zum Vorfahren und Nachkommen hat.

In bezug auf die drei unteren Wesensglieder besteht zwischen Kindern und Eltern ein Erbzusammenhang, eine Kontinuität in der Diskontinuität der Generationen. Das Phänomen der Diskontinuität nimmt aber für das Ich eine solche extreme Gestalt an, daß der Zusammenhang abreißt. Es besteht nur noch Diskontinuität. Das ist aber der Gegenpol zur totalen Kontinuität in der Keimbahn, im Leiblichen.

Das Ich ist Wesensglied, und zugleich gehört es zur Typus-Kategorie, und somit muß es auch im Erbgeschehen an beidem teilnehmen. Wie Leib aus Leib, Leben aus Leben und Seele aus Seele, so ist auch hier der Erbstrom Ich aus Ich. Als Ich ist es sein eigener Vorfahre und Nachkomme. Darin kommt das Wesen des Typus zur Erscheinung, das in der Wiederkehr seine Identität nicht verliert. Aber im Erbstrom der Wesensglieder, im Exemplar geschieht immer wieder eine neue Individuation, so daß man nicht sagen kann, das Exemplar sei wiedergekehrt. Auch an diesem Phänomen einer neuen Individuation muß das Ich teilhaben, es vereinigt in sich die unauswechselbare Einmaligkeit des Typus mit dem Wechsel immer neuer Individuationen. Das aber ist das Phänomen der Reinkarnation. Zwischen dem Ich der Kinder und dem der Eltern und Vor-Eltern besteht kein Zusammenhang, das Prinzip der Diskontinuität hat hier sein Extrem erreicht. Gäbe es aber gar keine Kontinuität, könnte es auch keine Reinkarnation geben. Jeder Mensch käme dann aus einer geistigen Prä-Existenz, durchlebte eine Inkarnation und kehrte in die geistige Welt zurück, ohne je wiederzukehren. Aber zur extremen Diskontinuität gehört ergänzend eine extrem weitgespannte Kontinuität, die viele Generationen umgreift, durch Rassen und Völker und Kulturen sich hinzieht, durch Jahrhunderte und Jahrtausende und sich zur ganzen Menschheit und ihrer Geschichte ausweitet. Wo

in der engsten Generationenfolge kein Zusammenhang besteht, kein erbliches Strömen und Fließen, da finden wir es wieder in der Ausweitung über die ganze Menschheitsgeschichte.
Die Menschheit ist Reich und Art, und die Individuen dieser einen Sonderart, diese Sonder-Individuen sind selbst wieder Arten, sind Personen. So birgt die große Art die vielen kleinen Arten in sich, gibt ihnen in ihrem großen Mutterschoß Gelegenheit zu eigener Artentwicklung und Artgeschichte. In der Sonderart wirken die Erbvorgänge weiter, wie sie aus der biologischen Natur her bekannt sind. Im Bereich der Personen, der Individualitäten nehmen sie eine dem Ich spezifische Gestalt an, die Gestalt der wiederholten Erdenleben. Beide, die biologischen Erbvorgänge in der Sonderart Mensch und die spezifischen Erbabläufe der Individualitäten, die Reinkarnationen, sind innigst miteinander verbunden und verwachsen. Jedes biologische Erbgeschehen beim Menschen ist zugleich auch eine individuelle Schicksalstatsache der einen Individualität. Biologisch ist es ein Fall des Typus Mensch, spirituell wird es zu einem Fall des Ichs, zu einer seiner vielen Manifestationen.
Über die beiden Stufen des Erbgeschehens, über die biologische und die ichspezifische, spirituelle, sagt R. Steiner in seinem Werk »Theosophie« folgendes:
»Der menschliche Geist ist seine eigene Gattung. Und wie der Mensch als physisches Gattungswesen seine Eigenschaften innerhalb der Gattung vererbt, so der Geist innerhalb seiner Gattung, d. h. innerhalb seiner selbst. In einem Leben erscheint der menschliche Geist als Wiederholung seiner selbst mit den Früchten seiner vorigen Erlebnisse in vorhergehenden Lebensläufen.«[1]

[1] R. Steiner, Wiederverkörperung des Geistes und Schicksal, in: Theosophie, Einführung in übersinnliche Welterkenntnis und Menschenbestimmung. Dornach 1973

XVII
Der Mensch und sein Schicksal – Reinkarnation und Karma

Die Komposition von Wesen und Umwelt

Der Mensch als Species sui generis, als Art seiner selbst, ist wie eine Schlüssel-Idee für so viele Rätsel, Probleme und Phänomene. Oft schon wurde uns die Art, die biologische Species zum Ausgangspunkt, zur Orientierung für Erscheinungen, die man als eine Wiederkehr des Alten auf neuem Niveau erkennen konnte. Nun soll das Phänomen »Art« noch einmal zur Orientierung für ein letztes schweres Problem werden, für die Frage nach dem Schicksal, nach dem ich-spezifischen Schicksal oder Karma, nach dem sinnvollen und gesetzmäßigen Zusammenhang von Schicksal und Mensch. Wieso kann ein so spirituelles und im Grunde moralisches Phänomen Licht bekommen von der unteren Basis, von der Natur?

Jedes Lebewesen weist über die Grenzen seiner Haut hinaus in eine Umwelt, die ergänzend zu ihm gehört, die gesetzmäßig ihm zugeordnet ist. Es ist also zu fragen, ob auch dieses Verhältnis von gesetzmäßigem Zusammenhang zwischen Wesen und Umwelt mit hinaufgenommen wird, hinauftransponiert auf das Niveau der Individualität, hinauf- und hineingesteigert in die neue Gestalt der Art. Um dieser Frage nachgehen zu können, bedarf es einer Kenntnis der Zusammenhänge von Wesen und Umwelt. Die Umweltbeziehungen bei Pflanzen und Tieren sind nie individuell, sind immer artspezifisch.

Das Problem ist uns schon einmal begegnet, aber ganz im großen, als es darum ging, die beiden Hauptachsen der Welt und ihrer Entwicklung zu charakterisieren. Die eine Achse ist die der Wesen bis hinauf zum Menschen in seiner heutigen Gestalt. Und die andere Achse ist die der Welt, der Erde bis hinab zu ihrer untersten Gestalt. Im Anfang waren beide eins, die Erde war der Mensch im Urbeginn, und der Mensch war die Erde im Urbeginn. Was auch im Laufe der Äonen geschah, es geschah immer als Zusammenhang von Wesen und Welt bis in die tausendfachen Differenzierungen von Wesen und Umwelten. Die am wenigsten spezialisierte Gestalt hat der Mensch bewahrt, er hat eine direkte Beziehung zur ganzen Welt, er ist die Art unter allen Arten, die einen Weltbezug hat. Die urangelegte Einheit und Zusammengehörigkeit von Mensch und Erde, Wesen und Welt ist bis heute in dieser direkten und ganz unspezialisierten Bezogenheit erhalten. Das bezieht sich aber ganz auf den Typus Mensch, auf das Universelle, Reichhafte. Im Persönlichen, Individuellen gibt es dann wieder unendlich viele differenzierte Umwelten. Aber alle Überlegungen führen erst dann zum Ziel, wenn wir einen Einblick in die gesetzmäßigen Zusammenhänge von Wesen und Umwelt gewonnen haben.

Schlüssel und Schloß haben ein Verhältnis zueinander, das als Gleichnis zur Verdeutlichung des Problems dienen kann. Ein Schlüssel ist ein Ding, das Sinn und Bedeutung erst im Zusammenhang mit dem Schloß erhält. Er weist über sich selbst hinaus hin zum Schloß, ohne welches er nur die Hälfte einer Ganzheit und Einheit bleibt. Schlüssel und Schloß sind deutlich zwei Dinge, aber auch ebenso deutlich nur zwei Seiten einer Einheit. Sie sind füreinander geschaffen und aufeinander abgestimmt und nur im Zusammenhang voll wirklich.

Auch eine Pflanze weist mit Wurzel, Sproß und Blüten über sich selbst hinaus in eine Umwelt, die so zu ihrer Sinn- und Wesenserfüllung gehört wie das Schloß zum Schlüssel. Die Landschaft mit Erde und Himmel ist die notwendige Ergänzung der Pflanze, ohne die sie unverständlich, wesensunerfüllt und abstrakt bliebe. Auch Landschaft und Pflanze sind deutlich zwei Dinge und ebenso deutlich nur zwei Seiten einer Einheit. Nicht anders liegen die Verhältnisse beim Tier. Ein Fisch ist Glied eines größeren Zusammenhanges. Nur mit

dem Wasser ist er voll verwirklicht. Ganz allgemein läßt sich sagen: Lebewesen sind ohne ihre Umwelt keine vollen Wirklichkeiten. Die Umwelt gehört als die andere Hälfte ihres Wesens so zu ihnen wie das Schloß zum Schlüssel. Die Umwelt aber ist das gesamte Schicksal des Lebewesens. Wenn wir nun über Pflanze und Tier hinaus den Schritt tun hin zum Menschen, dann stehen folgende Fragen vor uns: Weist auch der Mensch über sich selbst hinaus in eine Umwelt, die gleichbedeutend ist mit seinem Schicksal? Gehören Mensch und Schicksal als Ganzheit und Einheit so zueinander wie Schlüssel und Schloß? Sind sie füreinander geschaffen und aufeinander abgestimmt, und gibt es Einblicke in dieses Kompositionsgesetz?
In den inneren Kern dieser Gesetze soll uns Goethes Wort führen:

»Wär' nicht das Auge sonnenhaft,
Die Sonne könnt es nie erblicken;
Läg' nicht in uns des Gottes eigne Kraft,
Wie könnt' uns Göttliches entzücken?«

Göttliches ging gestaltend und abbildhaft in den Menschen ein, und nur darum ist er dem Göttlichen gegenüber wieder aufgeschlossen. So ist die Sonne gestaltend und abbildhaft in das Auge hineinverwoben, und nur darum ist das Auge dem Licht aufgetan. Licht ist der Bereich, für den und durch den das Auge geschaffen wurde. So ist auch eine Waffe für den Kampf und durch den Kampf entstanden, und ein Instrument dient der Musik genauso, wie es ihr sein Dasein verdankt.
Die Pflanze, die über sich hinaus in die Umwelt weist, hin zur Erde und zum Himmel, zu allen Elementen, ist nicht nur in die Landschaft eingepaßt, sondern auch durch die Landschaft, durch Himmel und Erde aufgebaut. Die Wurzel ist für die Erde, aber auch durch die Erde, so daß Erdhaftes in ihr lebt. Und wenn sie die Erde sucht, so begegnet sie sich selbst von außen her. Sprosse, Blätter und Blüten gehören zur durchlichteten und durchwärmten Atmosphäre. Und wenn sie wachsend den Luft- und Lichtraum suchen, gehen auch sie sich selbst von außen her entgegen. Sie finden draußen das gleiche,

das in ihnen treibt und gestaltet. Die Pflanze ist nicht nur für die Landschaft, sondern auch durch die Landschaft, sie steht nicht nur in einer Landschaft, sondern die Landschaft lebt auch in der Pflanze. Für die Tierwelt hat Goethe auf die gleichen Zusammenhänge hingewiesen, wenn er sagt, daß der Fisch nach den Gesetzen des Wassers gestaltet sei und daß die Luft den Typus des trockenen und mageren Vogels entstehen lasse. »So bildet sich der Adler durch die Luft zur Luft, durch die Bergeshöhe zur Bergeshöhe.« In dem Aufsatz über die Skelette der Nagetiere bringt er charakteristische Erscheinungsformen der Nager mit den in ihnen wirksamen Elementen in Beziehung: »Wollen wir aber diese Gestaltveränderungen gründlich beurteilen und ihren eigentlichen Anlaß zunächst erkennen, so gestehen wir den vier Elementen, nach guter alter Weise, den besonderen Einfluß zu.«
Der bedeutende Biologe und Umweltforscher J. v. Uexküll[1] knüpft bewußt an Goethe an, wenn er den oben zitierten Vers vom sonnenhaften Auge abwandelt, um die Beziehungen von Blüte und Biene verständlich zu machen:

»Wäre nicht die Blume bienenhaft,
Wäre nicht die Biene blumenhaft,
Der Einklang würde nie gelingen.«

Den organischen, ganzheitlichen Zusammenhang von Lebewesen und Umwelt versucht er nach musikalischen Kompositionsgesetzen zu verdeutlichen. In einem Duett müssen die beiden Stimmen Note für Note, Punkt für Punkt zueinander komponiert sein. Darauf beruht die Lehre vom Kontrapunkt in der Musik. Bei allen Beispielen aus der Natur haben wir gleichfalls nach zwei Faktoren zu suchen, die eine Einheit bilden und von der Natur gemeinsam komponiert sind. Er sagt dann weiter, daß die eine Melodie Motive der anderen in sich aufnehmen könne und umgekehrt. Fassen wir die Gestaltungsprinzipien der Blume als die eine Melodie auf, diejenigen der

[1] Jakob von Uexküll, Bedeutungslehre, 1940. Bios, Abhandlung zur theoretischen Biologie Bd. X

Biene als die andere, dann liegen die Verhältnisse so, daß Motive der einen Melodie in der anderen mitverwertet sind und umgekehrt. Dadurch eben ist die Blume bienenhaft und die Biene blumenhaft. Biene und Blüte haben wechselseitig eine Begegnung mit sich selber. Aus der Fülle interessanter Beispiele sei eines für viele erwähnt, an dem die ganze Tiefe solcher Beziehungen und die Tiefenschau des Forschers offenbar werden kann. Von Uexküll weist darauf hin, daß im Netzbau der Spinne die Fliege mitberücksichtigt ist. »Sie webt ihr Netz, bevor ihr je eine körperliche Fliege begegnet ist. Es kann daher das Netz gar nicht das Abbild einer körperlichen Fliege sein, sondern es stellt einen Ausschnitt des Urbildes der Fliege dar, das körperlich gar nicht vorhanden ist.« »Es gibt daher sowohl eine Urpartitur für die Fliege, wie es eine Urpartitur für die Spinne gibt. Und nun behaupte ich, daß die Urpartitur der Spinne derart einwirkt, daß das von dieser gesponnene Netz ›fliegenhaft‹ genannt werden kann. Verdeckt vom Vorhang der Erscheinungen, vollzieht sich die Verbindung der verschiedenen Urbilder oder Urmelodien nach einem umfassenden Bedeutungsplan« (S. 20 u. 21). Der Komponist aller Umweltkompositionen – so sagt von Uexküll – komponiert aus einem Übersinnlichen, nicht an die Zeit gebundenen Wissen.
Für die Umweltverhältnisse lassen sich folgende Gesetzmäßigkeiten aufstellen:

1. Jedes Lebewesen weist über sich hinaus in eine Umwelt, die seine andere Hälfte und Erfüllung ist.
2. Lebewesen und Umwelt sind weisheitsvoll und sinnvoll füreinander zur Einheit und Ganzheit, zu einer »Monade«, zu einem »Duett« komponiert.
3. Dadurch stehen die Lebewesen nicht nur in einer bestimmten Umwelt, sondern die Umwelt lebt auch in ihnen.

Wenn Pflanzen und Tiere in ihre Umwelt hineinwachsen und sich hineinleben, dann gehen sie sich selber entgegen, auch dann, wenn diese Begegnung, wie im Beispiel der Fliege, zum Untergang führt.

Das Tier ist Exemplar seiner Gattung, der Mensch auch, er ist darüber hinaus aber noch einmalige, unauswechselbare Individualität, er ist Person. Das kann die Betrachtung der Biographie mit aller Deutlichkeit zeigen. Die Biographie eines Hasen umfaßt alle Hasen, an dem einen Exemplar gewinne ich das Bild für alle. Ein Buch mit dem Titel »Der Hase« meint über alle konkreten Einzeltiere hinaus eben die Hasenschaft schlechthin. Selbstverständlich variieren die Exemplare, ohne daß diese individuellen Variationen das eigentliche Gewicht tragen; dieses liegt im Typus, in der Gruppe, in der Gattung.

Die Biographie eines Menschen gehört unauswechselbar nur zu der einen Persönlichkeit. Durch die Einmaligkeit wird das menschliche Exemplar zum Träger eines Prinzips, das uns in der Tierwelt als Art, als Gattung begegnet. Damit rückt das Exemplar aber in die Rangstufe einer Art, es hat teil am Charakter eines Urbildes, einer Idee. Jeder Mensch ist in seiner individuellen Einmaligkeit seine eigene Art, er hat die »Dignität einer Idee« (Schopenhauer).[1] Der verantwortliche Schöpfer seiner Werke und Täter seiner Taten ist in jedem Exemplar zu sprechen und zu fassen, während ein tierisches Exemplar immer über sich hinausweist in das Gattungsgesetz, in dem sein Tun als anonymes Wirken der Natur urständet. In der menschlichen Individualität tritt zum ersten Male schaffender Weltenhintergrund (natura naturans, schaffende Natur) in den Weltenvordergrund, in die Schöpfung ein (natura naturata, geschaffene Natur) und enthüllt sich seinem innersten Wesen nach als Ichheit. Wodurch unterscheidet sich nun das Verhältnis des Menschen zu seiner Umwelt von jenem der Tiere zu ihrer Umwelt, das menschliche Schicksal von dem der Tiere? Ein ganz auf Individualität angelegtes Wesen muß auch ein ganz aufs Individuelle bezogenes Schicksal haben. Echte Tierschicksale verlaufen gruppenhaft, typisch und im Prinzip

[1] Die Welt als Wille und Vorstellung, I. Bd., § 46

immer gleich. Auch wir Menschen kennen die Gruppenschicksale, nehmen teil am Gesamtgeschehen der Menschheit, der Rassen, Völker, Familien, Stände usw. Und wenn schon solche Gruppenschicksale innerhalb der Menschheit etwas ganz anderes, durchaus nicht nur naturgesetzlich Typisches sind, so sind sie darüber hinaus auch auf den einzelnen bezogen. Kommen wir in der biologischen Umweltforschung zur Erfassung einer artspezifischen Umwelt und eines artspezifischen Schicksals, so müssen wir in der Umwelt- und Schicksalsforschung des Menschen aus den Tatsachen heraus den Begriff eines ich-spezifischen Schicksals fassen.

Und nun ein Zweites: durch Ichheit und Individualität sind wir werdende, auf Entwicklung, Zukunft und Universalität hin veranlagte Wesen, wir sind auf einem Wege und nie am Ziel. Durch diese Ichheit haben wir teil an der Welt des Guten und Bösen, des Schönen und Häßlichen, der Wahrheit und Lüge. Wir sind auf Freiheit und Moralität hin veranlagt; Neues, Erstmaliges, wahrhaft Ursprüngliches kann von uns ausgehen; wir gehören der Sphäre des Schöpferischen an. Als Geistwesen ragen wir über die Zeit hinaus und fassen sie nach Vergangenheit, Gegenwart und Zukunft in uns, in jedem Augenblick wie ein Samenkorn Ende einer Vergangenheit und Anfang einer Zukunft in uns tragend.

Bei einem Wesen, von dem dies alles gesagt werden kann, muß mit einem Schicksal gerechnet werden, das ebenfalls nie fertig ist, das Erstmaliges, absolut Neues bis hin zum Tode bringen kann, ein Schicksal, das mit uns als moralischen, auf Freiheit hin veranlagten Wesen rechnet. Wir empfangen nicht wie die fertigen Tiere ein artspezifisch vorbestimmtes, fertiges Schicksal, wir gestalten mit an der individuellen Form unseres Schicksals und unseres Wesens und werden durch erlebte, erlittene und verarbeitete Schicksale selbst verwandelt. Schicksal und Ich sind in dauernder Wandlung, und der Zusammenhang beider ist ohne ein zeitliches »Früher« und »Später«, »Ehedem« und »Dermaleinst« gar nicht zu verstehen.

Und nun muß noch auf ein Drittes hingewiesen werden, auf die verschiedenen Bereiche, in die wir als in unsere Schicksalshüllen hineingestellt sind. Da ist die weiteste und lockerste Hülle der Erdenort, die Landschaft. Wir sind nicht wie die Tiere in ganz spezialisierte Erdenorte hineingebannt, unser Körperbau weist in keine spezialisierte Umwelt hinein. In seiner Harmonie und Weltoffenheit meint er die ganze Erde als seine ihm zukomponierte Umwelt. Tierische Umwelt-Enge und Begrenztheit weitet sich in uns zur ganzen Welt. Polar zu dieser weitesten, lockersten Umwelthülle gibt es einen engen und engsten Mantel, der zur Umwelt und damit zur Schicksalsquelle gehört: Das ist der Leib, das gesamte leiblich-seelische Erbe, dem als einer eigenen Welt der innerste Kern, das Ich beurteilend gegenüberstehen kann. In diesen engsten Schicksalsmantel sind wir so fest eingewurzelt wie die Pflanze in den Boden. Zwischen diesem engsten und weitesten Umweltmantel liegt als Mitte die gesamte Zivilisation und Mitwelt. So hat auch hier die Mitte eine innere Zweiheit, die Kultur als Ergebnis menschlichen Wirkens und die lebenden Mitmenschen selbst. Schicksal ist nun alles, was wir positiv und negativ, hemmend und fördernd in diesen Hüllen als unabänderlich und abänderlich vorfinden, was auf uns zukommt, und alles, was wir aus eigenem Tun und Lassen, aus unserem Wesen und Unwesen in diese Hüllen positiv und negativ, aufbauend und zerstörend hineinwirken.

Komposition zwischen Mensch und Schicksal

Pflanzen und Tiere weisen über sich hinaus in eine Umwelt, welche die andere Hälfte ihres Wesens ist. Wesen und Umwelt sind weisheitsvoll und sinnvoll füreinander zur Einheit und Ganzheit komponiert. Kann man das gleiche auch vom Menschen und seinem Schicksal sagen? Waltet auf neuem Niveau auch hier ein Kompositionsprinzip, das Mensch und Schicksal sinnvoll und weisheitsvoll zur Einheit fügt? Das ist die Frage, vor die wir jetzt gestellt sind.
Beim Tier ist das Individuelle der Mantel des Typischen, beim Menschen ist das Typische der Mantel des Individuellen. Aus artspezifischen Umweltverhältnissen und Kompositionsgesetzen wer-

den beim Menschen ichspezifische Schicksalsverhältnisse. Da der Mensch in seinem Ich über sich hinausweist, geistig, zeitlich und räumlich, ohne sich dabei zu verlassen und zu verlieren, ist damit zu rechnen, daß ein kompositorischer Zusammenhang von Ich und Schicksal zeitlich und räumlich weit Getrenntes in der Gegenwart seines Schicksals verbinden kann. Zu einer jetzigen Schicksalssituation kann kompositorisch ein Einst und Dermaleinst gehören, Mensch und Schicksal können so über sich hinausweisen, daß sie nur aus einem Ehemals und Künftig von Ich und Schicksal voll verständlich werden. Es kann mich jetzt etwas treffen, wozu ich einst die Ursache gelegt habe. Es kann mich dermaleinst etwas treffen, dessen Ursachen ich jetzt lege. Es kann mir aber auch jetzt etwas begegnen, weil in der Zukunft für Mensch und Schicksal etwas notwendig wird. Da liegt die Ursache nicht in der Vergangenheit und Gegenwart, sondern in der Zukunft und doch auch im Ich. Mensch und Schicksal weisen über sich hinaus und bleiben doch innerhalb ihrer selbst, durch Metamorphosen das Verhältnis zueinander nie verlierend. Solche Zusammenhänge haben ihre Gültigkeit, ob wir sie durchschauen oder nicht. Aber der Mensch hat das Gefühl, daß er verantwortlicher Täter seiner Taten ist, daß zwischen ihm und seinem Tun ein Schicksalszusammenhang besteht. Er arbeitet mit an seiner Geistgestalt und an seinem Schicksal. Hier verlagern sich die kompositorischen Zusammenhänge aus der überindividuellen, gattungstypischen Sphäre in das Innere der Individualität. Wir finden das Kompositionsgesetz auf seiner neuen Stufe wieder als den ichspezifischen Zusammenhang und Zusammenklang von Mensch und Schicksal, von Freiheit und Notwendigkeit. Der Mensch steigt auf zum selbstverantwortlichen Täter seiner Taten und Träger ihrer Folgen. So wie wir immer nur wieder uns selber finden, wenn wir als Ichwesen über uns hinausweisen, wie wir uns selbst aus Zukunft und Vergangenheit her begegnen, so weisen auch alle unsere Taten und Schicksale über sich und uns hinaus, ohne im Strom der Zeit zu verschwinden, ohne je sich selbst und uns zu verlieren und zu verlassen.

Nachdem es gelungen ist, in der durchgehenden Gültigkeit des Kompositionsprinzips durch alle Reiche Stufen und Steigerungen zu finden, wollen wir jetzt den Vergleich mit den entsprechenden Stufen der Erbvorgänge ziehen. Es kann uns dann deutlich werden, vor welche Fragen und Aufgaben wir für den weiteren Gang der Untersuchungen gestellt sind. Auch die Erbgesetze sind ein einheitliches Phänomen, das sich gestuft durch alle drei organischen Reiche hinzieht. Aber in dieser Gültigkeit der Erbgesetze entdeckten wir eine Schicht, wo das Erbgeschehen unterbrochen zu sein scheint. Fanden wir in allen drei Reichen Zusammenhänge von Generation zu Generation, so mußten wir erkennen, daß ein Ich nicht von den Eltern geerbt und nicht an die Kinder weitergegeben werden kann. Da zerreißt der Zusammenhang, der uns bisher in jeder Stufe begegnete. Wir stehen vor einem Hiatus, vor einer Kluft, wir erlebten absolute Diskontinuität. Das ist der Gegenpol zum Mineral, wo absolute Kontinuität herrscht. Man kann bei diesem Phänomen der Diskontinuität stehenbleiben, bei diesem Aussetzen einer erbgesetzlichen Wiederkehr. Aber die Reinkarnation hätten wir so nicht gefunden. Sie zeigte sich erst, als wir, legitimiert durch die Logik der Zusammenhänge, auch für die Wege des Ich Wiederkehr entdeckten, Wiederkehr auf neuem Niveau als Steigerung des erbgesetzlichen Wiederkehrens. Das erfordert Kontinuitäten, welche die Grenzen von Geburt und Tod übergreifen.
Wie liegen nun die Verhältnisse für die Stufenfolge der Umweltgesetze, des Kompositionsprinzips? Erwartet uns auch hier im Reiche des Menschen die gleiche Überraschung, der gleiche Hiatus, die gleiche Kluft, dasselbe Aussetzen und Aufhören dessen, was uns bisher begleitete? Gibt es auch hier das Ende einer Stufenfolge, den absoluten Gegenpol? Fragen wir uns zunächst: Was hat uns denn bisher begleitet, was war das Thema in allen drei organischen Reichen? Es war die Komposition von Lebewesen und Umwelt, der verstehbare, durchschaubare Zusammenhang von Wesen und Schicksal. Im Mineralreich fallen Wesen und Umwelt in eines zusammen, darum beginnt hier die Verstehbarkeit schon innerhalb der Grenzen

eines Minerales selber. Bei den Lebewesen muß diese Grenze überschritten werden, um wieder zu einer Verstehbarkeit zu kommen. Klarheit und Durchschaubarkeit ragen also herab bis zum Mineral, wo sie am auffälligsten sind. Was müßte also aussetzen, was müßte uns verlassen, wenn die Entsprechungen mit dem Erbgeschehen vollkommen sein sollen? Verlassen müßte uns im Reiche des Menschen die Verstehbarkeit bestimmter Schicksalsgegebenheiten, verlassen müßte uns die Gültigkeit eines durchschaubaren kompositorischen Zusammenhanges zwischen Mensch und Schicksal. Entspricht die Wirklichkeit dieser zunächst theoretisch geforderten Erwartung?
Von manchen Ereignissen in unserem Schicksal dürfen wir ahnen, daß sie aus solcher Komposition zu verstehen sind, daß weisheitsvolle Führung waltet und gewaltet hat und daß die eigene höhere Ichwesenheit daran mitbeteiligt ist. Aber dann gibt es Schicksale, da hilft auch kein Ahnen mehr, da setzt die Durchschaubarkeit, ja sogar die Denkbarkeit eines möglichen Zusammenhanges zwischen mir und dem Schicksal einfach aus. Mit einem großen Teil unserer Schicksale stehen wir, vom Kompositionsgesetz aus gesehen, vor einem völligen Dunkel. Wenn unsere Schicksale ich-spezifisch sind, wenn jeder in seinem Schicksal eine Begegnung mit sich selber hat von außen her, wenn im Schicksal Motive meines Ich mithineinverwoben sind, was hat es dann mit mir zu tun, daß ich in diesem oder jenem Erbe inkarniert bin, in diese oder jene Familie, in dieses oder jenes soziale Milieu, in dieses Volk, in diese Zeit? Was hat es mit mir zu tun, daß mir unberechenbar diese oder jene Förderungen und Hemmungen zuteil werden, Glücks- und Unglücksfälle zustoßen? Wer vermag hier einen kompositorischen, im Ich und im Schicksal begründeten Zusammenhang als Zusammenklang zu entdecken? Stellen wir uns vollbewußt vor dieses Dunkel, dann erleben wir hier den gleichen Hiatus, das Ende und Versagen dessen, was uns bisher begleitete: Verstehbarkeit, Durchschaubarkeit und kompositorischer Zusammenhang. Wir haben das erwartet und gefunden. Und wir stellen uns nicht vor diese Rätsel, um eine vorschnelle Lösung zu finden, sondern um am Rätsel selbst für die Gesetzmäßigkeit, für die

Folgerichtigkeit im Stufengang wach zu werden, um damit auch für die Lösung den Ausblick zu gewinnen. Wer bei diesen dunklen Schicksalen doch noch eine Gesetzlichkeit annimmt, muß auf Verstehbarkeit verzichten und steht damit vor dem Fatum, vor der Prädestination oder vor der Unerforschlichkeit des göttlichen Ratschlusses. Er glaubt an ein Gesetz, das er nicht durchschaut und in dem die Freiheit des Ich ganz ausgelöscht ist. Wer dagegen kein Gesetz anzunehmen vermag, überläßt sich dem Zufall. Er glaubt damit an eine Freiheit, die sinnentleert und gesetzlos vagabundiert.
Gesetz ohne Freiheit, Freiheit ohne Gesetz, das sind die beiden möglichen Deutungen. Keine befriedigt in ihrer Einseitigkeit. Ob es wohl eine Antwort gibt, die beides so in sich aufnimmt, und aus seiner Einseitigkeit erlöst, wie die Reinkarnation die begrenzten Aspekte der Prä- und Postexistenz in einem umfassenden Dritten aufgenommen und erlöst hat?

Das Unverstehbare – Zufall oder Gesetz?

Für den weiteren Gang der Betrachtungen wollen wir aus dem Schicksal alles ausscheiden, was nachweislich und verstehbar aus dem individuellen Wesen fließt und auf den Menschen zukommt, alles irgendwie Verständliche und Begründbare, wie es sich aus dem Kompositionsgesetz ergibt. Der Rest ist dann immer noch so groß, daß gar nicht von einem Rest gesprochen werden kann. Dazu gehört in erster Linie das gesamte positive oder negative leibliche und seelische Erbe. Dazu gehören weiter die Eltern, Geschwister, die gesamte nicht von mir gewählte mitmenschliche Umwelt, das soziale Milieu, die Rasse, das Volk, das Jahrhundert und seine Geschicke und schließlich noch der Erdenort. Bezieht man darüber hinaus noch die unendlichen Möglichkeiten positiver und negativer, glücklicher und unglücklicher Lebensumstände mit ein, die unbegründet und unbegründbar jedes Menschenleben durchziehen und jeden vom anderen unterscheiden, so sind wir wahrlich nicht in einem »Rest«, sondern im eigentlichen Grunde unseres Schicksals, in seiner ganzen Fülle und Tiefe. Wer will aber hier noch mit gutem Gewissen von einem Kompositionsgesetz sprechen? Komposition bedeutet ja mehr als zufälliges Beieinander von Menschen und Schicksal. Es besagt, daß die Schicksale die andere Hälfte unseres Wesens sind, daß wir in ihnen eine Begegnung mit uns selber von außen her haben, daß im Schicksal Motive meines Ich mit hineinkomponiert sind, daß Schicksale nicht nur für mich, sondern auch durch mich da sind. Dunkel und rätselhaft müssen da große Strecken unseres Lebens bleiben. Nehmen wir diese Dunkelheit hin. Sie ist es, die wir aus der Logik der Architektur erwartet haben. Sie ist der Gegenpol zur vollen Klarheit und Verstehbarkeit des Minerals. Bei Pflanzen und Tieren ist diese Verstehbarkeit nur durch eine Grenzüberschreitung zu gewinnen, und in den innersten Bezirken des Menschen setzt sie plötzlich aus. In dieser Situation gibt es nur die beiden eben schon genannten Wege der Deutung. Entweder man überläßt alles dem Zufall und damit einer Freiheit, der jedes Gesetz fehlt, oder man tut das Gegenteil und überläßt alles einem Gesetz, und damit einer Ordnung, der jede Freiheit fehlt. Dieses Gesetz wäre nicht das der Komposition, es schafft wohl Zusammenhang, aber nicht Zusammenklang. Bei der Biene weiß ich, daß sie in der Begegnung mit der Blüte auch eine Begegnung mit sich selber hat, weil die Blüte bienenhaft ist, weil die Biene als gestaltendes Motiv darin eingegangen ist. Wieso aber bin ich als gestaltendes Motiv mit eingegangen in eine angeborene Krankheit, in ein glückliches Elternhaus, in eine Geschichtskatastrophe, in ein von anderen durch Leichtsinn herbeigeführtes Verkehrsunglück usw.? Darum tobt ja auch der Bettler in Hofmannsthals »Großem Welttheater«, als ihm in seiner Präexistenz das Schicksalsgewand des Bettlers umgehängt werden soll. Er sieht nur Zusammenhang, den er zerreißen möchte, nicht aber vernimmt er den Zusammenklang, den sinnträchtigen Bezug zu sich selber. Und so weist er das Fatum als nicht zumutbar revoltierend ab.

Wer beim Zufall als einziger Erklärung stehenbleibt, der wird inkonsequent. Er überläßt sich plötzlich einer Gesetzlosigkeit, die ihm in der Natur nicht begegnete. Es wäre der bequemste Ausweg angesichts schwerer und neuer Probleme. Ob ein Regentropfen auf einen Baum fällt oder in einen Bach, bedeutet im Hinblick auf sein »individuelles Schicksal« gar nichts, es ist reiner Zufall. Dagegen ist es im Hinblick auf den Vorgang selber strenge Gesetzmäßigkeit. Je unindividueller die Gebilde, die Wesen sind, um so reiner waltet auf der einen Seite das Gesetz, auf der anderen Seite, auf der Seite des Individuellen der Zufall. Es gibt kein individuelles, subjektbezogenes Schicksal für ein Sandkorn, eine Schneeflocke oder für eine Wolke. Was ihnen begegnet und wie es ihnen begegnet, ist individuell wertfrei und schicksalslos, aber streng gesetzlich im Ablauf. In solcher Hinsicht ist Zufall eine Form der Freiheit, aber die Freiheit des Anonymen, des Namen- und Ichlosen. Wenn eine Schwalbe Insekten fängt, so ist das »Schicksal« dieser Insekten, von ihrem Individuellen aus gesehen, ein Zufall, denn sie waren nicht als bestimmte Namensträger gemeint, sondern nur als Exemplare ihrer Gruppen. Aber daß sie gefangen wurden, ist Ausdruck des Kompositionsgesetzes. Wenn das Individuelle zur Stufe der Ichheit aufsteigt, dann steigt auch sein Schicksal aus den Regionen des Zufalls, der Variation des Typischen in die einer ich-spezifischen Gesetzlichkeit. Und was wir beim Tier noch als Zufall empfinden, daß eine Taube Opfer des Sperbers wird, das will uns beim Menschen nicht mehr als Zufall erscheinen: die Art etwa seines Todes. Je ichhafter das individuelle Niveau, je mehr ist auch mit ich-spezifischen Elementen im Schicksal zu rechnen. Die Schicksalsabläufe zwischen Sperber und Taube sind gattungsspezifisch, da walten die Kompositionsgesetze der Gruppen. Wer also im Menschenleben den Zufall zu Hilfe nimmt, wo eine Gesetzmäßigkeit zu fordern wäre, der vergißt die Ichnatur des Menschen. Wer sich dagegen auf eine Gesetzmäßigkeit beruft, der hat keine Möglichkeit, einen kompositorischen Zusammenhang zwischen Mensch und Schicksal zu zeigen. Damit wird das Gesetz zum dunklen Fatum. Mit höherer Individuation, mit Ichheit ist zweierlei gegeben: einmal eine höhere Freiheit und dann eine höhere, ichbezogene Gesetzlichkeit im Schicksalswalten. Das eine fordert das andere heraus, es sind die beiden polaren Seiten der einen Sache. Im Schicksalswalten sind wir weithin aus der Zone des Zufalls herausgehoben in die einer ichspezifischen Gesetzlichkeit und Notwendigkeit. Als Individualität steigen wir umgekehrt aus der Zone des Gesetzes, des gesetzeshaften Naturseins in die der Freiheit auf. Der Aufstieg zur höheren Freiheit begründet im Schicksalswalten den Aufstieg zu einer höheren, ich-bezogenen und ich-verursachten Gesetzlichkeit. So kann Notwendigkeit immer aus der Freiheit geboren werden. Wer in der Deutung der Schicksalsrätsel von Fatum, Prädestination usw. spricht, der vorenthält uns die Freiheit, wie umgekehrt derjenige uns das Gesetz vorenthält, der dem Zufall das Wort redet. Damit soll nicht gesagt sein, daß Zufall und Fatum im Menschenleben keine Rolle spielen. Wir wehren uns nur gegen die Einseitigkeit, das Unverstehbare in Schicksal und Biographie als Zufall oder als Fatum zu deuten. Damit bliebe der größte Teil unserer Biographie ohne kompositorische Beziehung zum Wesenskern des Menschen. Auf der Stufe der Ichheit suchen wir aber eine Gesetzlichkeit, die auch aus einer Freiheit geflossen ist, und eine Freiheit, die auch aus dem Gesetz, aus dem Wesensgesetz der Individualität entspringt. Der Zufall wirft uns auf das Niveau einer naturhaften Anonymität, während im Fatum der Mensch als Freiheitswesen annulliert ist. Wir anerkennen also in den Schicksalsrätseln das Wirken eines Gesetzes, doch suchen wir dahinter nach einer Freiheit, die nicht nur die Freiheit schicksalschaffender göttlicher Wesen ist, die auch unsere Freiheit ist. Wer aber eine solche Freiheit sucht, kann sie nicht in den Grenzen des einen Menschenlebens finden. Als Ursache gegenwärtiger gesetzeshafter Notwendigkeiten kann eine solche Freiheit nur gefunden werden, wenn wir die Grenzen des Erdenlebens überschreiten.

Vergegenwärtigen wir uns noch einmal die Folgerichtigkeit der Schritte, die sich uns auf dem Wege vom Mineralreich aufwärts ergaben. Das Mineral ist als isoliertes Gebilde schon verständlich, ohne daß wir seine Grenzen überschreiten. Es nötigt uns nicht, eine Umwelt mit zu berücksichtigen, welche die andere Hälfte seines Wesens wäre. Pflanzen und Tiere weisen über ihre Grenzen hinaus und können nur im Zusammenhang mit einer Umwelt verstanden werden. Im Reiche des Menschen zeigt sich nun, daß es dort Verhältnisse gibt, wo auch innerhalb eines solchen Zusammenhangs, einer solchen Einheit von Individualität und Schicksalsumwelt kein Verstehen im Sinne eines kompositorischen Zusammenhanges mehr möglich ist. Wir finden da in diesen Grenzen, überhaupt in den Grenzen eines Menschenlebens nichts, was uns dieses Zusammensein von Mensch und Schicksalssituation als kompositorischen Zusammenklang verständlich machte. Wir werden aus der Logik der Tatsachen geradezu aufgefordert, den Grenzübertritt erneut zu vollziehen und zu wagen, wobei wir doch innerhalb von Ich und Schicksal verbleiben, sie nicht verlieren und verlassen dürfen. So kommen wir in die Schicksalswege des Ich und in die Ichwege des Schicksals über die Grenzen von Geburt und Tod hinaus und finden – nicht konkret, nur im Prinzip – die Zusammenhänge mit früheren oder künftigen Erdenleben. Erst im Rahmen solcher Ich- und Schicksalszusammenhänge über die Inkarnationen hin werden Mensch und Schicksal wieder verständlich. Das Kompositionsgesetz löst sich damit weder zugunsten des Zufalls auf, noch erstarrt es zum reinen Fatum, sondern es offenbart sich uns auf neuer Stufe, in neuer Gestalt als das Karma. Karma ist also die gesteigerte Form der in der Natur weisheitsvoll waltenden Umweltgesetze, so wie Reinkarnation sich als die Steigerung des biologischen Erbgeschehens enthüllte.

Die Unverstehbarkeit so vieler Schicksale besteht darin, daß wir auf ein Menschenleben so hinschauen müssen wie auf eine Pflanze ohne Landschaft. Die Schicksale sind darum so unerklärlich, weil sie Glieder eines größeren Zusammenhanges sind, der in den Grenzen von Geburt und Tod nicht zu erkennen ist. Ein gegenwärtiges Schicksal kann verständlich werden aus dem »Einst« oder gar »Dermaleinst« meines Wesens. Und mein gegenwärtiges Wesen kann das Ergebnis sein aus dem »Einst« erlebter und verarbeiteter Schicksale.

Die Biene ist nicht nur blütenhaft, das Ich nicht nur schicksalsgeformt, auch das Umgekehrte ist wahr, daß die Blüte bienenhaft und das Schicksal ichhaft ist. Was heißt es aber, ein Schicksal ist ichhaft? Doch nichts anderes, als daß ein Schicksal für und durch ein Ich gewoben ist. In dem Schicksal, das für ein Ich komponiert ist, erkennen wir das göttliche Walten. Und in dem Schicksal, das durch ein Ich geworden ist, erkennen wir den Anteil, der ursächlich auf das Ich zurückgeht. Heutige Schicksale können also zurückgehen auf frühere Zustände des Ich und heutige Ichzustände auf frühere Schicksale.

Nun erst weitet sich der gesetzmäßige Zusammenhang zu einem wirklichen Zusammenklang, in den Ichheit und Freiheit mit hineinkomponiert sind, so daß Mensch und Schicksal eine lebendige Einheit werden und sind, auch da, wo uns aus der Begrenztheit des Blickes keine Zusammenhänge im Sinne einer Komposition erkennbar sind. Das Kompositionsprinzip, auf der Stufe von Pflanzen und Tieren ein weisheitsvolles Naturgesetz, enthüllt sich auf der Stufe des Menschen als das Karma, in dessen göttlich weisheitsvolles Gewebe wir Fäden aus unserer eigenen Individualität mit hineinverweben. Jeder arbeitet während seiner Erdenleben an sich selbst und an seinem Schicksal und schafft so für sich und sein Schicksal immer neue Zukunft. Aber auch die Zukunft wirkt, indem ferne göttliche Ziele und künftige Stufen unseres Wesens gegenwärtige Schicksale erfordern. Solche Einsichten sind auch dann ein großer Erkenntnis- und Lebensgewinn, wenn man sich der Grenzen des Denkens bewußt bleibt, dem es versagt ist, über allgemeine Aussagen hinaus konkrete Zusammenhänge von Leben zu Leben zu enthüllen.

So können wir bei aller Ehrfurcht und bescheidenen Zurückhaltung vor der Größe, Schwere, Dunkelheit und vor der unendlichen Vielfalt der Schicksale und ihrer Rätsel doch aus der deutlichen Sprache der Tatsachen eine ebenso deutliche Antwort auf die Frage nach dem Zusammenhang von Mensch und Schicksal vernehmen. Diese Antwort kann uns die Erhabenheit und Weisheit göttlicher Weltenlenkung und Weltenordnung und zugleich die große Bedeutung und das schicksalsschwere Gewicht individueller Lebensführung und strebenden Sich-Mühens ganz neu zum Erlebnis bringen.

XVIII

Der einzelne und sein Weg durch die Weltalter der Geschichte

Die Menschheit war das große Ziel der Erdentwicklung. Darüber wurde im I. Teil des Buches gesprochen. Mit dem Erscheinen des Menschen als Ich-tragendes Wesen beginnt ein neuer großer Akt der Evolution, beginnt die Geschichte als Prähistorie und Historie, beginnt die Evolution des Typus Mensch, der zum Träger der vielen Individualitäten geworden ist, zum Muttergrund der ungezählten Lebensläufe ungezählter Individualitäten durch viele Inkarnationen und Reinkarnationen. Aber nur über diese wurde im II. Teil bisher gesprochen, nur über die Probleme der wiederholten Erdenleben. Die Evolutionsstufen des Typus Mensch seit der Hominisation, seit der Ichwerdung sind bisher noch nicht zur Sprache gekommen. Menschheitsevolution ist immer noch mehr als nur die Summe aller Einzelschicksale und Evolutionswege durch die Inkarnationen. Die Geschichte hat auch ein Eigenleben und Eigenwesen über der Vielheit menschlicher Einzelgeschicke. Mit der Hominisation hat der Typus nicht aufgehört, auch weiterhin an der Evolution teilzunehmen. Wenn auch die Individualitäten zum Kern der Evolution aufgestiegen sind, so ist damit der tragende Muttergrund nicht aus dem Evolutionsprozeß ausgeschieden. Beide gehören unlöslich zusammen und bewegen sich durch die Weltalter aufeinander zu. Im III. Teil des Buches wird sich zeigen, daß sie sich wechselseitig ineinander aufnehmen, daß Menschheit das letzte Ziel der Individualität ist und Individualität das letzte und höchste Ziel der Menschheit.

Aus zwei Gründen müssen wir jetzt noch über diese Evolution des Typus Mensch sprechen. Der eine Grund hängt mit dem Thema des II. Teiles zusammen, mit den wiederholten Erdenleben. Und der zweite Grund hängt mit einem Ereignis zusammen, das zwar ein Großereignis des ganzen Typus ist, seine Auswirkungen und Folgen aber in jedem einzelnen Menschen hat. Gemeint ist der Sturz der Menschheit, der uns in dem mythischen Bilde vom Sündenfall überliefert ist, ein Ereignis, das nach der Hominisation stattgefunden haben muß, aber doch in mythisch-magische Vorzeiten der Geschichte fällt.

Niemand wird bezweifeln, daß eine große Fülle sehr verschiedener Erdenleben eine bedeutende Bereicherung und Entfaltung für die einzelne Persönlichkeit sein kann. Eine Bereicherung würden wir aber auch schon in einem Erdenleben erfahren, könnte man die engen Grenzen, die den meisten gesetzt sind, sprengen und überschreiten, könnten wir viele Lebenslagen durchleben, viele sehr verschiedene Menschen und Menschenkreise kennenlernen, viele Länder und Völker besuchen und Erfahrungen sammeln usw. Es gibt Menschen, denen das Schicksal diese bunte Fülle in einem Leben bietet. Für die meisten ist und bleibt es ein Wunschbild, falls es sie überhaupt nach solcher Ausweitung verlangt. Und es muß gefragt werden, ob nicht auch in der bewußt ertragenen und sinnvoll gelebten Beschränkung ein persönlichkeitsbildender Wert liegt. Birgt die bunte Fülle nicht auch die Gefahr einer Zerstreuung in sich? Verzicht auf unerfüllbare Vielfalt und die Zügelung von Wünschen und Träumen können Kraft geben, hier und jetzt das zu tun, was jetzt und hier getan werden muß.

Von diesen Überlegungen aus kann dem Gedanken der wiederholten Erdenleben folgender Einwand entgegengehalten werden: Ist das Bedürfnis, an allen Zeitaltern menschlicher Geschichte teilnehmen zu wollen, nicht ein ins Große gesteigerter Wunsch, die nun einmal gesetzten Grenzen in der Phantasie doch noch zu durchbrechen, so daß damit Maß und weise Beschränkung hybrid verlassen werden? Ist das nicht eine höchst verfeinerte Form, sich unzulässig

und unerlaubt weltgeschichtliche Abwechslung im Einerlei einer Lebensbegrenztheit zu verschaffen?
Der Einwand könnte ein gewisses Recht haben, wenn man nicht weiß, nicht bedenkt oder vergißt, daß die verschiedenen Geschichtszeitalter Evolutions-Voraussetzungen in sich schließen, auf die der einzelne in seiner individuellen Evolution nicht verzichten kann, so wie er auch nicht auf die Kindheitsjahre und Jugendjahre verzichten kann, um zu einer sich selbst bestimmenden Persönlichkeit heranzureifen. Diese so ganz verschieden gearteten Altersstufen werden nicht durchgemacht, um Abwechslung und bunte Vielfalt zu bringen – was ja außerdem noch sein kann und auch so ist –, die verschiedenen Altersstufen sind unerläßliche und unentbehrliche Voraussetzungen für den Individuationsweg jedes Menschen. So sind auch die verschiedenen Geschichtszeitalter und Kulturen Ausdruck von Evolutionsstufen und Individuationsformen des Typus Mensch, an denen der einzelne partizipieren muß, will er als einzelner die Ziele des Ganzen erreichen. So wie die Monate eines Jahres uns in immer neuer und anderer Weise das verschieden geartete Wesen der Jahreszeiten erleben lassen, so lassen die Inkarnationen uns teilnehmen und teilhaben an den verschieden gearteten Bewußtseinszuständen der Menschheit als notwendiger Voraussetzung auch für die individuelle Evolution. Alle Kulturverhältnisse sind Ausdruck von Entwicklungsstufen des Bewußtseins, und an diesen teilzunehmen, diese in sich aufzunehmen, mit ihnen zu wachsen und zu reifen, das ist der tiefere Sinn des langen Weges durch die Zeitalter. Wer nur die »Abwechslung« sieht, bleibt an der Oberfläche.
Von Johann Peter Hebel gibt es einen Predigtentwurf: »Haben wir schon einmal gelebt?«[1] Darin erwägt er die Möglichkeit, zur Zeit der Mammute gelebt zu haben, zur Zeit der Patriarchen, als arkadischer Hirte, als griechischer Abenteurer, als Genosse der Hermannsschlacht und als Eroberer von Jerusalem. Er sagt selbst, daß dieser Gedanke anziehend sei und einladend zu süßen Träumen. »Wenn ich sie voll-

[1] Vgl. Emil Bock, Wiederholte Erdenleben. Die Wiederverkörperungsidee in der deutschen Geistesgeschichte, 6. Auflage Stuttgart 1975

endet habe, so viele Wanderungen, wenn ich mein Ich gerettet habe aus so vielen Gestalten und Verhältnissen, mit Freuden und Leiden vertraut, gereinigt in beiden, welche Erinnerungen, welche Genüsse, welcher Gewinn!« Der Hauptgewinn in allem aber ist die Reifung zur sich selbst bestimmenden Persönlichkeit, der Anteil, den jedes Zeitalter dem einzelnen Menschen mitgeben kann. Vergißt man das, dann bleibt diese Fülle nur eine interessante Häufung von Schicksalen, Abenteuern, Erlebnissen, weitet sich zu der interessantesten Weltreise durch alle Zeiten und Räume der Geschichte, ohne daß ein innerer Zug, eine innere Linie zu erkennen wäre.

Welches sind aber die großen Evolutionsschritte des Typus Mensch, in die alle unsere individuellen Inkarnationswege gebettet sind? Welche Möglichkeiten sind uns gegeben, etwas von diesen Schritten des Typus Mensch zu erfahren? Da es sich um das Phylum handelt, um den Stamm, kann man zunächst einmal die Individuen dieses Typus befragen, die Entwicklungsschritte, die jeder Mensch als Kind, als Jugendlicher und reifer Mensch durchläuft. In dieser Ontogenese muß der Niederschlag der Phylogenese zu erkennen sein. Es hat Kindheitsstufen der Menschheit gegeben und solche der Jugend. Und erst spät und zuletzt ist mit den Zeiten zu rechnen, welche die Mündigkeit und Selbständigkeit bringen. Das sind nur wenige Hinweise auf die bewußtseinsgeschichtliche Vergangenheit des Menschen, die sehr genau ausgeführt werden könnten.

Aber es gibt noch einen anderen Weg, sich an die großen Schritte der menschlichen Bewußtseinsgeschichte heranzutasten. Die Menschheit als Reich hat selbst auch eine Stammesgeschichte, eine Phylogenese, der gegenüber die Phase seit der Ichwerdung des Stammes wie eine Ontogenese verstanden werden kann. Das ist der Weg durch die Seinsstufen, die sich in den Naturreichen unter ihm spiegeln, in Tier, Pflanze und Mineral. Diese Stufen gehören zur Stammesgeschichte des Menschenreiches. Die Naturreiche sind in der Gegenwart stehengebliebene und weit ausgefächerte Nachklänge dieser vor aller Historie durchlaufenen Stufen. Diese Vergangenheiten müssen selbstverständlich im Menschenreiche selber, in seiner Historie ihre Wiederholungen haben, ein Tierhaftes oder Pflanzliches auf dem Niveau der Menschheitsgeschichte. Als Nachklänge sind diese Wiederholungen für die Menschheit das gleiche, was die ontogenetischen Wiederholungen in jedem Individuum sind. Es gibt also auch eine Ontogenese für die Menschheit als Reich, wie es eine Ontogenese für den Menschen als Individualität gibt. Diese Ontogenese ist aber identisch mit dem, was vom Individuum aus gesehen die Phylogenese des Typus ist. Geht man also vom Einzelwesen aus, von seiner Ontogenese, so gibt sie nachklingend Hinweise auf die verborgene Phylogenese des Menschen. Geht man aber von den Reichen aus, so enthalten sie nachklingend Hinweise auf die verborgene Ontogenese des Menschentypus. Ontogenese und Phylogenese werden hier ein und dasselbe. Ist das Individuum der Ausgangspunkt, dann ist die gesuchte Vergangenheit die Phylogenese des Menschen. Ist dagegen die Architektur der Reiche der Ausgangspunkt, dann ist die gesuchte Wiederholung auf der Stufe des Menschen die Ontogenese des Reiches.

Was aber können Pflanze und Tier heute über Vergangenheitsstufen der Menschheitsgeschichte aussagen, welche Hinweise für ein Verständnis der bewußtseinsgeschichtlichen Vergangenheit können sie geben? Die Pflanze ist ein Wesen, das an den Muttergrund der Erde angewachsen ist, in seiner Gestalt und in seinen Lebensrhythmen das Wesen der Erde, aller Elemente und des Himmels selbstlos, leidenschaftslos und unegoistisch, triebfrei widerspiegelt, geradezu nachahmt und nachbildet. Sie ist ganz diesem Oben und Unten hingegeben, empfängt von dorther alle Anregungen zum Aufbau ihres eigenen Wesens. So hat es Menschheitszustände gegeben, in denen der Mensch noch voregoistisch, selbstlos in die oberen und unteren Tragegründe der Welt wie eingebettet war, in das geistige Wesen der Natur und in das naturnahe Wesen des Geistes, hingegeben an die obere und untere Welt. Das erinnert an ein goldenes Zeitalter, an paradiesische Urverhältnisse, in denen es noch keine Emanzipationen aus den Tragegründen gab, noch keinen Verlust der geistigen Welt, noch keine Sonderung und Sünde. Der Grad der Individuation war gering. Die Menschen waren wie die Pflanzen mehr von außen her bestimmt als von ihrem individuellen Innenwesen. Und wie den Pflanzen die reiche Innenorganisation des tierischen Leibes fehlt, so war das Seelenleben dieses Frühmenschen noch wie außerhalb seiner selbst, schlafhaft, traumhaft gebettet, gelenkt, geleitet, inspiriert von Mächten und Kräften höherer Art.

Der Schritt von der Pflanze zum Tier ist ein Schritt großer Emanzipation und Befreiung. Zur freien Ortsbewegung kommt eine Verinnerlichung, die Ausbildung innerer Organe, in denen die Außenwelt nach innen hin ein- und umgestülpt ist. Und beides ist verbunden mit einem Aufwachen zur Sinneswahrnehmung und inneren Empfindung. In aller Befreiung bleiben die Tiere aber doch fest gebunden an die strengen Gesetze ihrer Art. Hier wurzeln sie fest wie die Pflanzen im Erdengrund.

Auch diese Phänomene sind Spiegelungen der menschlichen Phylogenese und können Auskunft geben über jüngere Zustände der geschichtlichen Entwicklung. Aus der selbstlosen Imitation der tragenden physischen und geistigen Umwelten wird langsam eine individuelle Selbstbestimmung, eine Regelung der Lebensverhältnisse mehr aus der eigenen Innerlichkeit. Die Verinnerlichung geht weiter und bezieht sich auf das Hereinnehmen höherer Seelenhaftigkeit. Damit verbunden geschehen neue Schritte der Emanzipation. Hier liegen auch die mythischen Urzeiten, in denen die Menschheit geistigen Verführermächten zum Opfer fallen konnte, welche die Absonderungen und Aussonderungen aus den geistigen Tragegründen illegitim und verfrüht bewirkten. Doch ist alles noch gebettet in die Gesetze der Sippen, Stämme und Familien und der kultischen Gemeinschaften. Überall gibt es noch Autoritäten, denen gegenüber man so wenig aufbegehrt, wie ein Tierexemplar weder Kraft, Ausstattung noch Neigung hat, aus den Bestimmungen durch die Art auszubrechen. Diese Zeiten ragen greifbar bis zu den alten und großen Theokratien und sind immer noch Nachklang, immer noch Wiederholung.

Das eigentliche Thema Mensch, die Stufe ichbestimmter Individualität setzt erst spät ein, wächst langsam und auch stürmisch mit der Verinnerlichung des höheren Seelenwesens heran, mit der Kraft der Individualität. Was dem Tier noch unmöglich ist, sich aus den Gesetzen des Typus zu lösen, das ist im Menschen schon in der Umkehr von Kern und Hülle urveranlagt. Der Typus, bei den Tieren der Kern ihres Wesens, wird dem Menschen zur Hülle. Und das Individuum, bei den Tieren hüllende Peripherie, es wird im Menschen zum Kern. Dies aber ist erst das Programm für ein Schauspiel, das mit vielen Akten langsam beginnt und zu immer neuen Szenen von mancherlei Emanzipationen und Revolutionen sich steigert. Es ist die immer drängender werdende Suche nach dem eigenen Wesen, nach Selbstverwirklichung und Selbstbestimmung. Das eigentlich Neue, die Stufe des Menschen als eines Ich-tragenden Wesens, kommt erst spät. Hier beginnt das Ringen um die Mündigkeit, und hier beginnen die Zusammenstöße mit den einst führenden Autoritäten, seien es die religiös-kultischen, die politischen oder in jüngster Zeit die wirtschaftlichen. Damit kommt die große Unruhe in die Geschichte, die Zeiten der Krisen, Emanzipationen, Befreiungen auf allen Stufen und in allen Formen, sinnvoll und sinnlos. Das Urthema der Menschheitsevolution wird immer deutlicher vernehmbar. Individualität, Individuation, Gemeinschaft der sich frei und selbst bestimmenden Person. Wer an allen Jahrtausenden der Geschichte nur deshalb teilnehmen möchte, weil das ungeheuer abwechslungsreich und vielseitig ist, der übersieht die Achse des Geschehens, um die sich die bunte Fülle rankt und herumlegt, er übersieht die wachsende Individuation, das Mehr-Werden und Weiter-Wachsen der Individualität. Diese Tendenz zur Individuation durchzieht schon die Naturreiche und wiederholt sich in jedem Reiche. Man denke nur einmal an die gewaltigen Evolutionsschritte von niederen zu höheren Tieren, von wechselwarmen zu warmblütigen Tieren, von den niederen zu den höheren Säugetieren. Das alles ist nicht geschehen, um bessere Ausstattungen für den Daseinskampf zu schaffen. Viele der alten Formen sind ja trotz der neuen auch erhalten geblieben, haben also alle auf ihrem Niveau auch ihre Existenz-Möglichkeiten gehabt. Wir sehen z. B. die Pflanzen in gar keiner Existenznot, weil ihnen das fehlt, was Tiere haben, Bewußtsein und Freiheit der Ortsbewegung. Nein, die Schöpfermächte wollen immer neue Stufen der Individuation. Sie ist die innere, vertikale Achse der Evolution. Und die Schöpfermächte meinen und wollen auch für den Menschen das gleiche auf neuem Niveau: wachsende Individuation.

Es wäre darum naiv zu glauben, in einem Menschenleben – und sei es noch so reich – könnte der Sinn der Erden-Existenz erfüllt werden. Mit jedem Leben in einem bestimmten Zeitalter und einer bestimmten Kultur ist nur ein begrenzter Ausschnitt aus dem Gesamt-Verlauf gegeben, ein ganz bestimmter Entwicklungszustand auch des Typus Mensch. Die Menschen der älteren und jüngeren Steinzeit, früherer und späterer Epochen, haben alle eine unsterbliche Geist-Seele, aber doch alle auf sehr verschiedenen Stufen der Persönlichkeits-Entwicklung. Das Unsterbliche allein macht noch nicht ihren Wert aus, sondern die Grade ihrer Wesensverdichtung und Wesens-Ver-Ichung, die Stufen auch ihrer selbstlosen Ichheit, ihrer ichhaften Selbstlosigkeit. Alle mit dem Geschichtsverlauf ermöglichten Gelegenheiten und Entwicklungsstufen blieben uns vorenthalten, rechneten wir nicht mit dem individuellen Weg durch alle Zeiten und Räume der Geschichte. Das ist ein Gedanke, der in Lessings Schrift »Die Erziehung des Menschengeschlechts« mit aller Klarheit ausgesprochen worden ist.

Der Weg eines jeden Menschen durch die Reihe der Inkarnationen ist seine individuelle Stammesgeschichte, seine eigene Phylogenese. Jede Inkarnation ist dann wie eine ontogenetische Wiederkehr bis in die karmischen Zusammenhänge hinein. Aber in dieser Ontogenese liegen auch die Keimpunkte für die Zukunft. Ein Leben mit nur einer Inkarnation gleicht einem Menschen, dem die Kindheits- oder Jugendjahre fehlen, der nur wenige Jahre aus dem Mannesalter durchlebt, oder Jahre des Greisentums. Unsere individuelle Ontogenese einer Inkarnation und individuelle Phylogenese durch alle Inkarnationen sind beide ein Ganzes, lassen sich nicht in Bruchstücke und Ausschnitte zerlegen. So wie es ontogenetisch kein Reifen gibt ohne Kindheit und Jugend, so gibt es auch phylogenetisch kein Reifen ohne die Teilnahme an der Kindheit und Jugend und anderen Stufen der Menschheit, das heißt aber ohne wiederholte Erdenleben durch alle Zeitalter der menschlichen Bewußtseinsgeschichte.

DRITTER TEIL

Christentum, Evolution und Reinkarnation

XIX
Evolution und Christentum

Der Mensch ist das große Ziel der Erdentwicklung. Darüber wurde im I. Teil des Buches gesprochen. Im II. Teil konnte gezeigt werden, daß die Reinkarnation eine Weiterführung der Evolution ist, ein Sonderfall der allgemeinen Weltentwicklung. In den wiederholten Erdenleben nimmt jeder an der Geschichte und an den Entwicklungswegen und -prozessen der Menschheit teil. Und im III. Teil des Buches wird nach einer dritten Gestalt der Evolution gefragt, nach ihrer neuen Steigerungsstufe und Erscheinungsform. Wenn dieser Teil die Überschrift trägt »Evolution und Christentum«, so ist mit dieser Formulierung nicht die Stellung der christlichen Lehre zum Phänomen der Evolution gemeint. Es geht nicht um die Frage, was das Christentum positiv oder negativ zu den Problemen der Evolution zu sagen hat, ob die Evolution toleriert, abgelehnt oder assimiliert wird. Es geht um etwas viel Wesentlicheres und Existentielleres. Es geht um die Kernfrage: Ist das Christentum selbst ein Phänomen der Evolution, ist die Evolution selbst ein Phänomen, eine Erscheinungsform des Christentums, ja ist Weltenwerden im Kern eine Sache des Christus selber? Dieser III. Teil könnte auch die Überschrift tragen: Christentum als Evolution, Evolution als Christentum. Kann man von einem »Christus der Evolution« sprechen, wie es Chardin getan hat? Wenn ein solcher Zusammenhang besteht, dann müßte sich das Erscheinen des Christus auf der Erde, in der Geschichte und Menschheit stilgesetzlich und geistorganisch aus den Wegen der Natur, der Geschichte und Menschheit ereignen und bei aller Größe des Mysteriums doch verstehbar und einsichtig werden. Das ganz aus göttlicher Freiheit vollzogene Ereignis müßte zugleich auch im Gang der Weltentwicklung schon angelegt sein und damit verstehbar werden.

Diese dritte Stufe oder Steigerungsform des Evolutionsprinzips schließt selbstverständlich auch das Problem der Reinkarnation mit ein. Aus der Sache selbst muß also auch nach dem Verhältnis des Christentums zur Reinkarnation gefragt werden, nach dem Verhältnis der einen Inkarnation des Einen zu den Inkarnationen und Reinkarnationen der Vielen. Es geht also nicht nur um den »Christus der Evolution«, sondern darüber hinaus auch um den »Christus der Reinkarnation«. Nicht so, als ob er an dem Phänomen der Reinkarnation teil hätte, sondern so, daß in der urbildlichen Einmaligkeit seiner Inkarnation die Vielheit der Reinkarnationen wie selbstverständlich mit enthalten und gegeben ist.

Mehrfach schon führten uns die Wege an den Punkt, wo die Entwicklung über den Menschen hinaus weitergehen müßte oder wo sie tiefer in sein inneres Wesen hineinführen könnte, wo sich die Horizonte einer Zukunft öffneten. Nun ist es soweit, daß wir die Frage nach dieser Zukunft aufgreifen. Wir sind vorbereitet durch die Evolution der Erde, das große Thema der Vergangenheit, und sind vorbereitet durch die Evolution der Menschheit, ihrer Geschichte und ihrer Individualitäten, das große Thema der Weltengegenwart. So glauben wir nun ausgerüstet zu sein, den Blick in das Zukünftige zu wagen. Ohne die Bau- und Stilgesetze, denen wir uns weiterhin anvertrauen, könnten wir uns nicht auf den Weg machen, den wir entschlossen sind zu gehen. Darum kann dieses Bemühen auch nicht als unverbindliche und unbegründete Spekulation abgewertet werden. Es ist eine nüchterne und exakte Beschreibung dessen, was aus dem Stilgesetz erwartet werden darf.

XX
Die Menschheit als Reich, als Art und als Person

Die Tierwelt – der zerstreute Mensch

Von den vier Reichen war schon oft die Rede. Das Erstmalige, absolut Neue in dem Reich-Charakter der Menschheit wird besonders deutlich durch einen Vergleich mit dem Reich der Tiere. In diesem Verhältnis bereitet sich etwas vor, das über den Menschen hinausweist zu einer neuen Reich-Gestalt, die so aus dem Menschenreich hervorgeht, wie dieses sich an das Reich der Tiere anschließt. Wir beginnen mit Gedanken Herders über das Verhältnis der Gestalt des Menschen zu der Formenvielfalt der Tiere:
»Man könnte, wenn man die ihm nahen Tierarten mit ihm vergleicht, beinahe kühn werden zu sagen: sie seien gebrochene und durch katoptrische Spiegel[1] auseinander geworfene Strahlen seines Bildes. Und so können wir ... annehmen: daß der Mensch ein Mittelgeschöpf unter den Tieren, d. h. die ausgearbeitete Form sei, in der sich die Züge aller Gattungen um ihn her im feinsten Inbegriff sammeln« (S. 68). »Je näher ihm (dem Menschen) desto mehr zog sie (die Natur, die Schöpfung) Klassen und Radien zusammen, um in seinem, dem heiligen Mittelpunkt der Erdeschöpfung was sie kann, zu vereinen. Freue dich deines Standes oh Mensch und studiere dich, edles Mittelgeschöpf, in allem was um dich lebet« (S. 71).[2]
Herders Gedanken enthalten beides, einmal die Idee, daß die Tiere der zerstreute Mensch sind und der Mensch die zur harmonischen

[1] Katoptrik = Lehre von der Reflexion des Lichtes

[2] Ideen zur Philosophie der Geschichte der Menschheit, 2. Buch, Kapitel 4, Berlin 1887

Einheit zusammengefaßte und zusammengedrängte tierische Typen-Mannigfaltigkeit ist. Es sind die gleichen Verhältnisse, wie sie in der Gegenüberstellung von Sonderart und Artenvielfalt wiederkehren. Die Sonderart Mensch ist eben doch etwas ganz anderes als nur eine biologische Species. Sie ist wie die offenbar gewordene Urgestalt aller Arten. Urbilder haben immer etwas Geistiges, Ideelles. Die Urpflanze ist die geistige Einheit, aus der die Fülle konkreter Pflanzen erst möglich wird. Als Pflanze unter Pflanzen suchen wir sie vergebens. Doch das Urtier ist näher an die physische Welt herangekommen und hat im Menschen einen gewissen Grad sinnlicher Anschaubarkeit gewonnen. Darin schon kündigt sich der Weg von oben nach unten an, vom Geistigen herab und herein ins Physische, vom Ideellen ins Reale. Der Vorfahre des Menschen war nie ein Tier im zoologischen Sinne, war immer Mensch. Aber in dem Maße, wie sich die Idee mehr und mehr dem Stamme vermählte und ihn zur heutigen Gestalt vorbereitete, Getrenntes sammelte und Hemmendes aussonderte, entstand beides, die abgesonderte Vielheit tierischer Typen und der Mensch als anschaubare Urform aller Typen. Wie die Blüte eine Raffung, Sammlung, Stauchung und Steigerung der im Sproß verstreuten Blätter ist, eine Steigerung der niederen Pflanzen-Elemente zur höheren Gestalt, so ist auch der Mensch die blütenhafte Konzentration und Steigerung der auf niederer Stufe gestreuten Typen-Vielfalt der Tiere. Aber diese Sammlung des Gestreuten geschieht nur dadurch, daß ein geistig einendes Prinzip, die Idee in und über der Vielheit auf dem Wege ist, sich mehr und mehr mit dem Physisch-Realen zu verbinden und sich in ihm zum Ausdruck zu bringen.

In der Stammesgeschichte oder Phylogenese des Menschen durchdringen sich schrittweise ein aufsteigendes und ein absteigendes Element. Absteigend ist das geistig Ideelle, aufsteigend das Naturhafte. Sie durchdringen sich so weit, daß ein ganzes Reich in die engen Grenzen einer einzigen Art eingehen kann. Nun gibt es aber kein Reich ohne Arten und keine Art ohne Exemplare. Wenn also eine Reich-Idee sich in die engen Grenzen einer einzigen Art inkarniert, muß dieser Prozeß sich auch in den Individuen dieser Art zeigen und wiederholen. Auch da geschieht Konvergenz und Inkarnation. Auch da inkarniert sich ein Ideelles, eine Typus- oder Art-Idee in die noch engeren Grenzen eines und nur eines Individuums. Art-Ideen stehen dem physisch Realen der Exemplare näher als eine Reich-Idee. Und so geschieht es, daß die Inkarnation, die Verleiblichung tiefer geht, daß die Konvergenz sich bis zur völligen Integration von Idee und Realität steigert. So wie die Typenfülle der Tiere in dem einen Typus Mensch wie zur Einheit zusammengedrängt erscheint, so vollzieht sich auch jetzt wieder eine Konzentration und Raffung der vielen Art-Exemplare zu dem einen als Träger der Art-Idee, des Ich. Die Inkarnation und Individuation ist einen Schritt tiefer gegangen und erreicht ganz die Stufe einer Person, einer Individualität.

Die höchste System-Kategorie ist das Reich. Sie umfaßt bei Pflanzen und Tieren eine große Hierarchie niederer und höherer Kategorien, deren unterste die Arten sind. Sie stehen den konkreten Exemplaren am nächsten. Im Menschen verdichtet, verkörpert sich diese Reich-Idee in die unterste Stufe, in die einer einzigen Art. Was sie auf diesem Wege abwärts mitnimmt, ist die Typenfülle, die man, zur Einheit integriert, im Menschen wiedererkennen kann. Aber zu jedem Reich gehören auch Arten. Da der Mensch als Reich die Gestalt einer Art angenommen hat, müssen auch die Arten dieses Reiches eine andere, und zwar begrenzte Gestalt angenommen haben. Sie erscheinen im Gewande eines Individuums. Das Art-Exemplar Mensch ist dadurch zum Träger eines Ichs aufgestiegen und nimmt einen höheren Rang ein als die Art-Exemplare in der Tierwelt.

Das Urtier

Fig. 9 zeigt diese Beziehungen zwischen dem Tierreich und dem Reich des Menschen. Die Linien bedeuten keine Abstammungszusammenhänge, sondern nur Verwandtschaftsbeziehungen zwischen den Stufen Reich, Art und Individuum. In der Tierwelt ist alles noch wie aus- und aufgefächert, nach oben ins Ideelle, nach unten ins Physische. Im Sinnlichen ist zu erleben, daß hier auch geistig der Fächer weit ausgebreitet ist. Auf dem Wege zum Menschen schließt sich der Fächer, Sinnliches und Geistiges durchdringen sich, das Untere steigt auf, das Obere steigt ab. So entstehen die zwei Konvergenzprozesse in der Einheit des Menschen-Reiches.

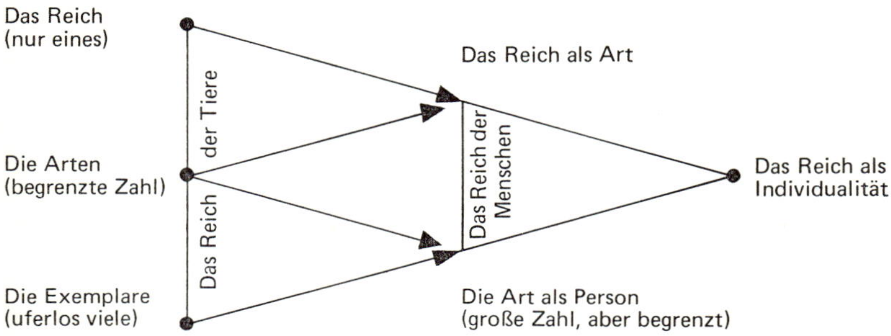

Fig. 9

Das Reich gibt es nur einmal, die Zahl der Arten ist groß, aber begrenzt. Die Zahl der Art-Exemplare ist uferlos und unbegrenzt. In bezug auf diese Zahlenverhältnisse besteht zwischen der Reich-Einmaligkeit und der Individuenfülle Polarität. Die Arten halten genau die Mitte. Ihre Zahl ist groß, aber niemals uferlos. Sie nehmen teil an dem Prinzip der unvermehrbaren Einmaligkeit, aber auch an der Vielheit. Es gibt eben viele Arten, und jede ist unvermehrbar einmalig. Arten gehören noch zu den Kategorien des Systems, aber von allen Systemkategorien stehen sie dem konkreten Exemplar am nächsten, sie sind das eigentlich Individuelle der Tiere. »Die lebende Art ist ein Lebewesen höherer Ordnung, ist ein lebendes Individuum großen Stils. Das Stammesleben hat Individualität, und zwar in einem strengeren Sinne als das Leben der Individuen; denn diese sind viele, das Stammesleben aber ist wirklich ein einziges« (Nicolai Hartmann, Philosophie der Natur, 51. Kapitel »Das Leben der Art«, S. 602).

Bei wachsender Konvergenz und Zusammenlegung des Fächers gehen sich Einheiten und Vielheiten entgegen und durchdringen einander. Das Prinzip der Einheit gewinnt Gelegenheit, an der Vielheit teilzunehmen, und der Vielheit wird die Möglichkeit einer Begrenzung gegeben. Aus der Fülle der Arten ist nur eine erwählt, aufzusteigen und zum Träger der Idee des ganzen Reiches zu werden. (Obere Konvergenzbewegung in Fig. 9.) Die Reich-Idee inkarniert sich in die Gestalt einer einzigen Art. So entsteht das Paradox, daß der Mensch nur *eine* Art unter Arten ist, die zugleich ein ganzes Reich repräsentiert. Dies hat selbstverständlich seinen Widerschein in jedem Exemplar dieser Art, in jedem Menschen. Was uns als individuelle Zwei-Natur vertraut ist, das hat seine überindividuelle, reichhafte Zwei-Naturen-Gestalt in dem Verhältnis von Art und Reich. Jeder Mensch ist ein Exemplar dieser Art und zugleich in seinem Ich auch Glied des Reiches. Die beiden Konvergenzbewegungen (Fig. 9) zeigen die universelle und individuelle Gestalt der zwei Naturen. Oben ist die eine Art Träger der Reich-Idee, und unten ist das eine Art-Exemplar Träger seines eigenen Ichs. In beiden Konvergenzprozessen wirkt das absteigende Prinzip der ideenhaften Einheit und Einmaligkeit begrenzend auf die Vielheit, und das aufsteigende Prinzip der Vielheit entgrenzend, vermehrend auf die Einheiten. Die Einheiten nehmen teil an der Vielheit, und die Vielheiten an der Einheit und Einmaligkeit. Wenn z. B. die Art-Idee eintaucht in die Zone der Vielheit, dorthin also, wo die Individuen sind, wenn sie sich in einem dieser Individuen verinnerlicht, sich inkarniert, dann entsteht zwar die eine unwiederholbare und unvermehrbare Person, die eine Inkarnation, aber dabei nimmt sie doch teil am Prinzip der Vielheit, einer vielfachen Erscheinungsgestalt ihrer selbst. Das sind dann die wiederholten Inkarnationen oder Reinkarnationen. Die arthafte Einmaligkeit erweitert sich, »vermehrt sich« im zeitlichen Nacheinander der Inkarnationen. Aber das aufgestiegene Art-Individuum – es stammt aus der Zone uferloser Vielheit – tritt ein in die Zone ideenhafter, arthafter Einmaligkeit. Jede Inkarnation gewinnt den Einmaligkeits-Rang einer Art.

Dieses wechselseitige Teilhaben des einen Partners am Wesen des anderen vollzieht sich auch bei der Inkarnation der Reich-Idee in die Idee einer Art. Die Reich-Einheit ist es, die aus der Arten-Vielheit die eine einheitliche Menschengestalt herausarbeitet und herausmeißelt. Aber in diese Einheitsgestalt geht doch etwas von der Typen-Vielheit mit ein. Das sind die verschiedenen Rassen, Stämme und Völker. Sie sind ein Nachklang alter Vielheiten, sind aber mehr als nur Differenzierungen der Art wie bei den Tieren, sie tragen alle den Stempel des Reiches, sind von höherem kategorialen Rang als etwa die Rassen in der Tierwelt und sind damit auch Ausdruck höherer ideeller Einheiten und in diesen Einheiten verborgener Geistwesen.
In der Tierwelt ist der Fächer noch weit geöffnet. Ein Gang durch den zoologischen Garten kann das sehr deutlich machen. Die Artenfülle von Käfig zu Käfig, von Gehege zu Gehege zeigt die weite Streuung des Individuellen im Tierreich. Hier begegnen wir dem »Personhaften« nicht in den Exemplaren, sondern in den Arten. Was sich in der Tierwelt immer nur in Gruppen, Typen und Arten zeigt, das erscheint beim Menschen sichtbar als Person. Den vielen Besuchern des Gartens entsprechen die vielen Arten, gleichgültig, durch wieviel Exemplare sie vertreten sind. Aber auch die Menschen sind immer noch eine Vielheit, und es ist zu fragen, ob es auch dieser Vielheit gegenüber eine Einheit, eine sinnlich-sichtbare Einheit gibt, die sich den Vielen gegenüber so real zeigen kann, wie ein Mensch sich als Person der Individuen-Fülle einer Art gegenüberstellen kann. Der Mensch ist auf dem Wege, reich-unmittelbar zu werden, der Idee, dem Geist und der Wirklichkeit des Ganzen ohne Zwischenstufen und Zwischen-Instanzen gegenüberzustehen. Rassen, Stämme, Staaten und Klassen verlieren mehr und mehr ihre Bedeutung als trennende Mächte.

Die Konvergenzbewegung ist noch nicht am Ziel (Fig. 9), der Fächer ist noch nicht ganz geschlossen. Die Architektur läßt noch einen letzten Schritt zu, eine letzte Zuspitzung aller Verhältnisse und aller Wege. Aus den gegebenen Voraussetzungen heraus ist es möglich, genau zu beschreiben, wie diese Konvergenz aussieht, was sich da ereignen würde, fände diese letzte Begegnung und Durchdringung von unten nach oben und von oben nach unten wirklich statt. Wir verfolgen die beiden großen konvergierenden Linien bis zum endgültigen Konvergenzpunkt hin.

Die aufsteigende Linie beginnt mit der uferlosen Vielheit tierischer Artexemplare und steigt dann auf zu der begrenzten Vielheit menschlicher Personen. Der nächste Schritt muß wieder eine Begrenzung in sich schließen. Aus der Vielheit der Personen kann es nur eine sein, die stilgesetzlich für diesen letzten Aufstieg in Frage kommt. Gegenüber den vielen muß es schon eine besondere Individualität sein, ein Mensch von besonderem, geradezu unwiederholbar einmaligem Rang. Und auch dieser eine steigt auf, um Träger zu werden für einen neuen Inhalt, der von oben kommt. Die obere, absteigende Linie beginnt mit der ganz ideellen Reich-Idee. Beim nächsten Schritt finden wir die Reich-Idee schon weniger abstrakt, weniger ideell und fern. Sie verdichtet, ja sie inkarniert sich in die Gestalt einer Art, steigt also von hohen Höhen bis in die unterste Systemkategorie einer Art. Es ist nicht die Reich-Idee der Tiere, sondern die des Menschen, wie auch aufsteigend kein Tier-Individuum zur Person wird. Der letzte Schritt auf dem Wege abwärts bestünde nun darin, daß die Reich-Idee des Menschen aus ihrer Anonymität als Art heraustritt, ihr letztes, noch verhülltes Geheimnis preisgibt und als Person, als Individualität, als das Ich der Menschheit erscheint. Auch hier ist der Kern der Art das Ich. Es muß das Ich der Menschheit sein, ein Ich aller Iche, das sich in diesem aufsteigenden Sondermenschen inkarniert, ein Ich aller Iche in einem Leib aller Leiber. Ein Mensch im großen, ganz Person und zugleich der Repräsentant eines ganzen

Reiches, ganz Stamm oder Phylum und in Einheit damit ganz Individualität. Wir sehen noch einmal die zwei Naturen, nun aber in urbildhafter Steigerung, ein Leib aller Leiber als Träger des Ich aller Iche.
Sollte sich das ereignen, was aus den Stilprinzipien der Architektur sich als möglich und stilgerecht erkennen läßt, dann wäre ein phylogenetisches Großereignis geschehen, das größte der menschlichen Stammesgeschichte und zugleich das größte ontogenetische Ereignis. Der Einmaligkeit einer Reich-Idee entspräche auch die Einmaligkeit und Unwiederholbarkeit ihrer Inkarnation. Im Konvergenzpunkt, bei dem »Einen«, müßte unwiederholbare Einmaligkeit der Inkarnation zu erwarten sein. Und diese einmalige Inkarnation wäre das Urbild für die Reinkarnationen, wäre in Einheit und Einmaligkeit das, was sich in der Gestreutheit als Reinkarnation auslebt. Es gibt eine Rangordnung aller Gestreutheiten durch alle Reiche. Die weiteste Zerstreuung sind die ungezählten Fälle zu den Gesetzen. Gesammelt und schon individualisiert, aber doch noch uferlos gestreut sind die Exemplare, die Individuen der Arten und die Fülle der Arten selbst. Noch höher individualisiert, aber immer noch gestreut durch die Inkarnationen sind die Individualitäten. Erst in dieser einen, höchsten Individualität, die das ganze Reich repräsentiert, ist alle Streuung und Zerstreuung überwunden, ist alles in Einheit und unwiederholbarer Einmaligkeit gesammelt und systolisch geeint.
Aus dem Stilgesetz heraus ist zu erkennen, daß es keine Steigerung der Wege mehr geben kann. In diesem Einen sind alle Möglichkeiten der alten Wege erschöpft. Wenn es dennoch weitergehen sollte, dann nur jenseits dieses Konvergenzpunktes, jenseits dieses Einen als ein Neubeginn aus diesem Ende. Die Beschreibung dessen, was im Konvergenzpunkt zu erwarten wäre und geschehen müßte, ist sachgerecht und kann deshalb nicht als Phantastik und Spekulation verworfen werden. Sie ist aber auch kein Beweis für ein Geschehen, das sich vollziehen muß oder schon vollzogen haben könnte. Und doch werden wir merkwürdig berührt. Denn alles kommt uns irgendwie bekannt vor, ja das traditionell Bekannte erscheint in einer unge-

wöhnlichen und unkonventionellen Deutlichkeit und in einer unabweisbaren Beziehung zu uns selbst. Eine Hypothese, die darauf wartet, individuell als Wahrheit und Wirklichkeit erkannt, verstanden und erfahren zu werden. Hier liegt ein öffentliches Geheimnis. Öffentlich ist die Verstehbarkeit, die Logik der Zusammenhänge, der ideelle Zusammenhang. Das Geheimnis ist die Wirklichkeit, die Wahrheit, die Beziehung zu mir, die Wahrnehmung und individuelle Erfahrung als notwendige Ergänzung zur Idee. Auch das ist eine Form der Inkarnation, wenn sich der Begriff mit der Wahrnehmung vermählt, wenn das Ideelle in sein eigenes Wahrnehmungs-Element eintaucht. Auch hier geschieht Konvergenz, deren Ergebnis die Erkenntnis ist. Darin besteht nun die individuelle Aufgabe und Arbeit, der von oben stammenden Idee von unten her ein Wahrnehmungsorgan zu schaffen, so daß Erfahrung und Erkenntnis geschehen kann. Dann hört die Hypothese auf, eine Hypothese zu sein. Die Wahrheit wird erkennbar und erfahren.

XXI
Urpflanze – Urtier – Urmensch

Als Goethe in dem denkwürdigen Gespräch mit Schiller (1794) versuchte, die Urpflanze zu zeichnen, da mußte Schiller ihm sagen, daß dies nicht möglich sei. Denn die Urpflanze sei eine Idee, der keine Sinneserfahrung entspreche. Goethe hatte immer gehofft, die Urpflanze als eine reale Pflanze unter Pflanzen zu finden. Aber es gibt keine Pflanze, welche die Gesamtheit der Pflanzen repräsentiert. Sie alle leben aus der Idee, die in allen wirkt, sich aber nicht als Pflanze zeigt. Ideen sind nur denkend zu erfassen und geistig zu sehen. Goethe erlebte die geistige Realität so deutlich, daß er Schiller sagte, es könne ihm lieb sein, daß er Ideen habe und sie sogar mit Augen sehe.

Der »Gott der Tiere«

Wenn es die Urpflanze gibt, muß es selbstverständlich auch das Urtier geben. Auch dieses ist ideeller Natur, ist die geistige Ureinheit, aus der sie alle ihr Dasein haben, und kann somit nicht als Tier unter Tieren gefunden werden. Aber wenn wir zum nächst höheren Reich blicken, zum Menschen, da kündigt sich das urbildlich Verborgene des Tierreiches bis zu einem gewissen Grad sinnlicher Verdichtung an. Als Art unter Arten repräsentiert der Mensch die unzerbrochene Urgestalt des Tierreiches. Das Geistig-Eine, das Ideelle ist auf dem Wege herab und herein in das physisch Reale und prägt sich im Morphologischen sinnlich wahrnehmbar aus. Hier liegt das eigentliche Rätsel der großen Annäherung beider Reiche. Sie ist Ausdruck für diese große Konvergenzbewegung von unten herauf und von oben herab, für die Annäherung der geistigen Welt an die physische. Die Urpflanze lebt als Idee noch in hehrer Transzendenz und kann nur begrifflich erreicht werden. Das niedere Reich der Pflanzen hat seinen geistigen Urquell in hohen Regionen der Geisteswelt. Das höhere Reich der Tiere hat seinen geistigen Urquell in niederen Reichen des Übersinnlichen. Dem Aufstieg von unten entspricht spiegelbildlich ein Abstieg von oben. Die Urpflanze oder auch Überpflanze existiert weder als Pflanze unter Pflanzen, sie erscheint auch noch nicht als Vorankündigung im nächst höheren Reich der Tiere, sondern ist ganz nur die geistig zu fassende Einheit des Pflanzlichen, ist das Idealische als Ergänzung und Erfüllung des empirischen Pflanzen-Reiches.

Auch das Ur- oder Übertier ist zunächst nur das geistig Einende der gestreuten Vielfalt, so wie die Urpflanze das geistig Eine und Allgemeine in und über der tausendfachen Besonderung des Pflanzenreiches ist. Aber Tier und Mensch sind sich so nahe gekommen, daß das Urtier nicht nur wie ein Idealisches der Tiere existiert, sondern sich im Menschen bis zu einem gewissen Grade sinnlicher Realität verdichtet.

Tiere sind wie eine niedere und gestreute Form des Menschen, und der Mensch ist wie die höhere und gesammelte Natur des Tieres. Was in den Tieren noch wie ein geistig Verborgenes lebt, ist im Menschen Ereignis und Er-reichnis geworden. Darin liegt ja die Bedeutung der Konvergenz-Bewegung, daß die geistige Seite der Welt sich absteigend schrittweise der physischen nähert und daß die physische stufenweise der geistigen Seite entgegenwächst. Das Idealische und das Empirische suchen sich, das Allgemeine und das Besondere möchten zueinander und sich wechselseitig ineinander aufnehmen, damit das eine sich durch die Sprache des anderen kundtun kann: der Geist durch das Fleisch, und das Fleisch durch den Geist. Im Menschen kündigt sich dasjenige als empirische Realität an, was für die Tiere noch Geist, noch Idealität ist. Diese Ankündigung bezieht sich auf beides, auf das Reich und auf die Person. Als Art unter Arten ist der Mensch wie eine anschaubare, sinnlich gewordene Idee der zerstreuten Tierheit. Als Individualität aber macht er das Verborgene der Tierheit noch deutlicher offenbar. Da ist er die erlebbar und erfahrbar gewordene Idee einer tierischen Art. Der Mensch ist Art seiner selbst und veröffentlicht damit das ideelle Geheimnis der tierischen Art.

Zwischen Tier und Mensch ist der Abstand so gering geworden und die morphologische Verwandtschaft so groß, daß man das neue Reich in das System der Tiere einordnen kann. Diese morphologische Nähe kann dazu verführen, im Menschen nur eine Fortsetzung und einen Spezialfall der Tiere zu sehen. Doch ist man der Wahrheit näher, wenn man im Menschen die Erfüllung und Verwirklichung dessen sieht, worauf die Tiere wie auf ihr eigenes, noch verborgenes, höheres Wesen nur hindeuten. Dann aber ist der Mensch nicht mehr ein Spezialfall der Tiere, sondern die Tiere sind die Spezialfälle des Menschen, sind Ausspezialisierungen und Vereinseitigungen dessen, was im Menschen in Einheit beieinandergeblieben ist. Darum darf man auch vom Menschen als von dem Ur- und Übertier sprechen.

Sinnlos wäre es, in analoger Weise von einer Ur- oder Überpflanze zu sprechen und damit das Tier zu meinen. Denn der Abstand, den die beiden Partner Pflanze und Tier zueinander haben, ist so groß, daß sich das obere Reich, das Reich der Tiere, morphologisch noch nicht im Reich der Pflanzen spiegelt und ankündigt. So kann auch umgekehrt die Pflanze noch nicht prophetisch auf das obere und neue Reich hinweisen. Der Mensch kann seiner Körpergestalt nach als Zusammenfassung, als Kompendium der Tiere verstanden werden. Herder nennt ihn darum auch das Mittelgeschöpf unter den Tieren, die ausgearbeitete Form, in der sich die Züge aller Gattungen im feinsten Inbegriff sammeln[1]. Immer ist von der Körpergestalt die Rede. Aus ihr ist alles, ohne sie nichts in der Geschichte des Menschen

[1] Herder, Ideen zur Philosophie der Geschichte der Menschheit. 3. Buch, Kapitel VI, und 2. Buch, Kapitel IV

zu erklären. Herder spricht von der »erhabenen Göttergestalt« des Menschen, auf die »auch alle Formen der Tierbilung zu konvergieren scheinen«. Ohne diese Gestalt und ohne das Reich des Menschen sei die Erde ihres Schmuckes und ihrer herrschenden Krone beraubt.

»Als die bildende Mutter ihre Werke vollbracht und alle Formen erschöpft hatte ... siehe, da ging sie mit sich zu Rat, drängte die Gestalten zusammen und formte aus allen ihr Hauptgebilde, die menschliche Schönheit. Mütterlich bot sie ihrem letzten künstlichen Geschöpf die Hand und sprach: ›Steh auf von der Erde! Dir selbst überlassen, wärest Du Tier wie andere Tiere. Aber durch meine besondere Huld und Liebe gehe aufrecht und werde der Gott der Tiere.‹«

Diese Worte Herders sollen uns noch einmal daran erinnern, worin eigentlich der Unterschied von Tier und Mensch besteht. Der Mensch macht im *Physischen* sichtbar, was bei den Tieren noch wie eine *Idee*, wie ein Urbild verborgen lebt. »Gott der Tiere« zu sein, ist eine Eigenschaft des Menschen, die sich nicht nur auf das Gestalthafte, auf das Morphologische bezieht. Der Mensch macht auch als Person offenbar, was bei den Tieren noch auf der niederen Stufe der Art existiert. So ist auch mit der Individualität etwas unter die Tiere getreten, das ihrem eigenen höheren, aber noch in der Transzendenz weilenden Artwesen entspricht. Auch als Individualität ist der Mensch für die Tiere eine göttergleiche Erscheinung. Hier wird dasjenige physisch real, was bei den Tieren noch jenseitiger Natur ist. Daß sich auch hier das Phänomen der Raffung und Zusammendrängung wiederholt, sei nur kurz erwähnt. Denn in der menschlichen Person ist zur Einheit zusammengefaßt, was sich bei einer Tierart in ungezählten gleich-gültigen Individuen durch Zeiten und Räume zerstreut auseinanderlegt.

Das Urbildliche und Göttliche bezieht sich demnach nicht nur auf das Reich, sondern auch auf das Individuum. Der Mensch ist Gott der Tiere vom Gesichtspunkt des Reiches und der Person. Er macht universell und individuell, reichshaft und personhaft offenbar, was für die Tiere noch in geistiger Verborgenheit lebt. Dieser »Gott«

weilt also in keiner Transzendenz, ist herabgestiegen in die Welt, lebt als Wesen unter Wesen. Der Tempel dieses Gottes ist die Natur. Mit seinem Erscheinen ist aber aus der Natur-Geschichte die eigentliche Geschichte geworden, eine höhere und neue Stufe des Geschehens.

An dieser Geschichte können die Tiere verstehend noch nicht teilnehmen, sie erfahren und erleiden sie passiv und unverstanden. Bei aller Nähe von Tier und Mensch zeigt sich doch auch wieder die unüberbrückbare Kluft, eine unüberschreitbare Grenze, das Rätsel einer großen Fremdheit und Ferne mitten in der großen Verwandtschaft und Nähe, das Paradox des Menschen. So wahr es ist, was vom »Menschen als dem Gott der Tiere« gesagt werden kann, so wahr ist aber auch die Tatsache, daß er weder ihr Schöpfer ist noch ihr verantwortungsvoll bewußter Pfleger. Da hat man im Gegenteil oft den Eindruck, daß der Mensch eher der Teufel der Tiere genannt werden müßte. Die innere Architektur der Weltverhältnisse deutet auf erhabene Zusammenhänge, die im Bereich des Moralischen keine Entsprechung haben. Allein schon dieses ist ein Hinweis, daß in der Evolution ein Bruch geschehen sein muß, den man seit alten Zeiten als einen Sturz des Menschen empfunden hat.

Der »Gott der Menschen«

In dem Weg von der Urpflanze zum Urtier liegt eine Tendenz, ein fortschreitendes Näherkommen von unten herauf und von oben herab. Das Ziel dieses Weges ist erst dann erreicht, wenn man auch von einem Urmenschen sprechen kann. Die Urpflanze bleibt ganz transzendent, das Urtier kündigt sich schon in dem Reich über dem Tier an, im Menschen. Der nächste Schritt müßte darin bestehen, daß der Urmensch im Reich des Menschen selber erscheint. Alles, was vom Urtier gesagt werden konnte, bezog sich auf den Menschen, war der Mensch selber. Wenn nun von dem Urmenschen die Rede ist, so kann es nur der Mensch im Menschen sein, die Idee des Menschen selber. Das Urtier ist die eine Art unter den vielen Arten. Der Urmensch kann nichts anderes sein als die eine Person unter den vielen, die eine Sonder-Individualität unter der großen Zahl menschlicher Personen. Und alles, was über das Verhältnis des Urtieres zu den Tieren gesagt werden kann, es wiederholt sich nur dichter, unmittelbarer im Niveau des Menschlichen. Urmensch und Menschen stehen sich näher als Urtier und Tiere. Die Verwandtschaft ist gewachsen, die Fremdheit überwunden. Unten und oben sind wir in der Sphäre des Menschlichen und Personenhaften. Konnte man schon in dem Verhältnis von Tier und Urtier von einem »Gott der Tiere« sprechen, dann dürfen wir in dem Verhältnis von Mensch und Urmensch mit noch größerem Recht von einem »Gott der Menschen« sprechen.

Als »Gott der Tiere« trägt der Mensch in gesammelter Einheit dasjenige in sich, was unter ihm und um ihn her in gestreuter Vielheit der Tierarten und der Art-Exemplare sich durch Zeiten und Räume auslebt. In ihm kommt dasjenige zur sinnenhaften Erscheinung, was für die Tiere als geistig Höheres und eines noch verborgen lebt. Als »Gott der Tiere« ist der Mensch auch das Ur- und Übertier.

Die gleiche Rolle muß nun in der neuen Partnerschaft dem Einen zukommen: gesammelte Einheit der menschlichen Vielfalt zu sein, anschaubares Urbild der Menschheit nach Typus und Individualität, nach Reich und Person. Mit und in diesem Einen ist etwas unter die Menschen getreten, das jeden einzelnen und das ganze Menschenreich individuell und universell urbildhaft repräsentiert. Als Ur- und Übermensch ist er auch der Gott der Menschen. In diesem Einen ist erfahrbar, was in und über uns als unsere individuelle und reichhafte Idee, als unsere höhere, »idealische« Natur noch wie verborgen lebt und auf Verwirklichung wartet, was noch schläft und träumt, sich schon regt und kommen will. Dieser Eine tut prophetisch kund, was uns als individuelle und reichhafte Zukunft bevorsteht. Er ist der phylogenetische und ontogenetische, der stammesgeschichtliche und individuelle Beginn unserer eigenen ontogenetischen und phylogenetischen Zukunft.

Und warum dürfen wir diesen Einen mit noch größerem Recht den Gott der Menschen nennen? Weil in Ihm die Fremdheit getrennter Reiche zugunsten des einen Menschenreiches überwunden ist, so daß sich die Partner als Mensch von unten und als Mensch von oben gegenüberstehen, als Erdenmensch und Himmelsmensch. Die Partner bleiben auch dann noch menschlich und menschhaft, wenn wir weiterhin von zwei Reichen sprechen. Dann ist es das alte und das neue Menschenreich, der alte und der neue Adam.

Steht der Mensch als Gott und Urbild der Tiere noch im Tempel der Natur, so steht dieser andere Gott, der Gott und das Urbild der Menschen, darüber hinaus im Tempel der Geschichte. Und begründet der Mensch als Gott der Tiere eine neue Stufe des Geschehens, wird hier aus der Naturgeschichte die eigentliche Geschichte, so führt dieser Gott der Menschen mitten in der Geschichte doch aus der Geschichte heraus in eine Metahistorie, in neue, noch verborgene Räume des Geschehens.

Wir sind aufgerufen, an diesem Neuen jetzt schon teilzunehmen; denn es ist auch für uns gedacht, während die Tiere unverstanden die Geschichte erleiden oder nichts von ihr gewahr werden, weil sie davon ausgeschlossen sind. Geschichte ist nicht für die Tiere gemeint, wohl aber Metahistorie schon für die Menschen mitten in der Geschichte.

Dieser Gott der Menschen ist uns nicht fremd und steht uns nicht fern, wie der Mensch den Tieren noch fremd und ferne ist. Der Menschengott und Gottesmensch ist Mensch unter Menschen, ist von unserer Art, ist der Gott unserer Art und unserer Person, meint jeden einzelnen in seiner Besonderheit und meint uns alle als Menschheit; er sucht uns, weil er die personenhafte, ichhafte Erscheinung des Menschheitswerdens und zuletzt auch des Weltenwerdens schlechthin ist.

Es wird nun auch offenbar, daß nicht der Mensch in seiner gegenwärtigen Gestalt letzte Achse und letztes Ziel der Weltentwicklung ist. Als innersten Kern auch dieser Achse und dieses Zieles erkennen wir nun den Einen, den »Christus der Evolution«.

Ist schon im Menschen die Evolution zu ihrem Selbstbewußtsein aufgestiegen, so muß in dem Einen die höchst-mögliche Steigerung aller Evolutionsprozesse zu einem Geschehen in diesem Einen selbst und durch dieses Selbst erreicht sein. Hier sind Schöpfer und Schöpfung ein und dasselbe, Kreator und Kreatur, Evolutor und Evolution. Es ist die Einheit von Himmelssproß und Erdensohn, er ist der Menschengott und Gottesmensch, der Menschensohn und der Sohn Gottes. Er ist nichts dem Menschen Fremdes und überweltlich Fernes, weil er das Göttliche des Menschen und das Menschliche des Göttlichen selber ist.

Dieser Gott der Menschen im Tempel der Geschichte will den Menschen selbst zu seinem Tempel machen, den einzelnen wie die ganze Menschheit, so daß Tempel und Gott ein und dasselbe werden. In dieser letzten und fernsten Konvergenz liegt alle Zukunft, alle weiterschreitende Evolution und Kreation beschlossen.

Teilhard de Chardin spricht von dem Paradox des Menschen, von dieser eigentümlichen Tatsache, daß zwischen Tier und Mensch morphologisch ein kaum merklicher Unterschied besteht und daß doch mit dem Menschen eine ganz neue Wirklichkeit aufbricht, die alle biologische Systematik sprengt, für die auch der Begriff eines neuen Reiches noch zu eng ist. Dieses Paradox erfährt nun in der neuen Partnerschaft seine maximale Steigerung. Denn zwischen diesem einen und uns besteht insofern kein Unterschied mehr, als er Mensch unter Menschen ist, als Mensch geboren wie wir, so daß die Möglichkeit einer Verwechslung mit den Menschen, einer völligen Gleichsetzung viel größer geworden ist als die Möglichkeit einer Verwechslung des Menschen mit dem Tier.

Die Blindheit vieler Biologen und Anthropologen gegenüber der reichhaften Sonderstellung der einen Menschenart beginnt sich nun auch gegenüber der reichhaften Sonderstellung der einen Menschen-Individualität zu wiederholen und dringt in das allgemeine Zeitbewußtsein ein. Das sui generis dieser einen Individualität, ihre einmalige menschlich-übermenschliche Eigennatur, ist auch dann aufgegeben und verloren, wenn von ihm gesagt wird, Gott habe in ihm gehandelt und durch ihn zu den Menschen gesprochen. Er hat dann aufgehört, selbst ein Gott zu sein, der Gott der Menschen zu sein!

Das Paradox hat eben auch die andere Seite, die maximale Steigerung des Unterschiedes, der Wesensverschiedenheit zwischen uns und Ihm. Denn dieser Eine, der ist wie unsereiner, repräsentiert doch ein ganzes Reich, ist der Beginn und Bringer eines neuen Reiches. In ihm endet alle bisherige Schöpfung und Entwicklung. Er ist der idealische Mensch in voller empirischer Realität, ist als empirischer Mensch zugleich der ganzen künftigen Menschheit verborgene Wesenserfüllung. Er ist der allgemeine Mensch nicht nur als Idee, sondern ganz in der Realität eines besonderen Menschen. Er ist nicht nur der Sohn der Menschheit, der Menschensohn, sondern ist diese Menschheit selber ganz, und ist nicht nur ein Sohn des Himmels, ein Sohn Gottes, sondern ist selbst durch und durch ein Gott. Er ist das höchst Verschiedene in höchster Einheit, »wahrer Mensch und wahrer Gott«. Die Urpflanze lebt ganz in geistigen Räumen, das Urtier ist als Art unter Arten in den Weltenvordergrund getreten, und der Urmensch hat sich uns als Person unter Personen, als Mensch unter Menschen gezeigt.

Und noch etwas anderes muß gesagt werden. Der Mensch als Art unter Arten hat eine ständige Anwesenheit in der Natur. Unter den vielen Tierarten ist und bleibt er mit ihnen ein Glied der sichtbaren Welt. Aber die Person unter Personen wird geboren und stirbt, erscheint und zieht sich wieder zurück, tritt in die Geschichte ein und verläßt sie wieder. Wenn aber durch diesen Einen ein neuer Äon, eine neue und höhere Stufe der Geschichte, des Geschehens eingeleitet werden soll, so muß die ständige Anwesenheit dieses Einen unter den vielen auch eine andere, neue und höhere Gestalt angenommen haben, muß sich in ganz anderer Weise ereignen und vollziehen, in einem Bereich jenseits des Todes und doch hier auf der Erde. Je mehr man die Zusammenhänge und Beziehungen durchdenkt, um so deutlicher wird es, wie sehr dabei längst Bekanntes und lange schon Vergessenes berührt wird. Immer wieder taucht etwas aus den Weltprinzipien selbst auf, das sich aus den Traditionen schon zurückgezogen hat und weiter zurückzieht. Der Urmensch ist die Reich-Idee des Menschen in Gestalt einer Individualität. Hier ist die Durchdringung von Himmel und Erde, von Natur und Übernatur, von Geschichte und Übergeschichte, von Historie und Metahistorie Wirklichkeit geworden. In der Stufenfolge von Urpflanze, Urtier und Urmensch ist eine schrittweise Verdichtung des Ideenhaften zum Realen zu erkennen. Es kann uns zum Bewußtsein kommen, wie geistfern, geistfremd und geistesblind das Denken geworden ist. Es hat die Kraft verloren, Ideelles noch als Reales zu fassen, Reales in seinem Ideen-Rang zu begreifen. Daher auch Goethes Bemerkung in dem Gespräch mit Schiller: »Das kann mir lieb sein, daß ich Ideen habe und sie mit Augen sehe.« Goethe erlebte das Ideelle noch real wie die Griechen und das Reale noch ideengetränkt. Daß Theologie, Philosophie und auch die biologische Systematik über solche Zusammenhänge nicht mehr sprechen, deutet auf den Sündenfall auch des Denkens als unserer höchsten Bewußtseinskraft. Was wird heute nicht alles mit dem allmächtigen und doch realitätslos gewordenen Denken begriffen, be-tastet und zerbrochen! Dieser Abstieg des Reichhaften aus dem Ideellen bis zur realen Individualität kann uns das Vertrauen in die Tragekraft gedanklicher Zusammenhänge neu begründen und den Realitätscharakter des Denkens und lebendiger Begriffe wiedergeben. Ein Christus-Verständnis, das aus solchen Evolutionsschritten erworben ist, bedeutet zugleich, daß eine tiefe Verwandtschaft zwischen dem Ideellen, dem Personalen, dem Ich und dem Ich aller Iche bestehen muß. Wie uns das Denken unmittelbar, ohne autoritative Zwischen-Instanzen zur Wahrheit führt, so vollendet sich in dem Verhältnis des Menschen zu dem Urmen-

schen die schon begonnene Reich-Unmittelbarkeit. Wir alle sind berufen, Reich-Unmittelbare zu werden.
Mit dem Erscheinen des Menschen, mit der Inkarnation des Ich tritt zum ersten Male schaffender Weltenhintergrund in den Vordergrund. Das ideenhaft Allgemeine hat die individuelle Gestalt des Besonderen angenommen. Diese erste Menschenschöpfung wiederholt sich in gesteigerter Gestalt und urbildlicher Größe als eine zweite Menschwerdung, als die Inkarnation des Christus in dem Jesus. Damit wiederholt sich auch in urbildlicher Größe das Erscheinen des schaffenden Weltenhintergrundes in dem Vordergrund der Schöpfung. Das weltenschaffende Urwesen tritt in sein eigenes Werk, der Schöpfer erscheint in seiner eigenen Schöpfung. »Der Allgemeine Mensch«[1] hat mitten in der Geschichte die Gestalt eines besonderen Menschen angenommen. So wurde der innerste Kern der Evolution als Mensch unter Menschen für eine kurze Zeit sichtbar.

[1] Vgl. Leopold Ziegler, Das Lehrgespräch vom Allgemeinen Menschen in sieben Abenden

XXII
Weniger und doch mehr – vom Stilgesetz der Architektur

Von der Art zur Individualität

Wir sollten nicht müde werden, uns wieder und wieder die außerordentliche Tatsache zum Bewußtsein zu bringen, daß im Menschen ein ganzes Reich die Gestalt einer und nur einer Species angenommen hat. Diese Tatsache ist für den einen ein Beweis dafür, daß der Mensch nur ein Sonderfall der Tierwelt ist. Dem anderen wird dieses Phänomen zum Schlüssel für tiefe Geheimnisse der Vergangenheit und Zukunft, zu einem Licht, das die Probleme der Evolution nach rückwärts und vorwärts hell beleuchten kann.

Denn diese eine Art enthält eine Fülle und Vielfalt an Geschichte, Kultur und Individualität, die alles Tierische weit hinter und unter sich läßt. Die Beschränkung und Begrenzung auf nur eine Art und die Ausweitung zu einer Reichsfülle, die das Tierreich unabsehbar übersteigt, diese beiden polar sich verhaltenden Phänomene gehören eng und gesetzmäßig zusammen und verdienen unsere ganz besondere Aufmerksamkeit.

Das eine ist Verminderung und Einengung, ein Weniger, das andere Ausweitung, ein Mehr. Weniger und doch mehr, das ist ein Thema, das ganz offensichtlich das Menschenreich beherrscht, wenn wir es mit dem Tierreich vergleichen. In bezug auf die Masse, auf die Menge an Leibesmaterie ist auch die Tierwelt weniger als die der Pflanze mit ihrer dicht geschlossenen Decke um die ganze Erde. Das Mehr der Tiere liegt in der neuen Qualität, in der Wachheit und Bewußtheit, in gewissen Graden der Freiheit und in den Verhaltensweisen. Vergleichen wir die Pflanze mit dem Mineralreich, dann ist rein quantitativ die ungeheure Verminderung offensichtlich. Wie eine hauchdünne Decke liegt das Pflanzenkleid auf der Masse des ganzen Erdballs. Ein Weniger auch hier, das durch das Mehr an Lebenserscheinungen, an Formenvielfalt und Daseinsfülle polar ergänzt wird.

Dieses Mehr und doch Weniger durchzieht die ganze Schichtenfolge der Naturreiche, und zwar so, daß jeweils das Wiederholte auch das Weniger ist und das Novum das Mehr ausmacht und begründet.

Im Menschen erfährt dieses Prinzip des Mehr und des Weniger eine Ausprägung, die eindeutig auch mit den Kategorien des Systems zu fassen ist. Denn das Mehr und das Weniger sind von jetzt ab nicht nur Wesensglieder, sondern zeigen sich auch in der Gestalt von System-Kategorie, als Species, Individuum und als Reich, und von diesen ist nun die Rede, wenn wir nach dem Weniger und dem Mehr fragen.

Was würde geschehen, wenn sich auch die Zukunft nach dem gleichen Stil- und Baugesetz gestaltete wie bisher, wenn sich das Wiederholte auch jetzt noch als ein Weniger, das Novum als ein Mehr zu erkennen gäbe? Da Novum und Wiederholtes, Mehr und Weniger sich von nun ab in der Sprache der Systematik ausdrücken lassen, besteht Aussicht, diese Zukunft begrifflich sehr deutlich zu umschreiben.

Was wäre also in der Zukunft zu erwarten, wenn sich an die bisher erreichte Spitze noch ein Evolutionsschritt vom Rangwert eines neuen Reiches anschlösse, und zwar nach den Prinzipien, die wir bisher als das Bau- und Stilgesetz erkannt haben? Die Schichtenlehre kann uns nur sagen, daß es der Mensch sein muß, der sich in diesem neuen Reich wiederholt. Konkreter wird die Aussage, wenn man das Problem vom Gesichtspunkt des Systems aus untersucht. Denn das Wiederholte müßte nun auch weniger sein als das in der Menschheit Erreichte, als die Stufe der Art. Was ist aber weniger als eine Species, weniger als eine Art? Die Antwort kann nur lauten: eine und nur eine Individualität. Dieses auszusprechen ist also keine

Spekulation, sondern eine exakte Beschreibung der gesetzmäßigen und stilgerechten Weiterführung der Entwicklungspyramide. Das Weniger zeigt uns unausweichlich, daß der Pyramidenbau im Menschen seine Spitze noch nicht erreicht hat. Denn es gibt immer noch etwas, das weniger ist als eine Species: nämlich die Individualität. Wir erfahren aber auch, daß damit eine Grenze erreicht ist, daß die Individuation und Personalisation nicht gesteigert werden kann. Wir sind am untersten Pol der System-Kategorie angelangt, dort nämlich, wo sonst von den konkreten Exemplaren die Rede ist. Wir haben diesen Pol aber in einer Ausschließlichkeit erreicht, die wie auf eine urbildliche Einmaligkeit und Einzigartigkeit der Individuation hindeutet, auf die Individualität als eines letzten und höchsten Entwicklungszieles. Tun wir den Schritt über den Menschen hinaus, dann ist es eine und nur eine Individualität, die als Repräsentant eines ganzen Reiches in Frage kommt.

Von der Individualität zum neuen Reich

Mislin[1] bezeichnete den Schritt vom Tier zum Menschen als einen Weg vom Tier zum Übertier. Und in Analogie dazu spricht er auch von einem Entwicklungsschritt, der vom Menschen zum Übermenschen führen muß. Von einem Übermenschen darf man im Sinne der Schichtenlehre aber erst dann sprechen, wenn ein Novum, eine neue, über dem Menschen liegende Seins-Stufe sich von oben her mit einer aufsteigenden Individualität verbindet. Hier liegt das größte Rätsel und tiefste Geheimnis.

Können wir mit gleicher Exaktheit auch etwas über dieses Novum aussagen wie über das Wiederholte? Gibt uns die Frage nach dem Mehr auch solche Anhaltspunkte wie die Frage nach dem Weniger? Mit Sicherheit dürfen wir sagen, daß dieses Mehr alles Menschliche übersteigt, daß der untersten Einengung die höchste Ausweitung

[1] Hans Mislin, Zum Problem des Übermenschen in der gegenwärtigen Biologie. (In »Der Übermensch«, herausgegeben von E. Benz, S. 301)

zugeordnet sein muß, daß die Fülle des neuen Reiches nach oben hin ebenso unbegrenzt und unerschöpflich sein muß, wie sich das gleiche Reich nach unten hin in einer einzigen Individualität begrenzt, als Mensch unter Menschen, als Wesen unseres Wesens. Wir können die Aussage über das neu zu erwartende Reich aber noch konkreter fassen. Was sich in der Hominisation als Wiederholtes und Novum entgegenging, aufsteigend als das Weniger, absteigend als das Mehr, das war von beiden Seiten her der Mensch, von jeder Seite auf eigenen Wegen mit eigener Abkunft und doch von jeher aufeinander bezogen und füreinander bestimmt. Die Hominisation war keine Menschwerdung des Tieres, sondern ein neuer Schritt auf dem Wege zur Menschwerdung des Menschen. Dieses Phänomen müßte sich nun wiederholen und dabei seine letztmögliche Steigerung erfahren. Das heißt aber, daß wir auch jetzt wieder mit einer Menschwerdung des Menschen zu rechnen hätten. Erst jetzt würde endgültig offenbar, wer der Mensch seinem tiefsten Wesen nach ist, als was er von Urbeginn an gemeint und gedacht ist. Auch dieser letzte Schritt wäre von beiden Seiten her der Mensch, nicht nur von unten herauf, sondern auch von oben herab. Das Novum eines neuen Reiches über dem Menschen wäre zugleich auch der Mensch selber in seiner höchsten Gestalt. Das ist eine der wichtigsten Aussagen, die wir machen dürfen, daß dieses Novum von menschlicher Art und Natur sein müßte, ja daß hier das geistige Ur-Wesen des Menschen vollkommen offenbar werden müßte. Beide Seiten hätten auch hier ihr Eigenwesen mit eigener Herkunft und Abkunft und wären doch vollkommen aufeinander bezogen und füreinander gemeint. Wir brauchten also die Sphäre des Menschen und des Menschlichen nicht zu verlassen, wenn wir über den Menschen hinauswollen. Wir überstiegen ihn nur innerhalb seiner selbst und gelangten zu seinem Urbilde. Der Übermensch wäre auch der Urmensch, die Idee der gesamten Menschheit, der Menschheitsrepräsentant. Nichts hinderte uns, in dieser personenhaften Erscheinung des Urbildes auch Gott oder ein Göttliches zu sehen, den Gott-Menschen oder Menschen-Gott. Er wäre uns aber nicht nur über und vor dem Menschen ge-

geben, sondern begegnete uns mit ihm und wäre identisch mit seinem innersten Kern.
Dieses letzte Ereignis, das noch einmal eine Menschwerdung des Menschen genannt werden darf, zeigt uns, daß der höchste Sinn aller Menschwerdung die Individualität ist, daß Personalisierung das eigentliche und letzte Ziel aller Evolution ist. Sie zeigte uns aber auch das Umgekehrte, daß dieses Ziel erst dann erreicht ist, wenn die Individualität auch das Ganze repräsentiert, wenn sie durch und durch Reichs-Charakter, Menschheits-Charakter angenommen hat. In diesem letzten Ereignis würde offenbar, daß keine Kluft mehr zwischen Idee und Wirklichkeit besteht, daß alle Idee zugleich auch Wirklichkeit geworden ist, daß aller Geist auch Fleisch wurde, aber auch alles Leibliche zum Geiste aufgestiegen ist. Die Idee der Menschheit und die Idee des einzelnen Menschen müßten hier physisch-historische Wirklichkeit geworden sein.
Es lebte ein Mensch unter Menschen und sein Leben wäre doch die Biographie nicht nur einer Individualität, sondern die eines ganzen Reiches, einer Individualität, die ein ganzes Reich repräsentiert. Und dieses Leben zeigte urbildlich und zugleich anschaubar, was der Mensch als Individualität und als Reich seinem tiefsten Wesen nach ist. Könnten wir Zeuge dieses Ereignisses sein, dann dürften wir mit Christian Morgenstern sagen:

> »Ich habe den MENSCHEN gesehn in seiner tiefsten Gestalt,
> ich kenne die Welt bis auf den Grundgehalt.«

XXIII
Das Ende und die Wende

Steigerungsstufen der Evolution: Natur, Menschheit, Christus

Die gewonnenen Einsichten sind in Fig. 10 noch einmal zusammengefaßt und verdeutlicht. Aus dem Dunkel der Vergangenheit steigt ein breiter Strom von Linien aufwärts und kommt an der ersten, der unteren horizontalen Linie zu Ende. Es sind die Entwicklungswege der Arten, die in der Weltengegenwart ihr Ziel erreicht haben. Inmitten dieser Wege verläuft auch der Menschheitsweg als verbor-

Fig. 10

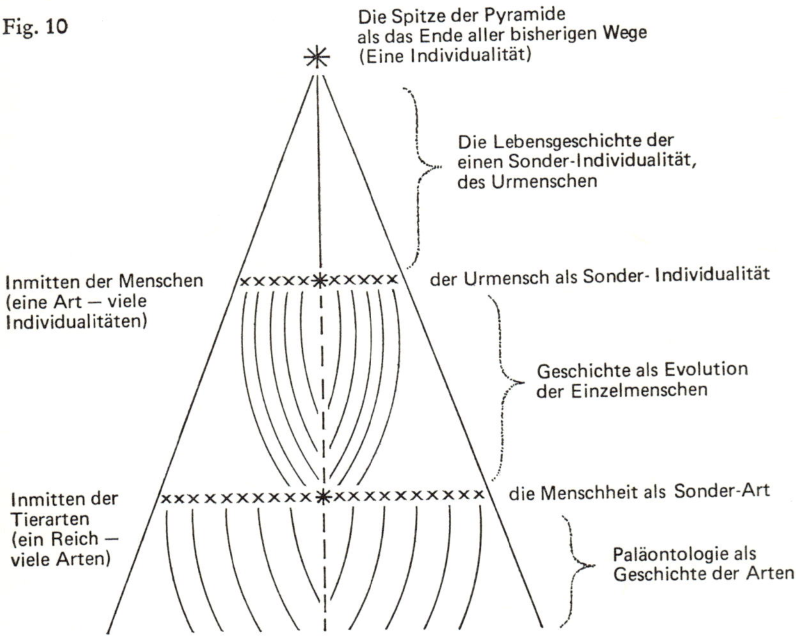

gene Stammachse der tierischen Evolution und tritt mit der Hominisation als Art unter Arten, als Sonderart aus seiner Verborgenheit in die Öffentlichkeit der Natur. Mit seinem Erscheinen ist die Geschichte als Paläontologie abgeschlossen, und es beginnt eine neue Art von Geschehen, die spezifisch menschliche Geschichte.
In der Figur ist sie als das nächste Stockwerk zu erkennen. Es ist die Geschichte der einen Species Mensch mit all ihren Stämmen, Völkern, Kulturen. Es ist aber auch der Rahmen, in dem sich die Geschichte der Individualitäten durch die Jahrtausende hin auf den Wegen wiederholter Erdenleben vollzieht. Die Darwinfrage nach dem Ursprung und nach der Geschichte der Arten nimmt hier eine neue Gestalt an. Es ist die Frage nach der Geschichte der Individualitäten, die Lehre von Reinkarnation und Karma. Da jeder Mensch also ein hohes Alter hat, im Grunde auf die Schöpfung des Reiches selbst zurückgeht, führen die Linien alle bis zur Wurzel. Mit der zweiten horizontalen Linie ist ein bestimmter Zeitpunkt der Menschheitsgeschichte gemeint, die noch nicht abgeschlossen ist wie die Evolution der Tierwelt.
Sollte nun im Sinne dieses Entwicklungsverlaufes noch einmal ein Schritt geschehen, der zur Bildung eines »Reiches« führte, dann müßte sich folgendes ereignen: Wie sich durch die Naturgeschichte ein geheimer und verborgener Stamm vorbereitet, der dann heranreift und als Menschheit, als Sonderart unter Arten, als neues Reich im Vordergrund der Natur erscheint, so müßte sich auch durch die Geschichte in aller Verborgenheit ein Stamm vorbereiten, eine Individualität, die dann in einem bestimmten Augenblick, wenn die Zeit reif, wenn sie erfüllt ist, als Mensch unter Menschen, als Sonder-Individualität auftritt und zum Träger eines absolut Neuen wird, zum Träger des kommenden Reiches. Man könnte sich denken, daß diese Vor- und Zubereitung in immer enger werdenden Kreisen sich vollzieht, durch Kulturen hin, bis sie in einem besonderen Volke und in einem besonderen Familienzusammenhang ihre letzten Schritte erfährt, ehe dieser eine Mensch unter Menschen wie unbemerkt und unerkannt erscheint. Denn auch das wäre eine Steigerung dessen,

was uns bei der Menschheit schon vertraut ist, die große Nähe zum vorausgehenden Reich, die dazu führen kann, das Neue in seiner Sonderheit überhaupt nicht zu erkennen. Besteht schon zwischen Mensch und Tier kaum noch ein morphologischer Unterschied, so daß der Mensch auch in das System der Tiere eingereiht werden kann, um wieviel geringer muß dann der Abstand zwischen dieser Sonder-Individualität und den übrigen Menschen sein, ja wie ausgelöscht erscheinen, da wir es doch mit der höchstmöglichen Steigerung dieser Angleichung zu tun haben! Diese Angleichung ist dann so groß, so vollkommen, das Einzigartige und Einmalige so verborgen, daß es schwer wird, es zu erkennen und zu durchschauen.

Was sich nun in unserer Figur als drittes Stockwerk und als abschließende Spitze an die vorausliegenden Stockwerke anschließt, kann nichts anderes sein als der Erdenweg, als das Erdenschicksal dieser einen Sonder-Individualität, ihr Weg zwischen Geburt und Tod. Dieser Tod wäre dann das Ende aller bisher möglichen Wege, die letzte Zuspitzung der Pyramide.

Wir haben nichts anderes getan als nur beschrieben, was kommen müßte, verliefe der Weltprozeß auch in der Zukunft nach den gleichen Prinzipien, nach denen wir seinen Verlauf aus der Vergangenheit her schon kennen. Wir sind den Weg, den die Welt selber eingeschlagen hat, über sie hinaus konsequent weitergegangen und haben dabei etwas beschrieben, das uns aus dem Neuen Testament und aus der Tradition des Christentums vertraut ist. Wir haben die Inkarnation des Christus beschrieben, den Weg des Jesus, der aus der Geschichte der Menschheit aufgestiegen ist und seit der Jordan-Taufe zum Träger des Christus wurde, der aus geistigen Welten in das dargebotene Gefäß herabstieg.

Ein neues Verstehen

Die Beschreibung dieses Weltenzieles aus den Prinzipien der Evolution ist heute von allergrößter Bedeutung. Das Mysterium wird bis zu einem gewissen Grade verstehbar, ohne seine Tiefe zu verlieren.

Es wird nicht vom Intellekt überwältigt und entkräftet, sondern sucht in die höchste Bewußtseinskraft des Menschen einzugehen. Waren bisher nur das Herz, die Seele, das Gemüt Träger dieses Geheimnisses, so wollen in Zukunft auch das Haupt, das Denken und das volle Bewußtsein daran teilhaben. Und welche Perspektiven tun sich da für eine Neu-Belebung auch der Herz- und Gemütskräfte auf, die ja heute das Mysterium allein nicht mehr zu tragen vermögen. Stemmen wir uns aber gegen dieses Verstehen – und sei es nur erst ein ganz anfängliches Verstehen –, so laufen wir Gefahr, auch das zu verlieren, was Herz und Gemüt heute noch tragen und bewahren. Durch diese Form des Verstehens findet der moderne Mensch überhaupt erst wieder einen Anlaß, sich unbefangen Überlieferungen zu öffnen, die er längst für erledigt hielt, die als mythologische Restbestände zur überwundenen Stufe der Vergangenheit gehören. Das Mysterium der Inkarnation Christi aus dem Evolutionsgeschehen aufblühend im Denken zu fassen, ist für die Zukunft des Christentums von großer Bedeutung. Denn es geht um die Einwurzelung dieser Weltentatsache in unser modernes Bewußtsein, es geht darum, daß denkbar wird, was sich bisher nur dem Glauben erschloß. Denk-bar aber nicht im Sinne von möglich, sondern in der Bedeutung, daß es vom Denken getragen werden kann. Denn von da aus erreicht dieses öffentliche Geheimnis auch die Welt außerhalb des Christentums, außerhalb der Kirchen.

Wir betreten mit solchen Einsichten einen Boden, der uns alle trägt, Christen und Nichtchristen, Wissenschaftler und Priester, wir betreten über alle Grenzen hinweg Menschheitsboden, und wir blicken von tausend Standorten der Welt aus doch alle in die eine Richtung wie auf eine allen gemeinsame Sonne und blicken aus diesem Zentrum heraus auf tausend Standorte der Welt. Niemand ist genötigt, seinen physischen, historischen und geistigen Ort auf der Erde zu verlassen, um diesen einen Punkt, diese Sonne zu sehen. Die einzige Voraussetzung ist nur eine vorurteilsfreie Bemühung um die Erfassung der ganzen Wirklichkeit. Die Universalität des Christlichen verliert dadurch jedes organisatorisch und juristisch Einseitige, jeden machtmäßigen Anspruch, und sie hat es auch gar nicht nötig, sich rivalisierend mit anderen Totalitarismen durchsetzen zu wollen. Was als ein Weltprinzip von universaler Gültigkeit erkannt oder verstanden wird, als eine kosmische Tatsache vom Range der Sonne erfahren werden kann, das ist durch sich selbst Autorität, das ist nicht deshalb wahr, weil es in der Bibel steht oder von einer Kirche gelehrt wird, sondern es wird gelehrt und steht in der Bibel, weil es wahr ist. Aber nur die Einsicht und das Verstehen sind in der Lage, diese Wahrheit ohne Eifer, Zwang und Drohung, ohne betonte Auserwähltheit und Überheblichkeit und ohne Heils-Egoismus souverän in das Zentrum der Welt und der individuellen Existenz zu stellen. Das Licht, das als Gedanke und Erkenntnis im Haupte aufleuchtet, vermag die Herzen wieder warm zu machen.

Das große und doch so verborgene Ereignis ist die Wesensmitte der ganzen Menschheitsgeschichte und darüber hinaus des ganzen Erdenweges. Christus ist die Mitte aller Geschichte, das Ende und die Wende aller Evolution, die Entwicklungs-Achse durch alle Zeiten. Konvergenz ist nur die eine Seite der Evolution, die andere heißt Divergenz, Trennen und Zurückbleiben. Nur durch Trennen und Zurückbleiben sind die Naturreiche als zurückgelassene Stufen unserer eigenen Vergangenheit entstanden. Auch in der Zukunft ist nicht nur mit Weiterschreiten, mit Aufstieg und Konvergenz zu rechnen, sondern auch mit Zurückbleiben, Abstieg und Divergenz. Doch das Auftreten des Urmenschen geschieht nicht, um den Menschen auf eine abwärts führende Bahn zu drängen, wie einst das Tier aus dem Menschen abgesondert wurde. In dieser neuen Phase der Evolution wird dem Menschen gezeigt, wer er im tiefsten ist und werden soll. Die Tiere können für ihre Evolution nicht an dem Urtier, an der Stufe des Menschen teilnehmen, sie scheiden aus und bleiben zurück. Aber das Erscheinen des Urmenschen meint uns und zeigt uns die Wege in die Zukunft.

XXIV
Paradoxien als öffentliches Geheimnis

Wenn die Überfülle eines ganzen Reiches sich in die engste Enge, in das Samenkorn einer einzigen Individualität hinein versenkt, wenn eine einzige Individualität zum Träger eines ganzen Reiches aufsteigt und wenn dieses Reich noch alles übersteigt, was uns sonst als Reich bekannt ist, dann stehen wir vor dieser letztmöglichen Steigerung von Gegensätzen wie vor einem unfaßbaren Paradox. Und doch ist gerade das Paradox die Form, in der wir das Unfaßbare fassen können, das Unaussprechliche doch aussprechen dürfen. Das Unbegreifliche zeigt sich auf diese Weise auch als ein Verstehbares.

Diese höchste Steigerung von Gegensätzen muß eine Fülle anderer Paradoxien nach sich ziehen, muß der Schlüssel zum Verständnis anderer Geheimnisse sein. Jede Aussage, die über dieses Omega gemacht wird, fordert durch sich selbst ihr Gegenteil Alpha heraus, und nur der Zusammenhang dieser Gegensätze zeigt uns die ganze Wahrheit und das ganze Rätsel. Schon die Aussage vom Ende aller Evolutionswege muß durch einen Beginn aller Zukunft ergänzt werden. Wollte man nur auf das Ende sehen, dann entstünde eine verhängnisvolle Einseitigkeit. Ohne das ergänzende Gegenteil wird jede Aussage zu einem Irrtum.

Wenn wir erkennen, daß sich hier das wichtigste Ereignis der gesamten Erd- und Menschheitsgeschichte abgespielt hat, so bedarf auch diese Aussage ihrer Ergänzung, daß es sich in aller Verborgenheit abspielte, unbemerkt und unerkennbar dem nur äußeren Blick, bedeutungslos für den Historiker, fast unnachweisbar für die äußere

Forschung. Das Wichtigste ist zugleich das Unbekannteste, das Angefochtenste und Übersehene, der Kern der Geschichte unauffindbar oder irrelevant. Und was so das Schicksal der Welt und der Menschheit in sich trägt und bestimmt, läßt doch vollkommen frei.

Man wird unserer Darstellung den Vorwurf machen, hier werde die Inkarnation Christi wie eine naturgesetzliche Tatsache abgeleitet. Das sei Grund genug, diese Gedanken als einen verwirrenden Irrtum zu verwerfen. Doch dieser Einwand besteht nur dann zu Recht, wenn wir den einen Aspekt nicht durch sein Gegenteil ergänzen und ihm so das in der Tat Blasphemische dieser Einseitigkeit nehmen. Was von der einen Seite so aussieht wie eine naturgesetzlich-evolutionistische Gesetzmäßigkeit, ist von der anderen Seite her gesehen ein Ereignis von höchster Freiheit, Ausdruck einer in Freiheit vollzogenen Tat. Alles Gesetzliche ist hier auch aus Freiheit vollzogen, die Freiheit selbst das Gesetz. Nur wenn wir die höchste Steigerung der einen Tatsache durch die Steigerung ihres Gegenteils ergänzen, kann uns der Erkenntnisgewinn nicht wieder genommen werden. Zum Omega in jeder Gestalt gehört das Alpha als seine Ergänzung hinzu. Und so gehört auch zum Tode des Jesus-Christus das Leben. Dieser Tod fordert durch sich selbst auch seine Überwindung. Nicht, als sei er nicht geschehen, als hätte er sich nicht ereignet. Was wäre ein Ende aller Wege, wenn in ihm nicht der Tod seine höchste Steigerung erfahren hätte! Und was wäre das Alpha, wenn es nicht auch in diesem Punkt das Gegenteil von Omega in sich schlösse, die Überwindung des Todes!

Ohne dieses Ende kein Neubeginn, ohne Gesetzlichkeit keine freie Tat. Wohin wir auch blicken mögen, immer sind es diese Paradoxien, die wir als das öffentliche Geheimnis im Konvergenzpunkt finden. Die große Verstehbarkeit ist nur die eine Seite eines Zusammenhanges, dessen andere das unergründliche Geheimnis ist. Denn es gehört zu den Paradoxien, daß die Gegensätze ihre maximale Steigerung erfahren. Wo das Verstehbare so groß wird, da ist auch das Mysterium größer geworden.

Und von einem letzten Paradox soll hier noch gesprochen werden.

Wenn Christus das Urbild alles Menschlichen ist, individuell und universell, als Individualität und als Reich, dann ist alles in ihm von urbildlicher Einmaligkeit und Unwiederholbarkeit. Schließen aber diese Aussagen nicht schon ihr Gegenteil als notwendige Ergänzung in sich? Gehört zur unwiederholbaren Einmaligkeit nicht doch auch die Wiederkehr? Schon für den Menschen gilt es, daß die unwiederholbare Einmaligkeit seiner Inkarnation die Wiederkehr nicht nur nicht ausschließt, sondern direkt fordert. Gehört nicht auch zur höchsten Steigerung alles Einmaligen und Unwiederholbaren eine ebenso unwiederholbare einmalige Wiederkehr? Wäre es nicht sonderbar, wenn das Paradox in diesem Punkt versagte? Wir können mit Sicherheit sagen, wie diese Wiederkehr nicht aussehen kann! Da die Einmaligkeit auch das absolute Ende der alten Welt und der alten Wege in sich schließt, kann diese einmalige und erstmalige Wiederkehr auf keinen Fall an irgend etwas erinnern, das noch zum alten Äon gehört. Von einer Wiederkehr Christi im Sinne einer Reinkarnation zu sprechen, einer zweiten Geschichtlichkeit, das verbietet einfach die Einmaligkeit seiner Inkarnation, die ja zugleich das Omega aller bisherigen Wege ist. Denn diese Wiederkehr müßte schon zum neuen Äon gehören. Aber nicht nur das, sie müßte das Alpha dieses neuen Äons selber sein, wie die unwiederholbare Einmaligkeit seiner Inkarnation das Omega des alten Äons war. Zwischen Omega und Alpha, Ende und Anfang liegt ein Abgrund, der überwunden sein muß, soll die Brücke von dem einen zum andern Ufer geschlagen werden. Dieser Abgrund ist der Tod des Jesus-Christus, sein Sterben auf Golgatha. Nur durch diesen Hiatus geht der Weg zum anderen Ufer, wird das andere Ufer erst geschaffen. Und was drüben wieder auftaucht, ja was das Drüben überhaupt erst begründet, müßte dasselbe sein, das auf der einen Seite in den Tod ging, und doch wäre es vollkommen gewandelt. Und noch etwas kann gesagt werden: Das Omega aller Wege hatte eine lange Vorbereitung. In ihm wird am Ende und als Ende der Zeit sichtbar, was von Anfang an und durch alle Zeiten immer schon gewirkt hat, um diesen letzten Augenblick vorzubereiten. Was könnte nun das Alpha, diese einmalige Wiederkehr anderes sein als der individuelle Beginn eines äonenlangen Wirkens, in dem das Alpha uns und der Welt vorausgeht, um Mensch und Welt verwandelt nach sich zu ziehen oder auch das Unverwandelte schritt- und stufenweise von sich zu weisen.

Ist die Inkarnation die Fleischwerdung des Geistes, so wäre seine Wiederkehr keine Re-Inkarnation, sondern genau das Umgekehrte, eine Geistwerdung des Fleisches, des Leibes, der Leiblichkeit in allen Stufen und Schichten. Diese Wiederkehr, die den neuen Äon samenhaft einleitet, muß von der gleichen Einmaligkeit sein wie das erste Erscheinen, wie die Inkarnation. Zwischen der Fleischwerdung des Geistes und der Geistwerdung des Fleisches liegt als Abgrund der Tod. Erst im Tode ist das Omega ganz an sein Ziel gekommen und in der Überwindung des Todes, in der Auferstehung ganz in das Alpha seines eigenen Wesens und Wirkens hinüberverwandelt. Diese Einheit von Tod und Auferstehung, von Karfreitag und Ostern mit dem Karsamstag dazwischen, ist die letzte, intimste Gestalt, in der uns das Paradox in seiner mikro- und makrokosmischen Bedeutung als öffentliches Geheimnis, als offenbares Mysterium anblickt, verstehbar und unergründlich zugleich.

XXV
Christus – der Menschheit neuer Name

Der Mensch als Gott des Menschen: Irrtum und Wahrheit

In dem einen Menschen begegnen sich die beiden Wege von unten herauf und von oben herab. Alles Werden von unten herauf gipfelt in Ihm als dem Extrakt aller Natur und aller Geschichte. Aber auch die Wege von oben herab meinten diesen Einen. Ahnen wir die ganze Größe und Tiefe, die mit dem Namen »Mensch« gegeben ist? Von beiden Seiten her ist Er das Ziel aller Wege. Nicht nur die Erde, auch der Himmel will Mensch werden. Der Mensch ist es, der in Ihm und durch Ihn des Menschen Gott zu werden begonnen hat. Das höchste Allgemeine, das wir gern als Gott bezeichnen, verläßt seine Transzendenz und seine für uns unfaßbare Ferne, Höhe und überindividuelle Anonymität; es erscheint in Gestalt des Besonderen, in Gestalt einer Namen tragenden Individualität, die innigst verwandt ist mit eines jeden Menschen Zwei-Natur, die unsere Zwei-Natur in kosmischer Urbildlichkeit in sich trägt, die makrokosmisch ergänzt, erhöht und vollendet, was wir mikrokosmisch sind.

Der Name dieses Einen ist dazu bestimmt, des Menschen neuer Name und des Menschen neues und letztes Ziel zu sein. Christ zu werden, ist die Zukunft des Menschen, und Mensch zu werden, ist die Zukunft des Christen. Denn Er ist der Mensch im Menschen, das Ich im Ich. Er ist Kern einer jeden Individualität und ist die Einheit in einer tausendfachen Gestreutheit. Er ist das menschlich Universelle und das menschlich Individuelle. In Seinem Namen wächst weltweite Brüderlichkeit und innerste Individuation. Er ist das Einende in und über der unendlichen Verschiedenheit auch dort, wo man Ihn nicht kennt, von Ihm nicht spricht oder wo man Ihn gar bekämpft. Wie die Urpflanze das geistig Einende der gestreuten Vielheit aller physisch realen Pflanzen ist, auch da, wo man sie nicht kennt, nicht nennt oder nicht versteht, so ist, bleibt und wirkt der Eine, der Ur-Mensch, das geistig-physisch Einende in aller menschlichen Vielheit.

Mensch und Christus gehören zusammen, haben sich von jeher gesucht und zuletzt gefunden, und sie werden sich bis in alle Zukunft weiter und tiefer suchen und auf immer neuen Stufen und in immer neuen Wesensschichten finden und wechselseitig ineinander aufnehmen.

Den Tieren ist es nicht möglich, ihren »Gott«, das heißt aber den Menschen, zu verstehen. Es ist ihnen unmöglich zu durchschauen, worin der Mensch ihr noch verborgenes und transzendentes Wesen offenbar macht. Den Menschen kann es aber nicht verwehrt sein, das verstehen zu wollen, was als ihr eigenes Urbild mitten unter sie getreten ist. Ja, man kann sagen, daß es zu des Menschen Bestimmung gehört, solches Wissen zu erwerben, zu vertiefen und zu verinnerlichen. Denn dieses Ereignis ist ja aus keinem anderen Grunde geschehen, als daß wir sehend und verstehend werden und verstehend in Freiheit ergreifen, was für uns geschah.

Die Konvergenz, die Angleichung von unten und oben, ist so weit vorgerückt, daß ein Übermenschliches, ein Göttliches, sich ganz in die menschliche Sphäre und in den Bereich menschlicher Verstehbarkeit und Erreichbarkeit begeben hat. Der transzendente Gott, der dem Menschen mehr und mehr aus dem Bewußtsein schwindet, der meist nur noch als Name weiterlebt, von dem selbst Theologen sagen, daß er für das Bewußtsein eines großen Teils der Menschheit gestorben sei, dieser Gott erscheint nun als Mensch unter Menschen und zeigt ihnen, daß Er Achse und Ziel ihrer eigenen Evolution ist, zeigt ihnen, daß ihre Zukunft ohne Ihn in die Irre geht, zeigt ihnen, daß all ihr menschliches, ihr humanes Bemühen tief und berechtigt ist, seine Erfüllung aber nur in Ihm, in dem Einen hat, zeigt ihnen das tiefste Geheimnis, daß ein Mensch des Menschen Gott geworden ist.

Das hat auch Ludwig Feuerbach gesagt[1], aber doch so, daß hier die tiefste Wahrheit in den größten Irrtum umschlägt, wenn man nicht zwischen dem Menschen von unten und dem Menschen von oben unterscheidet, zwischen dem alten und dem neuen Adam und beiden ihr sui generis, ihre ureigene Herkunft zugesteht. Denn nach Feuerbach schuf nicht ein Gott den Menschen nach seinem Bilde, sondern der Mensch schuf den Gott nach seinem Bilde, projizierte ein Wunsch- und Traumbild in den Himmel und holte es von dort als Gott zurück. Der verborgene und zukünftige Mensch ist aber mehr als ein utopisches Wunsch- oder Traumbild, kein Wunschbild von unten nach oben, sondern reales Urbild auf dem Wege von oben nach unten.

Der Eine als der »Gott der Menschen« will nicht ihr Herrscher sein, sondern macht uns ein beglückendes, aber auch verantwortungsschweres Geheimnis offenbar: Er zeigt uns die innere Identität von Mensch und Gott, die innere Gleichheit von unterem und oberem Menschen, deren Unterschiedenheit durch ihr Weltniveau bestimmt ist, irdisch-mikrokosmisch der eine, himmlisch-makrokosmisch der andere, aber beide Mensch, beide Person, beide Adam, beide »Ich«. Was wir in dem Einen suchen und finden, sind wir selbst, wir, aber auf neuer und höherer Stufe. Finden wir Ihn, dann finden wir auch uns. Finden wir uns und unseren Mitmenschen, dann sind wir unterwegs auch zu Ihm.

Der Gedanke, daß in dem Christus das Göttliche des Menschen und das Menschliche Gottes offenbar geworden ist, meint nicht das Ende des Vater-Gottes und seiner Bedeutung für die Menschen. Aber etwas Neues ist geschehen und will verstanden werden: Der Weg zu dem Vater geht von nun an durch den Christus. Reine Vaterreligionen ohne den Christus gehören ihrem Wesen nach zur Vergangenheit.

[1] Der Mensch schuf Gott nach seinem Bilde. Kritisches über Religion, Theologie und Kirche von Ludwig Feuerbach. Ausgewählt und eingeleitet von Werner Schuffenhauer. Berlin 1958

Der Weltenbau und Weltprozeß beginnt seine Stufenfolge mit den Partnerschaften der Reiche. Die Fremdheit, die hier noch waltet, wird schrittweise überwunden, und ein hoher Grad von Angleichung ist in der Partnerschaft von Tier und Mensch erreicht. Aus dem Verhältnis von Reich zu Reich ist das individuellere Verhältnis von Art zu Art geworden. Doch waltet auch hier noch die Fremdheit zweier verschiedener Reiche.

Nun ist aber der innere Kern der Arten die Individualität, so daß die weiterschreitende Evolution zu einer Partnerschaft der Personen führen muß, zu dem Verhältnis der vielen Menschen zu der einen Sonder-Individualität. Ist aber das innere Wesen der Art die Person, so ist der innerste Kern der Person das Ich. In dieser letzten Partnerschaft von Mensch und Übermensch stehen sich also das mikrokosmische Ich der Vielen und das makrokosmische Ich des Einen, das Ich aller Iche gegenüber.

Konvergenz drängt auf immer neuen Stufen zur Überwindung des Trennenden und Fremden, zielt auf Einheit der Gegensätze. Und dieses Zusammenwachsen kann nur dort geschehen, wo die Verwandtschaft am größten ist, wo die Angleichung total geworden ist. Der Mensch von unten und der Mensch von oben sind schon höchste Angleichung, aber wenn wir in das Innere des Menschen gehen, entdecken wir erst im Ich die letzte Gestalt des Gleichen. Ichheit unten und Ichheit von oben sind gleicher Substanz, getrennt und geschieden durch das Welt-Niveau von Erde und Himmel, von Mikro- und Makrokosmos, von Abbild und Urbild. Aber doch sind sie von gleicher Substanz, und die Evolution wird darin bestehen, daß die Konvergenz des unteren mit dem oberen Menschen im Ich ihren Anfang nimmt und von da aus durch die Menschennatur fortschreitet.

So entsteht nach oben hin in der Zukunft eine spiegelbildliche Wiederholung des unteren Menschen als Erhöhung und Vollendung der gesamten Menschennatur. Der Keim dazu aber liegt im Ich und in der Erfüllung dieses Ich mit dem Christus-Ich, dem Ich aller Iche.

Dieser Schritt kann nur in Freiheit und aus Freiheit getan werden und begründet immerfort Freiheit. Ein neuer gesetzgebender Typus widerspräche dem Wesen des neuen Adam. Schon im alten Adam bereitet sich die Überwindung des Typus als gesetzlich bestimmende Macht vor, und im neuen Adam, in Christus ist sie ganz überwunden. Hier waltet Freiheit, die immer weiter Freiheit schaffen will.

XXVI
Rhythmus und Weltvollendung

Die neuen Phasen des Rhythmus

Nachdem wir uns auf verschiedenen Wegen und von verschiedenen Aspekten aus immer wieder dem gleichen Problem und Phänomen genähert haben, soll nun auch noch auf dem Wege des Rhythmus von Systole und Diastole dasselbe Ziel gesucht werden. Dieser Rhythmus, der die ganze Architektur bestimmt, schließt mit einer systolischen Phase, mit der Partnerschaft der zwei Naturen im Menschen. Voraus geht eine diastolische Phase, die Partnerschaft der beiden Reiche Tier und Mensch. Im 9. Kapitel des ersten Teiles ist über diese beiden Phasen schon gesprochen worden, und Fig. 6 gibt diese Verhältnisse zeichnerisch wieder. Es geht jetzt also um die Frage, ob dieser letzten systolischen Phase wieder eine neue Diastole folgt und ob noch einmal das Ganze in einer unüberbietbar letzten systolischen Phase seinen Abschluß findet. Fügen sich die Erkenntnisse, die wir bis jetzt gewonnen haben, auch weiter in den Ablauf dieses Rhythmus, ist er auch jetzt noch das Mittel, die neuen Verhältnisse sachgerecht zu beschreiben, ist er ein so grundlegendes Weltprinzip, daß die Schritte von der Natur zum Menschen und darüber hinaus zu den christlichen Zukunftszielen im Rhythmus nahtlos ineinander übergehen?

Wir beginnen mit der diastolischen Phase von Tier und Mensch, in der sich die Vielheit der Tierarten und die eine Sonderart Mensch als Partner gegenüberstehen (Fig. 11, I. Phase). Der nach oben weisende Pfeil will sagen, daß aus der Artenfülle der Tiere als deren innerer Achse die eine Menschenart herausgewachsen und aufgestiegen ist, die

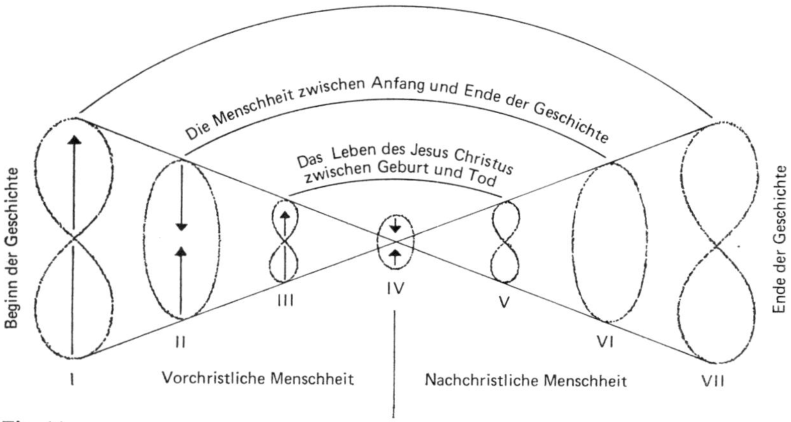

Fig. 11

Art aller Arten, die unzerbrochene Urgestalt der tierischen Arten-Vielheit. Dies ist aber noch nicht der ganze Mensch, es ist erst die von unten her zubereitete und dargebotene Schale für einen neuen Inhalt von oben, für das Novum, das Ich, für die Fülle der ichhaften Geistgestalten. Hier geschah Kreation, Schöpfung und Inkarnation.

Diese Begegnung und Durchdringung, die Konvergenz der zwei Naturen geschieht in der zweiten, der systolischen Phase. In Fig. 7 wurde gezeigt, wie diese beiden Phasen eng zusammengehören, ja fast wie gleichzeitig sich ereignen. Die Trennung des Geeinten ist notwendige Voraussetzung für die Einung des Getrennten. In Fig. 11 sind beide Phasen nebeneinander geordnet. Diastolische Phasen sind in der Figur von einer Lemniskate umschlossen, um das Verwandte in der räumlichen Getrenntheit zu zeigen. Systolische Phasen sind von einer Ellipse umschlossen, um die integrierte Einheit der zwei Naturen zu veranschaulichen. Von den beiden Pfeilen innerhalb der Ellipse (II. Phase) wiederholt der untere die aufsteigende Bewegung der I. Phase. Der obere Pfeil deutet die absteigende Bewegung an, die Inkarnation des Ich.

Soll aus der systolischen Einheit im Menschenreich eine neue diastolische Phase hervorgehen, dann muß sich eine Trennung ereignen, ein Aufstieg zu neuer, höherer Stufe und Gestalt des Menschlichen.

So steigt aus der Fülle menschlicher Personen die eine Sonder-Individualität auf, der Mensch aller Menschen, und es wiederholt sich das Verhältnis von Vielheit und Einheit, wie es uns aus der ersten Phase bekannt ist. War dort in der I. Phase das Verhältnis von Vielheit und Einheit noch auf dem Niveau der Art, so wird jetzt in der III. Phase das Niveau des Personalen erreicht. Was in der ersten Phase als innerer Kern der Art noch verborgen ist, das wird nun als die Person aller Personen, als Mensch aller Menschen offenbar. Aus der Vielheit der Personen ist durch lange Vorbereitung die eine Sonder-Individualität, der Mensch aller Menschen aufgestiegen. Der Pfeil macht den Aufstieg sichtbar. Zu dieser aufsteigenden Bewegung und diastolischen Tendenz gehört auch hier ein Abstieg von oben, eine systolische Vereinigung, die aber erst in der IV. Phase gezeigt wird.

Auf diese letzte diastolische Phase (III.) muß stilgesetzlich und den Rhythmus abschließend die neue und letzte systolische Phase folgen. Und stilgesetzlich ist es auch, daß sich die Zweiheit von Mensch und Übermensch (III. Phase) in der Einheit der zwei Naturen (IV. Phase) wiederfindet. In dem Jesus-Christus ist von zwei Seiten her die Spitze der Stufenpyramide und damit das Ende aller alten Wege erreicht.

Ein Vergleich der I. mit der III. Phase hat ergeben, daß die erste Phase die niedere Erscheinungsgestalt der III. ist, daß in der III. offenbar wurde, was in der I. noch verborgen ist. Aus der Struktur der Zusammenhänge sind wir aufgefordert, nun auch die beiden systolischen Phasen, die II. mit der IV. zu vergleichen, die Menschheit mit dem Jesus-Christus. Wenn auch hier das gleiche Prinzip gilt, daß die eine der beiden Phasen verbirgt, was die andere offenbart, dann müssen wir fragen, was denn in den zwei Naturen des Menschen noch verborgen sein kann, was noch fehlt, woran die untere wie die obere Natur noch keinen Anteil haben.

Die untere Natur ist der Typus (II. Phase), die Art aller Arten. Das innere und verborgene Wesen jeder Art ist die Person, und der innere Kern der Person ist immer das Ich. Was also dem Typus

Mensch (II. Phase) noch fehlt, ist sein Charakter als Person und damit auch als eine Ich-tragende Wesenheit. Zur Art aller Arten gehört somit ein Ich aller Iche. Das aber ist der Inhalt der Zwei-Natur des Jesus-Christus, ein Mensch aller Menschen als Träger des Ich aller Iche (IV. Phase). Aber wir müssen auch die obere der zwei Naturen des Menschen befragen, ob ihr noch etwas fehlt, ob sie etwas verbirgt, das erst in der letzten Phase offenbar wird. Geht man von den vielen Ichen der Menschheit aus, so muß nach ihrer Einheit gefragt werden.

So wie die vielen Arten in der Art aller Arten ihre urbildliche Einheit haben und ebenso die vielen Personen in der Person aller Personen urbildlich zusammengefaßt sind, so gehört auch zu der Vielfalt der Iche ein Prinzip, das sie eint, in dem sie urbildlich zusammengefaßt sind, gewissermaßen ein Typus all dieser Ich-Typen, nicht ihr bestimmendes Gesetz, sondern ihr individuelles höheres Freiheitswesen. Dies ist aber wieder das Ich aller Iche und dadurch identisch mit dem Christuswesen.

Dem einen Typus Mensch fehlt noch das eine Ich, und dem Ich der vielen fehlt noch der Typus, ihre höhere, urbildliche Einheit. Das Fehlende und Verborgene in beiden Naturen ist als der Jesus-Christus offenbar geworden. In ihm hat der Menschheitsstamm den Charakter einer Individualität angenommen und die Individualität den Charakter des Stammes, des Phylum. Das Universelle ist berufen, Person zu werden, und diese hat die Bestimmung, menschheitlich universell zu werden. In dem Jesus-Christus ist beides vorausgenommen und uns vorausgezeigt.

Die Biologie kennt das biogenetische Prinzip, wonach in der Ontogenese, in der Einzel-Entwicklung die Stationen der Stammesgeschichte kurz wiederholt werden. Ganze Weltalter der Evolution werden da in Tagen, Wochen und Jahren abgewandelt durchlaufen. So bewahrt und zeigt die Gegenwart vergangene Weltzustände. Zu diesem Prinzip gehört aber auch seine spiegelbildliche Umkehr, in der die Gegenwart andeutend ferne Zukünfte und Weltzustände vorwegnehmen kann. Manches aus der Geistesgeschichte der Menschheit, das wir als Verfrühung bezeichnen, kann solche Hinweise enthalten, und auch das Utopische kann ein Hereinwirken der Zukunft in die Gegenwart sein. Wenn nun wie in dem Jesus-Christus Stamm und Person eins geworden sind, dann ist diese Einzel-Geschichte, diese Individual-Biographie, diese Ontogenese zugleich auch die Stammesgeschichte der Menschheit. Seine Gegenwart enthält beides, die Vergangenheit und Zukunft des ganzen Stammes, der gesamten Menschheits- und Weltentwicklung. Sein Leben, Sterben und Auferstehen ist auch eine ontogenetische Vorwegnahme der gesamten phylogenetischen Zukunft der Menschheit. Er ist beides, Person wie wir, ein einzelner und eigener, zugleich aber auch der Stamm, das Phylum der vielen, der werdende Träger der menschlichen Personenfülle. In Ihm liegt die Zukunft der vielen. Wir sind heute noch eine niedere Erscheinungsform dessen, was als Zukunft in dem Einen verborgen lebt. Eines jeden Menschen höheres Eigenwesen ist in Ihm beschlossen, ohne darin unterzugehen. In Ihm vollzieht sich wachsende Individuation zusammen mit wachsender Gemeinsamkeit. In Ihm ist der göttliche Menschheitsgeist und der menschhafte Gottesgeist zum Träger der Menschheit geworden. Das phylogenetische Großereignis ist zugleich auch ein ontogenetisches Großereignis. Stamm und Person sind eins geworden, und beides ist dazu berufen, sich in unsere Ontogenese, in eines jeden Menschen eigene Stammesgeschichte einzuleben und einzuleiben. Und wir sind berufen, dieses Großereignis ontogenetisch in uns nachzuvollziehen.

Welten- und Zeitenmitte

Was uns in den vier Phasen des Rhythmus entgegentritt, ist ein Geschehen, das mit der Hominisation beginnt, mit dem Erscheinen des Menschen als Träger des Ich, mit dem Anfang der Geschichte, und das mitten in der Geschichte endet. Aber mit dem Erscheinen des Christus ist weder die Menschheitsgeschichte zu Ende noch die Geschichte der Natur. Zu Ende gekommen sind zwar die alten Wege;

doch ist dieses Ende nur von dem Jesus-Christus erst ontogenetisch und phylogenetisch vorausgenommen. Er ist das »Omega« aller alten Wege, ein Ende, das der Menschheit noch bevorsteht. Er ist aber auch das »Alpha« aller neuen Wege, nimmt also ontogenetisch und phylogenetisch, als Person und als Stamm, voraus, was für die Glieder dieses Stammes noch Zukunft ist. Wir dürfen daher die Figur 11 auch jenseits dieser Mitte weiterverfolgen und an dem Stilgesetz prüfen, was uns in spiegelbildlicher Umkehr der Verhältnisse dort erwartet und wie die künftigen Phasen zu interpretieren sind.
Gehen die Wege im Sinne des Rhythmus weiter, dann muß auf die letzte systolische Phase, auf das Ende aller Enden eine neue diastolische Phase folgen. Die Einheit, die einer neuen Trennung entgegengeht, ist der Jesus-Christus selber, die Einheit seiner zwei Naturen. Was also einst in der Geburt systolisch zusammenfloß, von unten her als der Jesusleib, von oben her als der Christusgeist, das erfährt nun im Tode eine Trennung.
Die beiden Phasen links und rechts der Mitte, die III. und die V. Phase (Fig. 11) sind die Geburt und der Tod des Jesus-Christus, sein Kommen und sein Gehen. Die mittlere, die IV. Phase ist das Leben dieses Menschen aller Menschen. Geburt und Tod verhalten sich zueinander wie Systole und Diastole, wie Einen des Getrennten und Trennen des Geeinten. Wenn aber die III. Phase auch die Geburt meint, worin besteht dann ihr diastolischer Charakter, den sie doch zeigen will? Das Diastolische ist die Heraussonderung des einen Menschen aus der Vielheit der übrigen. Das ist ein Trennungs-Vorgang, eine Vorbereitung für die Vereinigung des Christus mit dem Einen, dem Jesus. Die Geburt als ein systolisches Ereignis ist also eng mit dieser vorausgehenden Trennung und Aussonderung, mit diesem diastolischen Ereignis verbunden.
Wenn wir aber in dieser diastolischen Phase (III.) auch die damit verbundene Systole berücksichtigen und von der Geburt des Christus sprechen, dann müssen wir entsprechend das gleiche in der V. Phase tun. Auch diese Phase ist ein diastolisches Ereignis, eine Trennung, der Tod des Jesus-Christus. Wir dürfen unseren Blick

nicht nur auf das Trennen richten, auf den Tod, sondern müssen nach einer neuen Vereinigung fragen, die zu diesem Tod dazugehört, nach einem verborgenen systolischen Geschehen, nach einer neuen Verbindung des Christus mit der Menschheit. Die Geburt des Christus war nicht möglich ohne das vorausgehende diastolische Gegenüber des Einen zu den vielen. Und polar dazu ist der Tod des Christus die Voraussetzung für eine neue Vereinigung mit der Menschheit. Der vorchristlichen Menschheit entspricht spiegelbildlich die nachchristliche, der zweiten Phase die sechste. So wie nun der Christus aus der Verborgenheit dieser zweiten Phase heraus und herein ins Sichtbare der Geschichte getreten ist, so hat Er in der sechsten Phase sein Wirken in das verborgene Innere der Menschheit und des Menschen verlegt. Vorchristliche und nachchristliche Menschheit sind in ihrem Verhältnis zu dem Christus von polarer Verschiedenheit. Vorchristlich wirkte Er wie von oben und außen, nachchristlich wirkt Er von innen her an ihrer Zukunft. Zwischen beiden Phasen liegt die Zeit seines geschichtlichen Wirkens als Mensch unter Menschen. Hier ist der Menschheitsstamm, die Weltachse als personhaftes Wesen für jeden sichtbar und von nun an auch individuell für jeden erreichbar geworden.

Nun muß auf etwas sehr Wichtiges hingewiesen werden. Der Jesus-Christus ist Person und Reich zugleich, sein Kommen und Gehen, seine Geburt und sein Tod sind damit auch das Kommen und Gehen, Geburt und Tod eines ganzen Reiches. Die Menschheit ist Zeuge von beiden Ereignissen, vom Kommen und Gehen, von Geburt und Tod eines ganzen Reiches. Es war das letzte Reich, das kam, und es ist das erste, das wieder geht. Die Menschheit ist das vorletzte Reich, das kam. Dieses Reich kam früher und wird später gehen. Noch früher kam die Natur, und sie wird auch noch später wieder gehen und vergehen.

Diese spiegelbildliche Umkehr ist es nun, die uns auf das Verhältnis der ersten zur siebten Phase aufmerksam macht. In der I. Phase trat der Mensch aus den Evolutionsabläufen der Natur heraus, verließ das Naturgeschehen und trat in die Geschichte ein. Das Tierreich mit dem der Mensch lange gemeinsame Wege gegangen ist, wurde zurückgelassen. Zu dieser Trennung gehört die Vereinigung des Typus mit dem Ich, dem neuen Wesensglied. Wenn nun die siebte Phase auch wieder eine diastolische Trennung bringt, dann muß auch hier etwas aus der Menschheit ausgeschieden werden, das heute noch mit ihr vereint ist. Dieses Ende der Geschichte wird gestalthafte Züge, architektonische Strukturen haben wie der Anfang, auch dann, wenn die Ereignisse chaotisch und katastrophal sich abspielen sollten. Die heute noch vorhandene Einheit wird in eine Zweiheit getrennter Wege übergehen. Was heute noch unerkennbar und ungeschieden gemischt ist, wird einst so radikal in zwei auseinandergehende Wege geschieden, wie vor Beginn der Geschichte Tier und Mensch endgültig voneinander getrennt worden sind. Man sträubt sich, solches auszusprechen, weil darin allerschwerstes Schicksal eingeschlossen ist und niemand etwas über die eigenen Schicksalswege und die der anderen auszusagen wagt, aussagen kann und aussagen sollte. Es genügt deshalb, nur um diese Möglichkeit und um dieses Weltprinzip zu wissen. Und dieses Wissen fließt uns aus zwei Quellen zu. Einmal ist es das Weltgesetz, nach dem die Architektur selbst geformt ist und sich immer wieder formt, dem alle Reiche ihre Existenz verdanken. Wir sehen nun, wie sich dieses Weltprinzip auf höheren Stufen des Personalen und des Moralischen fortsetzt und weiterhin gültig bleibt. Aus der Architektur kann uns von ferne die Ahnung aufgehen, daß in dem Ausscheiden und Zurückbleiben auch ein Opfer enthalten ist, ohne welches kein Aufstieg möglich wird. Und die andere Quelle, aus der uns das Wissen um künftige Trennung und Scheidung zufließt, ist die Bibel selber und besonders die Apokalypse. Dort wird deutlich von der Scheidung und Trennung der Geister gesprochen. Man sollte es wissen, sollte aber nicht darüber grübeln.

Allein von hieraus gesehen, wird die Idee der wiederholten Erdenleben zur unerläßlichen Voraussetzung für den christlichen Zukunftsweg der Menschheit, für den menschheitlichen Zukunftsweg des Christen. Wenn der Christus nur auf einem langen Wege hat Mensch werden können, kann auch der Mensch nur auf einem langen Wege Christ werden. Das ist ja auch ein Grundgedanke in Rudolf Frielings Buch[1], daß der Menschwerdung des Christus eine Christwerdung des Menschen entspricht, diese aber unmöglich in einem kurzen Leben sich ereignen kann.

Diese künftige schicksalsschwere Trennung und Scheidung der Geister und ihrer Wege ist immer als das Jüngste Gericht bezeichnet worden. Auch dieses bleibt Glied in dem großen Weltprozeß von Systole und Diastole, wie einst auch der Sündenfall – von dem wir noch nicht gesprochen haben – als ein diastolisches Ereignis, als Trennung einer alten Einheit verstanden werden kann.

Der gesamte Geschichtsverlauf ist wie eine große Mitte zwischen einer noch größeren kosmischen Vergangenheit und einer ebenfalls größeren kosmischen Zukunft. In der Stufenfolge der sieben Phasen des Rhythmus von Diastole und Systole bildet die vierte Phase die Mitte dieser Mitte, die Mitte der Menschheit, die Mitte der Geschichte und die Mitte der Entwicklungsstufen unserer Erde.

[1] Rudolf Frieling, Christentum und Wiederverkörperung, Stuttgart 1974

XXVII
Kritische Besinnung

Für viele Christen ist es neu, fremd und oft auch wohl befremdend, die Probleme der Inkarnation des Christus aus den rhythmischen Abläufen und aus dem Gang der Evolution verstehen zu wollen. Man wird sich fragen, ob solche Abläufe und rhythmischen Strukturen nicht dem Wesen der göttlichen Freiheit widersprechen, der es nicht ziemt, in diesen welthaften Gebundenheiten zu erscheinen. Doch sollte man bedenken, daß dieser Gott in sein eigenes Werk eintritt, daß er sich selbst in seiner Schöpfung begegnet und daß auch die Gebundenheiten seines eigenen Weges und Schöpfungswerkes nur der Ausdruck seiner eigenen schaffenden Freiheit sind. Wo der Gott als Mensch erscheint, da muß auch die göttliche Freiheit in der Gestalt einer selbstgewollten und selbstgewirkten Gebundenheit möglich und denkbar sein. Ja, da wird dieser Rhythmus zum offenbaren Geheimnis des göttlichen Waltens und Wirkens; er gibt sich als ein unausforschbares göttliches Kunstwerk zu erkennen. Sollten wir nicht glücklich und dankbar sein, daß sich der unbefangenen Beobachtung und dem Denken mehr als nur etwas von dem tiefsten Weltgeheimnis zeigt! Einer Zeit, welcher der Geist im Weltenursprung und im Weltenziel abhanden gekommen ist, die den Sinn der Welt und ihrer Entwicklung verloren hat, wird es nicht leicht sein, in der Inkarnation Christi, in dem Erscheinen des Jesus-Christus das wiederzufinden, was während der letzten Jahrhunderte verlorenging, es sei denn, ein Weg würde dahin gebahnt, ein Weg, der auch aus den Möglichkeiten, die heute zur Verfügung stehen, mit gutem Willen und Gewissen gegangen werden kann. Die Mittel und Möglichkeiten unserer Zeit wollen dafür in Anspruch genommen werden. Der Evolutionsgedanke im Zusammenhang mit der Architektur der Welt und ihren rhythmischen Strukturen hat solche Mittel und Möglichkeiten, denen auch der skeptische und kritische Gegenwartsmensch sich nicht zu verschließen braucht.

Verschließen sollte sich aber auch nicht der fromme und religiös gestimmte Mensch. Denn es gibt Aussagen, die für die Frömmigkeit und für ein individuelles Verhältnis zu Christus entbehrlich und bedeutungslos sind. Wem solche Aussagen sogar hinderlich oder störend sind, der vergesse nicht, daß es uns in erster Linie um ein neues Verständnis geht, daß der neu erkannte Zusammenhang von Christologie und Evolution auch eine Sprache und Betrachtungsweise zuläßt und sogar fordert, die der frommen Beschauung fremd sein muß, vielleicht sogar abstoßend wirken kann. Doch ist das Ziel so groß und das Ergebnis so reich, daß auch an dem Ungewohnten und Fremden eine ganz neue Wärme erlebt werden kann. Gibt es eine bessere Möglichkeit, auch mit Menschen außerhalb des Religiösen, außerhalb des Christentums über eine Sache zu sprechen, die zum Schwierigsten und heute wieder heftigst Umstrittenen gehört, eine Möglichkeit, sich über die erste und wichtigste Frage zu verständigen, wer denn dieser Christus überhaupt ist? Die Entmythologisierung – nicht nur im engeren theologischen Sinn –, sondern die generelle Ent-Spiritualisierung aller Gebiete und Lebensbereiche ist so weit fortgeschritten und greift wie der herbstliche Blätterfall immer weiter um sich, daß ein Weg, wie wir ihn zu gehen versucht haben, eine große Bedeutung für ein neues Verstehen des wichtigsten Ereignisses der Menschheits- und Erdengeschichte gewinnen kann. Den herbstlichen Blätterfall kann und soll niemand aufhalten oder gar rückgängig machen wollen. Aber Knospen künftiger Blätter und Blüten könnten gefunden und gepflegt werden.

Wer die Abneigung des modernen Menschen und besonders die kritische Reserve und Abwehr des Wissenschaftlers kennt, wenn es sich um Fragen nach Sinn und Ziel der Welt handelt, der weiß, welche Fülle von Einwänden gegen die hier entwickelten Gedanken erhoben werden. Der heutige Mensch versteht die Welt und ihre Entwicklung bis hin zum Menschen entweder als ziellos-zufälliges Ergebnis eines sinnfreien Geschehens, oder er bestreitet grundsätzlich einen uns möglichen und legitimen Zugang zu solcher Sinn-Erkenntnis.

Doch hier wird zunächst nichts anderes versucht, als Zusammenhänge aufzuzeigen, die sonst unbeachtet bleiben, Unbeachtetes sichtbar zu machen, damit das Zusammenhanglose sich organisch zu einem Ganzen schließt.

Vieles, was nicht gesagt und nicht gesehen wurde, wird sich noch in das Vorhandene einfügen lassen oder aus ihm hervorsprießen können. Vieles aber wird und muß fehlen, da es auf den Wegen, die wir gegangen sind, nicht gefunden und nicht gesehen werden kann. Wem also dieses oder jenes fehlt, wer Wichtiges vermißt, der verwerfe darum nicht das Vorhandene. Denn was sich uns zeigte, ist groß genug, ein neues Vertrauen in die alten Quellen des Christentums zu wecken. Wenn der Rhythmus von Systole und Diastole uns auch nicht gesagt hat, warum dieser Eine den gewaltsamen Tod am Kreuze hat sterben müssen, so konnte er uns doch mehr als nur eine Ahnung geben, wer dieser Eine, der Gekreuzigte überhaupt ist und welche Bedeutung Ihm für die Entwicklung von Erde und Mensch zukommt. Denn gerade diese Gewißheit schwindet heute mehr und mehr dahin. Einer spirituell verstandenen und begründeten Evolutionslehre können wir Gewißheiten verdanken, die auszusprechen selbst Christen weithin schon den Mut und die Sicherheit verloren haben. Heute geht es ganz besonders darum, ein neues Verstehen anzubahnen, ein neues Ja zu den Mysterien des Christentums vorzubereiten, das sich frei halten kann von jedem Dogma, ein Ja, das auch im denkenden Nachvollzug und in denkender Weiterarbeit aus der Kraft und aus dem Geiste des modernen Bewußtseins ausgesprochen werden kann. Dieses Ja kann und will selbst noch kein Christentum sein, es gilt zunächst einem neuen Zugang zu seinem Verständnis mitten im Verfall der Traditionen.

Wer unsere Darstellungen und Bemühungen aber vom Grund her verwirft und zurückweist, der bedenke, daß er die Phänomene nicht verwerfen kann. Er muß sie stehenlassen, ihre eindringliche Sprache bleibt dann aber ungehört. Und der Dienst, den sie für ein neues, spirituelles Weltverständnis leisten könnten und leisten möchten, bleibt ungenutzt.

Der architektonischen Verjüngung nach oben hin entspricht ein wesenhaftes Jung-Werden nach innen, eine Erneuerung und Zukunft, die mitten in der alten Menschheit aufgebrochen ist. Konvergenz und Divergenz, Systole und Diastole durchziehen alles Weltenwerden. Das eine folgt auf das andere und wächst aus dem anderen. Nichts besteht für sich, alles ist nur im Zusammenhang auch mit seinem Gegenteil erst ganz und wirklich. Zur Einheit und Einmaligkeit gehört ihre Ergänzung als Vielheit, zum Aufstieg der Abstieg, zum Fortschritt die Hemmung. Und wem der Rhythmus von Systole und Diastole als ein zu einfaches Bild für den unendlich reichen Weltprozeß erscheinen will, der suche das Komplizierte und Differenzierte des Geschehens. Er wird es finden, ohne das Einfache aufgeben zu müssen. Und wer in dem sicheren Gang dieses Rhythmus von Trennen und Einen, in den kleinen und großen Pulsschlägen der Welt einen unkritischen Optimismus fürchtet, eine Zuversicht, die das Dunkle und Tragische der Welt nicht kennt, der wird auch diese Seite darin finden, wenn er danach sucht.

Denn auch der Sündenfall, von dem wir nicht gesprochen haben, ist ein Phänomen des Trennens und des Einens; auch hier waltet Systole und Diastole. Der Genuß vom Baume der Erkenntnis war eine Vereinigung des bisher noch Getrennten und brachte die Trennung des bisher noch Geeinten, brachte Gewinn und Verlust. Gewonnen wurde Bewußtheit und Freiheit, verlorenging die alte Einheit des Menschen mit der geistigen Welt. Der Weg zur Freiheit geht durch Sünde und Schuld, durch Sonderung und Irrung. Sündenfall und Austreibung aus dem Paradies stehen nicht jenseits der Evolutionsvorgänge, nicht jenseits der Prozesse und Gesetze, von denen wir die Welt durchzogen, beherrscht und getragen sehen. Wäre es nicht merkwürdig, ja widersinnig, wenn die Vorgänge, in denen wir die kosmisch-geistige Umkehr von Sündenfall und Austreibung erkennen, die Erlösung, Erneuerung und Wiederbringung, wenn diese Ereignisse nicht auch in dem Gesamtzusammenhang eines weltenwirkenden Rhythmus stünden?

Wer sich daran stößt, wie weltlich, welthaft und weltoffen das Christentum hier zu werden beginnt, wie sehr sein Verständnis sich dem Denken öffnet und im Denken Heimat findet, der sollte sich eigentlich darüber freuen, wie Christus-bezogen die Welt doch ist und wie Christus-offen auch unser Denken und Erkennen werden kann. Wen aber gerade dieses zunächst peinlich berührt, daß auch die Natur im Lichte des Christus zu leuchten beginnt, sollte der nicht schließlich befreit und beglückt bei dem Gedanken aufatmen, wie geistig, wie sinnträchtig, wie ziel-gerichtet auch der Naturverlauf im tiefsten Grunde doch ist, wie christlich sich der Kosmos, wie kosmisch sich der Christus zeigen will.

Daß es möglich war, in undogmatischer Weise, ganz unkonfessionell und unkonventionell von etwas zu sprechen, das bisher nur der Tradition und dem Glauben vorbehalten blieb, ist für sich schon ein Phänomen der Evolution. Das tiefste Menschheitsgeheimnis, das Zentrum der Geschichte und die Wurzel aller menschlichen und kosmischen Zukunft beginnen sich dem Denken zu öffnen, im Denken faßbar und verstehbar zu werden. Ist das nicht *auch* ein Zeichen dafür, daß Er bei uns bleibt durch alle Zeiten, auch durch die Phasen des intellektuellen und naturwissenschaftlichen Bewußtseins, daß Er uns auch da nicht verläßt und sich in einer Gestalt zu zeigen beginnt, in der auch diejenigen Ihn sehen können, die außerhalb des Christentums und seiner Traditionen stehen?

Die Übereinstimmung unserer Beschreibung mit alten und neuen Quellen des Christentums sollte uns wachrütteln, dem Überlieferten und dem Neuen doch ein ganz neues und ernstnehmendes Interesse und Verständnis entgegenzubringen, sollte uns kritisch machen unserer eigenen Kritik gegenüber, sollte uns Mut geben, dem Denken auch in diesen Bereichen ganz neu zu vertrauen. Zur gleichen Zeit, da die Glaubenskräfte der Menschheit schwinden, die Traditionen verblassen und wissenschaftlich ausgehöhlt dahinschmelzen, zur selben Zeit steigt aus den Tatsachen und aus dem Denken, ganz unabhängig von Tradition, von Dogma und Lehre die Wahrheit in neuer Gestalt wieder auf, unmittelbar aus übersinnlicher Forschung, aber auch mittelbar aus der Wirklichkeit der Evolution und ihrer letzten, im Denken zu fassenden Konsequenzen. Dieses Ereignis ist wie der Anbruch eines neuen Morgens mitten in der Abenddämmerung der Traditionen, ist wie ein helles Licht in der hereinbrechenden Nacht. Die höchsten Wahrheiten brauchen nicht mehr durch Dogmen angestrahlt zu werden wie die Kathedralen in der Nacht; denn die Türme beginnen selbst und von innen her zu leuchten und das umliegende Land zu erhellen.

Die Beschreibung einer sich vollendenden Weltarchitektur kann der intellektuellen Entwertung aller Überlieferungen entgegenwirken. Die Entmythologisierung ist ein Versuch, die Substanz des Christlichen dem modernen Bewußtsein neu zu erschließen. Dieses Bemühen ist nicht nur berechtigt, sondern auch zeitgefordert. Aber die Art, wie es geschieht, zerstört diese Substanz vollständig. Statt das moderne Bewußtsein für die Wahrheit des Mythos und für die Realität alter, aus anderen Bewußtseinszuständen und auf anderen Erkenntniswegen gewonnener Aussagen aufzuschließen, reduziert man die Fülle der Überlieferung, amputiert lebensnotwendige Organe aus dem geistigen Organismus, läßt das Tradierte so weit schrumpfen, bis der Intellekt endlich zufrieden ist. Dabei ändert sich aber nur der Inhalt – und das zu seinem Schaden –, nicht jedoch das Gefäß, das ihn tragen soll, nicht das Denken, nicht das Bewußtsein. Hohes und Höchstes soll heruntergeholt werden, und da es in dem ungewandelten Weltverständnis des modernen Menschen keinen Raum finden kann, wird ihm Gewalt angetan, wird es so lange beschnitten und gequält, bis es paßt, dabei aber verblutet und stirbt.

Bringt man dagegen von unten her eine Offenheit mit, bemüht man sich, den Weltprozeß in seiner Geöffnetheit und Empfangsbereitschaft nach oben hin zu verstehen und aufzuzeigen, die »heiligen

Lettern« der Wirklichkeit selbst zu lesen und zu entziffern, dann geschieht das, was wir erlebt haben: dann bilden wir von unten her an einer Schale, formen an einem Gefäß, das fähig ist, einen Inhalt, den es selbst nicht *erzeugen* kann, doch aus eigenen Kräften original und neu zu *bezeugen.* So nur geben wir ihm im modernen Bewußtsein eine neue Heimat. Was sich heute vor dem Denken rechtfertigen kann, was verstehbar wird, das hat Aussicht, auch andere als nur die Erkenntniskräfte zu erreichen, das wird auch das Fühlen, die Seele und den Willen neu ergreifen und beleben. Es hat aber auch Aussicht, andere als nur die religiösen Naturen zu erreichen, oder nur die Menschen, die in abendländisch-christlichen Traditionen und Konventionen groß geworden sind.

Was wäre der »Christus der Evolution«, wenn Er nicht selbst im Zeitgeschehen aktiv wirkte, in der Auflösung alter Formen und Traditionen genauso wie im Sprießen junger Triebe und Zweige. Spricht nicht alles dafür, daß Er es ist, der sich auf neue Weise wieder ankündigt? Will das geschichtliche Christentum zur Achse der Evolution gehören, dann muß es sich der Welt nicht nur als der alte, bewahrende Baum zeigen, der keine neuen Triebe mehr ansetzen kann und wachsen lassen will, sondern auch als dessen wachstumskräftiger und zukunftsfreudiger Wipfeltrieb. Das Christentum muß der Welt zeigen, daß es sich dem Werdenden tiefer verpflichtet fühlt als dem Gewordenen, der Zukunft mehr als der Vergangenheit.

Das Christentum wird sich mehr und mehr als ein Phänomen der Evolution enthüllen und wird damit aufhören, nur eine Religion zu sein wie bisher. Es wird zu einem allgemeinen Welt- und Menschenprinzip werden[1]. Damit hört aber auch die Evolution auf, nur eine Sache der Natur und der äußeren Wissenschaft zu sein. Sie wird sich als ein Phänomen enthüllen, an dem Natur und Übernatur gleichermaßen Anteil haben, alle geistige Wirklichkeit genauso wie alles Natürliche. Zum »Christus der Evolution« gehört dann er-

[1] Von Rudolf Steiner gibt es einen Vortrag vom 13. Mai 1908 mit dem Titel: »Das Christentum hat begonnen als Religion, aber es ist größer als alle Religionen«

gänzend auch eine »Evolution des Christus«, zum innersten Schaffenskern aller Entwicklung ein Christus, der – ungeachtet seiner Vollendung – noch unterwegs ist, mit Menschheit, Erde und Kosmos selbst noch in einem Werdeprozeß begriffen. Diese Wahrheiten wollen heute in das Licht des modernen Bewußtseins eintreten, wie umgekehrt das moderne Bewußtsein vom Licht dieser Wahrheiten erleuchtet werden will.

XXVIII
Evolution und Sündenfall

Was wir bisher über den Christus und über das Christentum haben sagen können, stammte nicht aus der Überlieferung, es ergab sich aus den Prinzipien der Weltarchitektur und ihrer Evolution. Es ist auf Wegen gewonnen, die nicht zu den gewohnten, vertrauten und traditionellen des Christentums gehören. Doch ohne das vorhandene Christentum hätten wir nicht sagen können, was wir da gefunden haben. Es war ein unerwartetes Wiedererkennen. Wir haben Schritt um Schritt etwas gefunden, wonach wir eigentlich gar nicht suchten, das sich aber doch als tief zum Wesen des Christentums gehörend enthüllte.

Ob auch das Umgekehrte möglich ist und zum Ziele führt, vom Christentum selbst auszugehen und nach den Prinzipien der Evolution zu fragen? Dabei müssen es natürlich solche Probleme des Christentums sein, die sich nicht auf den Wegen der Evolution gezeigt haben.

Zu dem Bild des Christus und des Christentums, wie es von Anfang an im Bewußtsein der Christen gelebt hat und immer noch lebt, gehören zwei Tatsachen, ohne die das Christentum seine Substanz verlieren würde. Das eine ist Christus als Erlöser und Erretter, und das andere ist Christus als Überwinder des Todes, Christus als der Auferstandene.

Die Erlösung und Errettung setzt eine Erlösungsbedürftigkeit voraus, eine Wesens-Gefährdung, eine Fesselung und Verstrickung in Schuld, Irrtum und Sünde. Mehr noch: eine Trübung, Verdunkelung und Minderung der ganzen menschlichen Natur, einen Verlust alter Größe und Höhe, alter Reinheit und Schuldlosigkeit, einen Fall, einen Sturz aus Höhen des Geistes in die Tiefen materieller und egoistischer Verdunkelung, aus dem es durch individuelle Mühe allein keine Rückkehr gibt. Dies alles ist mitenthalten in dem Mythos vom Paradies, vom Sündenfall und von der Austreibung aus einem paradiesischen Urzustand der Menschheit. Verbunden mit diesem Sturz ist auch die Macht des Todes, die damals für den Menschen erst in Erscheinung getreten ist. Und so gehört beides unlöslich zusammen, Christus als Erlöser und Erretter aus diesem Absturz und zugleich als Überwinder der Todesgewalt in seiner Auferstehung.

Und nun die ernste Frage: haben diese Tatsachen Platz in dem Evolutionsbild, wie wir es gezeichnet haben? Können sie überhaupt auf diesen Wegen gefunden und von diesen Gesichtspunkten aus gesehen werden? Wenn es so wäre, daß sie sich nicht zeigen können, müßte das noch keine Entwertung der gewonnenen Einsichten bedeuten. Diesen Erkenntnissen wäre kein guter Dienst erwiesen, würde man nicht deutlich und offen sagen, was noch fehlt und worüber man vielleicht keine Aussagen wird erwarten können. Aber haben wir denn wirklich gesucht und geprüft, ob das Fehlende nicht doch bei genauerem Hinschauen in den Evolutionsprinzipien mitenthalten ist und bis zu einem gewissen Grade sichtbar und verstehbar gemacht werden kann? Wir sind also gefragt, ob die Vorstellung vom Sturz der Menschheit noch in das Bild der Evolutionswege hineinpaßt. Gibt es Phänomene, die uns heute noch auf dieses mythische Ereignis in der Vergangenheit aufmerksam machen können? Und wir sind weiter gefragt, ob die Auferstehung, die Überwindung des Todes und Erneuerung des Leibes sich dem Evolutionsgedanken prinzipiell widersetzt oder sich vielleicht als die geheimnisvollste Erscheinungsform der Evolution kundgibt?

Ein besonders bekannt gewordener Versuch, Christentum und Evolution in ihrem inneren Zusammenhang zu zeigen, ist das Werk Teilhards de Chardin. Bei jedem solchen Versuch wird man die

Frage stellen, ob er Raum für diese Zentraltatsachen hat, für Sündenfall und Auferstehung (vgl. Johannes Hemleben, Teilhard de Chardin, S. 155–161)[1]. Auch unserer Darstellung gilt diese Frage, die wir nun zu beantworten versuchen.

Auf allen Stufen der Evolution haben wir es nie mit einem einseitigen Weg von unten nach oben zu tun gehabt, immer gab es auch den anderen Weg von oben herab. Die größte Gestalt dieser beiden Wege ist der Aufstieg der Lebewesen im Abstieg der Erde aus höheren Zuständen und höheren Bereichen in die niederen Stufen der langsam sterbenden Erde. Der Erdenweg selbst ist schon eine Art Ausscheiden aus paradiesischen, geistnäheren Zuständen. Als Ganzes war die Erde dem »Paradiese« näher, und der Weg zum Tode ist der große Verlust und die große Verarmung. Wir sind diesen Weg mitgegangen, haben die Verdichtung, Verdunkelung und Verhärtung des Leibes miterfahren, wissen aber auch, was in diesem Verlust gewonnen wurde, welche Grade der Bewußtheit, Wachheit und individueller Freiheit dabei gewonnen wurden. Auch der Mythos deutet auf beides, auf Verlust und Gewinn.

Aufstieg und Abstieg wiederholen sich als Konvergenz-Bewegung in jedem Reich und haben bei Pflanze, Tier und Mensch zu dem Ergebnis der zwei Naturen geführt. Der letzte Abstieg war die Inkarnation, die Verleiblichung der menschlichen Geistgestalt in den von unten aufsteigenden beseelten Leib. Über dieses stammesgeschichtliche Ereignis wurde im 14. Kapitel ausführlich gesprochen. In der Stammesgeschichte wird mit einer geistigen Prä-Existenz gerechnet, die bei jedem Menschen in seiner Entwicklung einen individuellen Nachklang hat. Jedem Erdenleben geht ein Leben in geistiger Wirklichkeit voraus, so daß jeder individuelle Entwicklungsweg zugleich ein Abstieg und Abschied aus der geistigen Welt ist. Die ganze Kindheit und Jugend ist eine immer tiefer sich ereignende Inkarnation. In den vielen Inkarnationen wiederholt und steigert sich die Verbindung des Menschen mit der Erde und ihrem Wesen. Es steigert sich dabei aber auch die Entfremdung von der geistigen Urheimat.

[1] rororo Bildmonographie Nr. 116, Hamburg 1966

Geht man von der Leibesgestalt des Menschen aus, so ist die harmonische Ausgewogenheit zwischen den Kräften, die nach oben streben, und den anderen, die nach unten weisen, ein besonderes Kennzeichen dieser Gestalt. Dieses Gleichgewicht zwischen oben und unten, Himmel und Erde, Geist und Natur gehört zur Urtatsache des Menschen, und jede Störung ist auch eine Gefährdung seines Wesens. Im physischen Leibe steht dieses Gleichgewicht vollendet vor uns, im Seelischen und Geistigen ist es eine ewige Aufgabe. Solche Aufgaben gibt es in der Natur nicht, und man kann verstehen, daß der Mensch auf seinem Evolutionswege immer bedroht, gefährdet und umkämpft ist, daß Versuchungen, Verführungen und Verirrungen, Hemmungen und Verfrühungen auftreten, um ihn von seinem Wege abzulenken. In dem Bilde der Schlange ist eine solche Versuchermacht dargestellt. Sie lockt nach oben: Ihr werdet sein wie Gott. Es gibt aber auch die andere Macht, die nach unten hin verführt, den Menschen zu einem reinen Naturwesen zu machen versucht. Mit dieser Macht haben wir es heute besonders zu tun.
Es kann nicht unsere Aufgabe sein, auf all die Fragen und Probleme einzugehen, die mit dem Mythos vom Sturz des Menschen gegeben sind. Darüber orientiert umfassend von vielen Seiten eine kleine Schrift aus der Herderbücherei.[1] Unter den zehn Beiträgen ist auch einer von Johannes Hemleben: »Das verlorene Paradies«. Für unsere Betrachtungen ist gerade diese Arbeit besonders wichtig, weil auch hier zum Verständnis des Mythos ein spirituell erweitertes biogenetisches Grundgesetz als Orientierung dient. »Diese Parallelsetzung von Menschheitsweg und individueller Inkarnation ist mehr als nur eine Analogie. Denn in beiden Fällen sind wir gezwungen, von einer geistigen Existenz auszugehen und die Richtung zu einer ›verdichteten‹ leiblichen Daseinsweise zu nehmen, d. h. einen Weg zu gehen, der gleichzeitig Verlust und Gewinn bringt, zur Rückschau auffordert und doch einem Fort-Schritt zugewandt ist« (S. 138). »So bedeutet jede Inkarnation Verlust der ursprünglichen

[1] Die Sache mit dem Apfel. Eine moderne Wissenschaft vom Sündenfall. Freiburg 1972

Heimat im Geiste und zugleich Gewinn einer leiblichen Existenz. Die schlafend-träumend durchlebte frühe Kindheit ist darum nicht nur der Übergang von der einen in die andere Daseinsweise, sondern zugleich ein unbewußter Erinnerungszustand an das ›verlorene Paradies‹« (S. 139).

Mit der genossenen Frucht vom »Baume der Erkenntnis« ist auch etwas vom Wesen der Verführungsmacht in den Menschen aufgenommen worden und wirkt dort als störendes und hemmendes Prinzip weiter.

Man kann natürlich fragen, wie denn der legitime Weg ausgesehen hätte, eine Verselbständigung, eine Individuation ohne die großen Gefahren und Wesens-Verminderungen, ohne Sturz und Fall. Die Tatsache, daß im Mythos der Schlange überhaupt der Zutritt zum Paradies möglich war, deutet doch darauf hin, daß sie zum Ablauf der Ereignisse wie notwendig dazugehört. Denn das durch sie erreichte Ziel – zu wissen, was Gut und Böse ist – wird ja von den Elohim nicht als falsch verworfen: Wahrlich, Adam ist geworden wie unsereiner und weiß, was Gut und Böse ist.

Die Natur steht jenseits von Gut und Böse. Was uns in ihr immer wieder mit Bewunderung erfüllt, ist die alles durchwaltende und tragende Weisheit. Diese Weisheit waltet auch in der architektonischen Ordnung, in die der Mensch als ein zur Freiheit und Moralität angelegtes Wesen miteinbezogen ist. Diese Weisheit muß auch das umschließen, was wir als störenden, hemmenden Einschlag und Einfluß, als wider-göttliches, feindliches Prinzip empfinden. Auch der Sterbe- und Todesprozeß der Erde, in den alle Wesen miteinbezogen sind, ist Glied dieser umfassenden Weisheit. Und es muß dieselbe umfassende Weisheit sein, aus der die Rückwege zum Leben und zur Befreiung und Erlösung möglich und tatsächlich werden. Solches auszusprechen, bedeutet keine Verharmlosung der tief tragischen Seiten der Welt.

Für Friedrich Schiller ist die Natur das Bild unserer Vergangenheit. Sie ist, was wir waren, sie ist die Darstellung unserer verlorenen Kindheit. Aber sie ist zugleich auch das Bild unserer Zukunft, in der das Verlorene aus Freiheit wieder gewonnen werden soll. Diese verlorene Kindheit des Menschengeschlechtes ist in jedem Menschen-Kind immer noch nachklingend zu spüren und zu ahnen. »Das Kind ist uns daher eine Vergegenwärtigung des Ideals, nicht zwar des erfüllten, aber des aufgegebenen, und es ist also keineswegs die Vorstellung seiner Bedürftigkeit und seiner Schranken, es ist ganz im Gegenteil die Vorstellung seiner reinen und freien Kraft, seiner Integrität, seiner Unendlichkeit, was uns rührt.«[1]

So war einst der Mensch ein voregoistisches Wesen, in dem sich die obere, die geistige Welt und die untere, die naturhafte Welt spiegelten. Nachahmend lebte er in beiden, für beide und durch sie. So kann die Pflanze als ein besonders anschauliches und zutreffendes Bild für einen paradiesischen Urzustand des Menschen gelten, Bild für eine verlorene Kindheit. Und zugleich ist sie Darstellung unserer höchsten Vollendung im Ideal. Was die Pflanze auf niederer Stufe ohne individuelle Freiheit und Wachheit ist, das soll der Mensch auf dem Niveau der Ichheit und Freiheit in der Zukunft verwirklichen. Das meint Schiller mit dem Distichon:

»Suchst du das Höchste, das Größte, die Pflanze kann es dich lehren:
was sie willenlos ist, sei du es wollend, das ist's.«

Selbstloses Sein gehört zum Wesen der Pflanze. Leidenschaftslos ist sie den Kräften des Himmels und der Erde hingegeben, verbindet und verwandelt, was sie aus beiden polaren Welten empfängt. Um aber in Freiheit wollend das zu sein, was die Pflanze unbewußt und willenlos gebunden ist, dazu bedarf es der Lösungen aus alten Bindungen, einer Vorbereitung und Reifung. Wer eine Pflanze aus dem Boden reißt, um ihr Freiheit zu bringen, der schafft nur Verderben. Und wer den Menschen aus geistigen und seelischen Verwurzelungen unvorbereitet, unzubereitet und unreif herauslöst oder heraus verführt, der stiftet Schaden. In dem Bericht vom Sündenfall ist eine Verführung und Verfrühung geschehen, die sich verderbend und folgenschwer in der Menschheit fortpflanzte. Der Gewinn ist nun für

[1] Über naive und sentimentalische Dichtung

alle Zeit mit dem Verlust verbunden. Die positive und negative Seite dieses mythischen Urereignisses sind beide von Schiller gewürdigt worden:
»Dieser Abfall des Menschen vom Instinkt, der das moralische Übel zwar in die Schöpfung brachte, aber nur, um das moralisch Gute darin möglich zu machen, ist ohne Widerspruch die glücklichste und größte Begebenheit in der Menschengeschichte. Von diesem Augenblick her schreibt sich seine Freiheit, hier wurde zu seiner Moralität der erste, entfernte Grundstein gelegt.«[1]
Die Versuchung war ein Ereignis in der Stammesgeschichte des Menschen, des alten Adam. Nun gibt es aber auch den neuen Adam, und es kann daher nicht abwegig sein, in bezug auf die Versuchung die Parallele in seiner Biographie zu erwähnen, die Versuchung des Jesus-Christus am Beginn seiner Wirksamkeit. Wäre der neue Adam dem Versucher und der Versuchung erlegen, es hätte unabsehbare Folgen für die ganze Menschheit und für den weiteren Verlauf der Evolution gehabt, so wie die Versuchung des alten Adam so folgenschwer geworden ist.
Der Sturz des Menschen, der Mythos vom Sündenfall hat also im Evolutionsbild durchaus seinen Platz, man muß ihn nicht gewaltsam und unorganisch einführen, um den Zusammenhang mit dem naturwissenschaftlichen Weltbild zu erreichen. Er widerspricht nicht nur der Logik der Evolution, sondern ist sogar eine besondere Form der Emanzipation und Individuation. Was damals geschah und durch die ganze Geschichte weiterwirkt, bedarf im Evolutionsgang einer Gegenbewegung, um überwunden und geheilt zu werden. Zum stammesgeschichtlichen Fall des alten Adam gehört die stammesgeschichtliche Erhebung und Erlösung durch den neuen Adam. Das ist die Tat des Jesus-Christus.

[1] Etwas über die erste Menschengesellschaft nach dem Leitfaden der »mosaischen Urkunde«

XXIX
Evolution und Auferstehung

Das zentralste, aber auch das schwierigste, rätselhafteste und für viele das anstößigste Problem des Christentums ist die Auferstehung, sind die Osterberichte der Evangelien. Denn Auferstehung ist mehr als nur ein Weiterleben über den Tod hinaus oder eine Erscheinung Verstorbener, ist auch etwas anderes als eine Wiederbelebung des alten, in den Tod gegangenen Leibes. Auferstehung meint die vollständige Erneuerung des physischen Leibes auf geistiger Stufe, meint das urbildlich Geistige des physischen Leibes, das dem Verfall nicht unterworfen ist. Damit wird dem modernen, von der Naturwissenschaft und auch vom Materialismus geprägten Bewußtsein schier Unmögliches zugemutet. Die Auferstehung widersetzt sich am härtesten unserer alltäglichen Erfahrung. Wenn man sie nicht aus einer tiefen Gläubigkeit und innersten Zustimmung heraus fraglos hinnimmt und anerkennt, dann wird man diese Osterberichte entweder auf sich beruhen lassen oder aber denen dankbar sein, die sie als Legende, als mythischen Rest deuten und umdeuten und die glauben, dem modernen Menschen damit entgegengekommen zu sein, ohne dem Christentum einen Schaden zugefügt zu haben, die sogar glauben, damit dem Christentum einen zeitgeforderten Dienst zu erweisen.

Und doch gehört die überlieferte und erlebte Gestalt der österlichen Auferstehung so unabdingbar zum Urwesen des Christentums, daß Paulus sagen konnte:

»Ist aber Christus nicht auferstanden, so ist unsere Predigt vergeblich, so ist euer Glaube vergeblich . . . so ist euer Glaube eitel . . .«

(1. Korinther 15,14 u. 17)

Da sich in dem Jesus-Christus die Achse der Menschheitsentwicklung fortsetzt, muß alles, was zunächst nur Ereignis im Christusleben ist, seine Bedeutung und Auswirkungen auch für die Menschheit haben, muß in engstem Zusammenhang mit unserer Zukunft stehen, auch die Auferstehung. Ist Christus der Mensch aller Menschen, sein Ich das Ich aller Iche, dann haben wir auch jetzt schon Anteil an ihm. Aber er ist auch der Leib aller Leiber, so daß wir auch mit diesem untersten Wesensglied Anteil an ihm haben, Anteil an dem Urbild aller menschlichen Leiblichkeit und Leibesnatur.

Darum muß uns die Frage ganz besonders beschäftigen und bewegen, ob dieses zentrale Mysterium in irgendeiner Form auch in dem uns vertrauten Evolutionsprinzip mit veranlagt ist und ob es von dorther bis zu einem gewissen Grade auch verstehbar werden kann. Sollte sich das bestätigen, dann wird es nicht leicht sein, sich der Anerkennung dieser Realität zu entziehen, jedenfalls nicht so leicht, wie es durch eine wie auch immer geartete Entmythologisierung möglich ist. Dabei geht es auch hier nicht um Beweise, sondern um Hinweise, die in der Konsequenz des Ganzen liegen, die aber ein neues Aufhorchen und Ernstnehmen anregen können, die mithelfen wollen, Mut zu fassen, nicht vor der rationalistischen Entwertung und Entwirklichung zu kapitulieren und sich ihr zu unterwerfen.

Der Tod als Ende der alten Wege

Verfolgen wir die Evolution nur bis zum Menschen, dann bildet er die Spitze einer Pyramide, das Ende eines langen Weges. Alles Werden ist in ihn gegangen und nimmt dort als Geschichte eine neue Stufe und Gestalt an. Die Vielheit der tierischen Arten ist in ihm zu der Einheit und Einzigartigkeit der einen Art zusammengeschmolzen.

Beziehen wir aber den Jesus-Christus mit in die Evolution ein, dann bildet er die Spitze der Pyramide. Aus der Vielheit der Personen ist die eine Sonder-Individualität heraus- und heraufgewachsen. In ihm ist nun das absolute Ende erreicht, und in ihm und mit ihm geht der Werdeprozeß weiter, individuell und universell, ontogenetisch und phylogenetisch.

Mit der Menschheit hat das Ende der Evolutionspyramide die Gestalt einer einzigen Art. In dem Jesus-Christus nimmt die Spitze der Architektur die Gestalt einer einzigen Individualität an, wird konkreter, wird individuell und sichtbar. Aber auch das ist noch nicht das letzte Ende im Sichtbaren, im sinnlich Konkreten. Das letzte und unwiderruflich letzte Ende ist der Tod, ist der Gekreuzigte, der Leichnam Christi. Dieser Tod ist mehr als nur ein Naturereignis, er ist tief geschichtlich begründet, kommt aus der Sphäre der Menschen, und die Motive liegen in der getrübten, durch den Sündenfall verdunkelten Natur des Menschen.

Das allerletzte ist das leere Grab. Was danach kommt, gehört schon zur anderen Seite, zum neuen Äon, zur Metahistorie, zum neuen Leib, zum Ostertag. Mit den drei Schicksalstagen Karfreitag, Karsamstag und Ostern ist auch auf die drei Zustände des Christusleibes hingedeutet, auf den lebenden Leib, auf den sterbenden und gestorbenen Leib und auf den erneuerten Leib der Auferstehung. Die geheimnistiefe Mitte dieser Dreiheit ist der Tod, ist der Leichnam. Und diese Mitte ist umschlossen von dem alten und dem erneuerten, auferstandenen Leib.

In dieser Dreiheit verhalten sich die erste und die dritte Stufe zueinander wie das Untere zum Höheren, das Naturhafte zum Geistigen, das Irdische zum Himmlischen, wie das Alte und Vergehende zum Neuen und Unvergänglichen. Die Mitte dieser Dreiheit ist der Tod, der tote Leib. Diese Mitte muß Übergang, Durchgang und Vermittlung sein, hier ist das Omega, das Ende aller alten Wege und der Anfang, das Alpha der neuen. In dieser Mitte ereignet sich die spiegelbildliche Umkehr aller Entwicklungswege.

Was für den Leib so schwer zu begreifen ist, daß es eine untere und eine höhere Seite desselben Wesensgliedes gibt, das hat in anderen Bereichen Vorbilder, ist dort ein Phänomen, dem wir schon begegnet sind. Darum soll noch einmal daran erinnert werden, um das Vertrauen in dieses Evolutionsprinzip zu festigen. Denn hier liegt eine Möglichkeit, dem Verständnis des großen Rätsels näherzukommen.

Zwei Erscheinungsformen derselben Sache

In dem Verhältnis der Tierarten zu den menschlichen Personen haben wir ein Beispiel dafür, wie eine niedere Stufe auf die höhere Stufe derselben Sache hinweist. Denn Personen sind das Höhere der Arten, und diese wieder eine niedere Gestalt des Personhaften. Zwischen dieser niederen Vielheit der Arten und der höheren Vielheit der Personen steht als verbindende Mitte die eine Menschenart. Sie hat Beziehungen zu beiden Polen, sie ist mehr als die Arten der Tiere und weniger als die Personen. Tierarten und menschliche Personen verhalten sich also zueinander wie das Niedere und das Höhere derselben Sache, doch mit dem großen Unterschied, daß weder die Menschen aufgestiegene Tierarten sind, noch die Tierarten berufen sind, in Erdzusammenhängen Menschen zu werden. Die Polarität und Dreiheit erstreckt sich über zwei Reiche, spannt den Bogen vom Tier zum Menschen.

Dieser Bogen kann aber weiter und auch enger sein. Ist er weiter, so umfaßt er drei Reiche, ist er enger, dann liegt die Polarität im Rahmen nur eines Reiches, oder gar nur eines Wesensgliedes. Eine Polarität, die sich über drei Reiche erstreckt, ist die von Pflanze und Mensch. Das Tier bildet in dieser Polarität die verbindende Mitte.

Eine Polarität ganz im Rahmen eines Reiches mit einer verbindenden Mitte, also ein dreieinheitliche, trichotomische Struktur kann für den Menschen gezeigt werden. Als verbindende Mitte liegt das Ich zwischen einer niederen und einer höheren, noch verborgenen Geistesstufe, das Ich als Mitte zwischen Leib und Geist.

Wir blicken zurück auf den Leib des Jesus-Christus, auf die drei

Gestalten, in denen er sich gezeigt hat, auf den lebenden Leib, auf den Leichnam und auf den Auferstehungsleib. Jetzt ist es nicht mehr so unwahrscheinlich, daß auch für ein Wesensglied das gleiche gelten kann, was im Rahmen eines Reiches oder mehrerer Reiche nachweisbar ist. Auch für den Leib dürfen wir mit einer niederen und einer höheren Erscheinungs-Gestalt rechnen, mit einer physisch materiellen und einer physisch immateriellen Stufe. Der Leib ist als physische Realität auch von geistiger Natur, und als Geist-Gewebe zugleich auch physisch real. Nimmt man die Auferstehung des Christus ernst, dann gibt es auch hier zwischen der irdischen und der überirdischen Gestalt des Leibes eine Mitte, einen Übergang. Das ist der Tod, der Leichnam des Gekreuzigten.

Hier begegnet uns der Tod als das große Rätsel, in dem und hinter dem das All gefunden werden kann, als das Nicht-mehr und Noch-nicht, als Übergang zwischen dem alten und dem neuen Leben, zwischen der irdischen und überirdischen Leiblichkeit. Dieser Leichnam ist das Ende der alten und der samenhafte Anfang der neuen Leiblichkeit.

In Christus als dem Ende und der Wende liegt als innerster Kern, als die letzte Gestalt dieses Endes und dieser Wende der Tod, der Leichnam des Gekreuzigten. Er kam in eine Welt, deren unterste und letzte Stufe der Tod ist. So muß er auch bis zu dieser Stufe mit heruntersteigen, muß durch dieses Tor hindurch, muß dieses Ende miterleben, um die Wende zu verwirklichen, dem Tode die Macht zu nehmen.

Will man sich dem Rätsel der Auferstehung nähern, so gilt es, sich an die Wahrheit dieser zwei Seiten des physischen Leibes heranzutasten, an denen auch eines jeden Menschen Leib Anteil haben muß. Die untere Stufe ist zweifellos mit dem Stoff verbunden, mit der Materie des Leibes, mit den Stoffen, die kommen und gehen und im Stoffwechsel niemals der Garant für das Bleibende, für das Selbst-Identische der Leibesgestalt sein können. Diese Stoffe machen eine Form sichtbar, sind aus sich selbst heraus noch nicht das formbestimmende Dauerwesen der physischen Leibesgestalt. In dieser Polarität von Stoffwechsel und Formdauer haben wir eine erste Andeutung für die zwei Seiten des physischen Leibes, sichtbar und wechselnd die eine, unsichtbar und dauernd die andere.

Nachdem durch Weltalter hin der physische Leib als das älteste Wesensglied zu seiner hohen Vollendung herangebildet worden ist und dieser Leib in innigstem Zusammenhang mit der Entwicklung der Individualität und der Individuation steht, wird es eine ernste Frage, ob die Evolution ohne dieses Wesensglied im vollmenschlichen Sinne weitergehen kann. Den Leib über diese Grenze aller Grenzen, über den Tod hinauszuführen, zu erhalten, zu erneuern, das kann man als eine ernste Frage der Evolution empfinden. Wer aber kann dem Tode und dem Zerfall diese Grenze setzen, und wie soll so etwas geschehen?

In Fig. 12 wird gezeigt, wie sich das Prinzip der zwei Stufen einer Sache dreimal wiederholt und uns zu dem Christus als der Welten- und Zeitenmitte hinführt. Wir gehen aus von der Polarität Tier – Mensch, von der Vielheit der Arten, die auf die Vielheit der Personen hinweist (I. Pfeil). Die Mitte dieser Polarität ist die eine Menschenart, die nun zum Ausgangspunkt einer neuen Dreiheit wird. Diese eine Art weist auf die eine Sonder-Individualität als die höhere Gestalt des Typus Mensch, auf den Jesus-Christus (II. Pfeil). Die Mitte dieser Polarität sind nun die vielen Individualitäten, sind wir alle. Wir haben Anteil an dem unteren und an dem oberen Pol. Die untere unserer beiden Naturen hat besondere Verwandtschaft zum alten Adam, und die obere der beiden Naturen, das Ich, steht in besonderer Beziehung zu dem Ich aller Iche, zu dem neuen Adam. Und nun bietet sich noch einmal die Möglichkeit, eine neue Dreiheit zu finden, deren unteres Glied auf seine eigene höhere und zukünftige Gestalt hinweist. Dieses untere Glied sind wir alle, die vielen Menschen. Und wir sind es auch, die als die höhere Zukunftsgestalt gemeint sind (III. Pfeil). Zwischen der alten und neuen Menschheit steht als Mitte dieser dreieinheitlichen Gesamt-Figur der Jesus-Christus. Er hat teil an beiden, an der alten und an der neuen Menschheit, er ist der Mittler, der Verwandler der einen in die andere Stufe, der Vergangenheit in die Zukunft, des »ersterbenden Erdendaseins« in seine »Wiederbelebung«. Er hat teil an dem Tode und an seiner Überwindung, er lieferte sich ihm ganz aus, um ihm seine Macht zu nehmen.

Vergleicht man diese letzte Dreiheit, in der Christus als die Mitte zwischen der alten und der neuen Menschheit erscheint, mit der Trichotomie des Menschen, so zeigt sich die tiefe Verwandtschaft. Beide verhalten sich zueinander wie die Makro- zur Mikrogestalt derselben Sache, wie das menschlich Universelle zum menschlich Individuellen. Dem Christus als Mitte und Mittler zwischen der alten und neuen Menschheit entspricht das individuelle Menschen-Ich zwischen dem unteren und dem höheren Menschen-Wesen, zwischen Leib und Geist. Der Christus ist das Ich der Menschheit, und das Ich eines jeden Menschen ist die Christus-Verwandtschaft in uns.

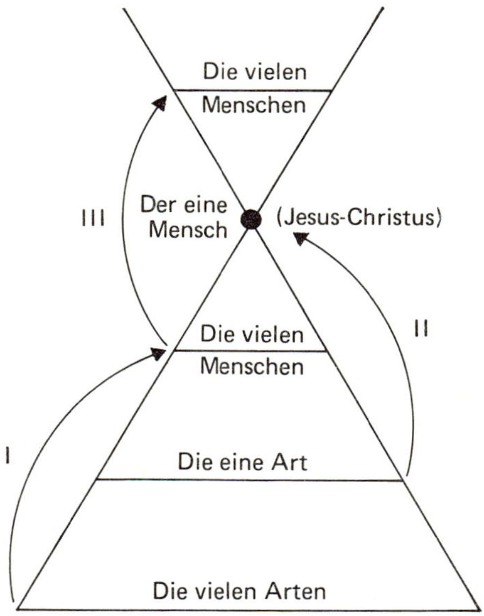

Fig. 12

XXX

Geburt, Tod und Wiederkehr im Leben der Natur, des Menschen und des Jesus-Christus

Das Leben der Natur und des Menschen

Um tiefer noch in das Geheimnis der Auferstehung blicken zu können, stellen wir den Tod in die Mitte einer größeren Polarität, deren einer Pol die Geburt, deren anderer Pol die Wiederkehr ist. Überall, wo Leben ist, gibt es Geburt, Tod und Wiederkehr, gibt es Kommen, Gehen und Wieder-Erscheinen. Tiere und Menschen werden geboren, sterben, und immer sind wieder neue da. Doch was da wiederkehrt, sind nicht die Individuen, die starben, es sind neue und andere Exemplare des jeweiligen Typus, auch des Typus Mensch. In allen aber, die kamen, starben und neu erscheinen, lebt der eine Typus, die eine Art-Idee als ein durchgehendes sich selbst identisches Prinzip der Dauer.

Im Menschen nimmt diese Dreiheit noch eine neue, eine individuelle Gestalt an. Da jeder in seinem Ich der Typus seiner selbst ist, der durch die wiederholten Erdenleben geht, ist in jeder Geburt, in jedem Kommen zugleich auch eine Wiederkehr, eine Wiedergeburt mitenthalten. Nicht nur der Art-Typus ist es, der wiederkehrt, sondern auch der Typus seiner selbst, die Species sui generis, das Ich, der Kern der Person. Als Ich ist der Mensch sein eigener Vorfahre und sein eigener Nachkomme, weist rückwärts über die Geburt hinaus in frühere Inkarnationen und weist vorwärts über den Tod hinaus in künftige Wiederverkörperungen. Geburt und Tod sind für das Ich nicht Anfang und Ende der individuellen Existenz, wie sie das für das biologische Erbexemplar sind. Der Mensch hat nicht nur eine Prä- und Postexistenz wie jeder Art-Typus auch, sondern er lebt

individuell in jeder seiner Existenzen, in jeder der vielen Inkarnationen. Bei ihm gibt es im Kommen, Gehen und Wiederkehren eine Identität des Personalen, der Individualität, nicht nur die des Art-Typus. Doch nimmt an diesem Dauerwesen nur das Ich teil, das höchste der vier Wesensglieder. Das biologische Erbexemplar ist jedesmal neu, ist ein anderes und fremdes, das entsteht und vergeht. Hier waltet keine Identität im Leiblichen. Immer sind es andere und aus dem Art-Typus neu aufgebaute Art-Exemplare, in die sich das selbst-identische Ich jeweils inkarniert, in denen es seine Wiederkehr erfährt. Nur im Ich ist der Mensch ganz Person, ganz Individualität. Die niederen Wesensglieder bis herunter in den physischen Leib tragen weithin noch den Charakter der Gattung, des Un- und Vorindividuellen. Diese Leibesgestalt geht im Tode immer wieder der Auflösung entgegen. Das Ich nimmt an dieser Auflösung nicht teil. Es erlebt und erfährt zwar das Sterben, die Trennung der beiden Naturen, wird selbst aber nicht durch den Tod aufgelöst.
Mit dem Schritt vom Tier zum Menschen, von unten nach oben ist eine polar umgekehrte Bewegung von oben nach unten verbunden, vom Allgemeinen in das Besondere, vom Universellen in das Individuelle. Das Prinzip der Dauer, des Unvergänglichen ist auf dem Wege individuell zu werden, dem Wechsel von Kommen, Gehen und Wiederkehr das Siegel der Identität zu verleihen. Im Tier ist der anonyme Typus, die Art-Idee das Bleibende im Wechsel von Kommen, Gehen und Wiederkehr. Beim Menschen steigt dieses Bleibende, sich selbst Identische eine Stufe herab, geht als Wesensglied in das Individuum hinein, kommt, geht und kehrt wieder, wird geboren, stirbt und ist in einer künftigen Inkarnation wieder da. Wechselnd und vergänglich ist aber noch alles, was an Wesensgliedern unter dem Ich liegt. Am sichtbarsten und schmerzlichsten trägt der physische Leib, der so hoch entwickelt ist und dem wir so vieles im Erdenleben verdanken, die Züge dieser Vergänglichkeit.

Da der Weg von unten nach oben im Menschen noch nicht zu Ende ist, da sich an den Menschen noch das Reich des Jesus-Christus anschließt, müssen wir fragen, ob polar dazu diesem Aufstieg auch ein Abstieg entspricht, ob das geistige Dauerwesen noch tiefer in das Individuelle einzieht, tiefer noch als in der Ich-Stufe des Menschen, ob es auch die untere der beiden Naturen ergreift und der bisher noch vergänglichen Hüllennatur des Leibes das Siegel der Dauer und Unvergänglichkeit einprägt. Der Christus ist das Ich aller Iche in einem Leib aller Leiber, in ihm sind Reich und Individualität eins geworden. So ist nun auch zu erwarten, daß die untere der beiden Naturen, das leibliche Hüllenwesen, mit in die Sphäre der Dauer einbezogen und aufgenommen wird, herausgehoben aus der Zone des Verfalls, der Vergänglichkeit und des Todes. Das Ich aller Iche prägt der Vergänglichkeit des Leibes sein unvergängliches Wesen ein, rettet und erlöst die Geistnatur des Leibes aus dem ewigen Verfall.
In dem Jesus-Christus sind Reich und Individualität eins geworden, beide Naturen der Individualität haben den Charakter des Reichshaften, des urbildlich Einmaligen. Es ist damit zu rechnen, daß hier auch die Dreiheit von Geburt, Tod und Wiederkehr eine ganz neue Stufe erreicht, eine ganz neue Gestalt annehmen muß. Seine Zwei-Natur ist Urbild unseres Zwei-Naturenwesens. Geburt ist bei uns und bei ihm die systolische Vereinigung dieser beiden Naturen. Bei dem Jesus-Christus ist es aber das Ich aller Iche, das sich mit dem Leib aller Leiber vereint, ein Geschehen von reichshafter Urbildlichkeit im Rahmen einer einzigen Individualität. Als Mensch aller Menschen ist auch sein Kommen eine Geburt aller Geburten, sein Sterben ein Tod aller Tode und seine Wiederkehr das urbildlich Eine aller menschlichen Wiederkehr.
Christus kommt aus einer Prä-Existenz und ist in eine Post-Existenz zurückgekehrt. In der Präexistenz wirkte er von oben und außen am Werden der Menschheit. In der Postexistenz ist sein Wirken in das Innere der Menschheit und der Menschen, ja der ganzen Erde

verlegt. Zwischen beiden Seinsweisen hat sich seine geschichtliche Existenz ereignet, die urbildlich eine und unwiederholbare Inkarnation als Mensch unter Menschen. Hier ist die innerste Achse des Menschenstammes und seiner Evolution ins Sichtbare getreten. Und was im Stamm geschieht, ist berufen, in die Zweige, d. h. in die Menschen auszustrahlen. Da dieser Stamm auch Individualität ist, kann jeder seine individuelle Entwicklung an diese Menschheits-Individualität anschließen, in sie eintauchen und von ihr angezogen und aufgenommen werden.

Die Geburt aller Geburten

Des Christus Geburt ist von urbildlicher Einmaligkeit, geschah zu keiner Zeit vorher und wird sich zu keiner Zeit nachher wiederholen. Wenn ein Mensch sich verkörpert, wenn die zwei Naturen systolisch zusammenwachsen, dann verbindet sich das Ich mit einem Gattungs-Exemplar, und das geschieht durch die Reihe der Inkarnationen wieder und wieder. Das Gattungsexemplar ist immer neu, ist immer ein anderes und fremdes, ist eines unter tausend mal tausend. Bei der Geburt des Christus in dem Jesus, bei der Konvergenz dieser zwei Naturen zog das Ich aller Iche, das göttliche Menschheits-Ich in eine Leibeshülle, die durch Weltalter hindurch sinnvoll vorbereitet und auserwählt war, ganz auf dieses eine Ich hin zubereitet. Das war nicht einer unter Tausend, sondern die eine und allein mögliche Urform, die Urgestalt aller menschlichen Leiblichkeit, der Mensch aller Menschen. Es verband sich also das Ich aller Iche ganz mit seiner eigenen, nur für es zubereiteten, durch nichts Fremdes getrübten Menschenhülle, mit dem Leib aller Leiber. Der Mensch von unten ist nicht irgendeiner, sondern der gezielt heran und heraus gebildete Extrakt der Menschheit, der Repräsentant des Typus in Gestalt einer Sonder-Individualität. Erst wenn man sich den Reich-, den Stammescharakter in beiden Naturen, das Ich aller Iche und den Leib aller Leiber ganz zum Bewußtsein bringt, kann man ahnend ermessen, was mit dieser Geburt aller Geburten gemeint ist.

Sie ist ein stammesgeschichtliches Ereignis von einzigartigem Rang in dem engen Rahmen eines personhaft individuellen Schicksals. Der Christus holt nach, was wir Menschen ihm voraushaben, er erfährt, erlebt und erleidet eine irdische Menschen-Inkarnation. Aber damit nimmt er stammesgeschichtlich etwas voraus, was für die Menschen in Zukunft nachvollzogen werden kann, die Christ-Geburt im Menschenwesen selbst, nicht nur in dem einen als Repräsentanten des Typus, sondern auch in den vielen.

Der Tod aller Tode

Ist der Jesus Christus der Mensch aller Menschen, der Urmensch, dann ist nicht nur sein Kommen die Geburt aller Geburten, sondern auch sein Sterben ist der Tod aller Tode. Da er als Individualität ein ganzes neues Reich ist, erlebte die Menschheit in seinem Kommen auch eine Reich-Entstehung. Die letzte Reich-Entstehung geschah mit der Hominisation, mit der Ich-Werdung des Menschen in Ur-Vergangenheit. Noch weiter zurück liegt die Entstehung der Reiche der Natur. Alle diese Reiche kamen, aber noch keines ist gegangen. Zuletzt kam der Christus als Bringer eines neuen Reiches, und er ist das erste Reich, das wieder geht. Damit leitet er einen Prozeß ein, der sich ausweiten wird, dem zuerst das Menschenreich folgen wird und später die Natur. Mit dem Tode des Jesus-Christus verläßt nicht nur eine Individualität den Schauplatz der Geschichte und der Erde, sondern ein ganzes Reich zieht sich aus der Sinnen-Welt zurück.
Alle Menschen als Individualitäten sterben, doch der Typus Mensch bleibt, ist gekommen und ist immer noch da, ist immer noch eine Wirklichkeit der Erde. In jeder Geburt wiederholt der Mensch ontogenetisch, was phylogenetisch in Urzeiten als Großereignis geschah. Unser Sterben dagegen ist keine ontogenetische Wiederholung, wir nehmen im Gegenteil etwas voraus, was der Typus Mensch noch vor sich hat. Auch er findet einmal sein Ende, wird gehen, wie er gekommen ist. Sein Kommen war der Beginn der Geschichte, sein Gehen wird ihr Ende sein. Unser Sterben, unser individueller Weg aus der

Geschichte und aus der Erde heraus ist keine ontogenetische Wiederholung, sondern eine ontogenetische Vorwegnahme einer phylogenetischen Zukunft.

In dem Sterben des Jesus-Christus hat sich zum ersten Male auch der Tod, das Sterben und Gehen eines ganzen Reiches ereignet. Die Menschheit war Zeuge dieses Kommens und Gehens, dieser Geburt und dieses Todes. Allein dadurch, daß hier ein Reich von uns gegangen ist, hat dieser Tod ein außergewöhnliches Gewicht und ist von außergewöhnlichem Rang. Unser Sterben ist nur ein ontogenetisches Ereignis. Sein Tod aber am Karfreitag ist mehr, er ist ein stammesgeschichtliches Großereignis. Dieses Reich hat sich der Menschheit und Erde gezeigt, hat sie bereichert und ist sterbend in die Verborgenheit zurückgekehrt. Mit ihm kam das letzte und höchste Reich, und es ist als erstes gegangen. Das Menschenreich kam früher, und es wird auch später gehen. Noch älter ist die Natur. Sie wird die letzte sein, die geht. Hier schon wird die spiegelbildliche Umkehr erkennbar, die mit dem Kommen und Gehen des Jesus-Christus eingeleitet ist. Er bringt die Wende, die Zukunft als erneuerte Gestalt der Vergangenheit.

Jeder Mensch verliert im Tode seinen Leib, und in der nächsten Inkarnation wird ihm ein neuer, ein anderer und bis zu einem gewissen Grade auch fremder Leib gebildet und zubereitet, ein Leib, den er langsam ver-ichen und durch-ichen muß, dem er den Stempel seiner Individualität einprägen wird. Auch der Jesus-Christus mußte sich im Tode von seinem Leibe trennen, die Zwei-Natur wurde zerrissen, wie sie auch bei jedem Menschentode getrennt wird. Er verlor und opferte das, was ihm in seiner Geburt zugewachsen war. Der Typus Mensch hatte erfüllt, was er erfüllen konnte. Er hat sich selbst zu einer urbildhaft einmaligen Individualität verdichtet. Dies ist seine Gabe an das Ich aller Iche. Eine zweite Gabe ist weder nötig noch möglich. Von nun an werden es die einzelnen Menschen selber sein, die Vielen, die sich ihm als Gabe hingeben können. Der Typus hat seine Aufgabe erfüllt und sich dem neuen, höheren Typus opfernd hingegeben.

Ist Geburt die systolische Vereinigung der Zwei-Naturen, so ist der Tod ihre diastolische Trennung. Auch diese Trennung, diesen Verlust des Leibes erlebt und erleidet der Christus, gesteigert zu urbildlicher Einmaligkeit, schmerzvoller Tiefe, Dunkelheit und Größe. Dieser Tod ist mehr als ein Naturereignis, auch mehr noch als ein von Menschen willkürlich herbeigeführtes Ende. Das Leben, die Passion, der Tod am Kreuz und die Auferstehung haben den Charakter einer Mysterienhandlung, sind ein in der Weltöffentlichkeit vollzogenes Mysteriendrama.[1]

Die Auferstehung als Urbild aller Wiederkehr

Geburt, Tod und Wiederkehr, jedes der drei Ereignisse wird vom Menschen nicht nur einmal, sondern viele Male erlebt und erfahren. Wir leben nicht in der Sphäre urbildlicher Einmaligkeit, wir leben in der Zone abbildhafter Vielheit und Streuung. Da der Jesus-Christus die urbildliche Einheit und Einmaligkeit aller menschlichen Vielheit ist, muß auch nach dem dritten Glied dieser Dreiheit gefragt werden, nach der Wiederkehr in der Gestalt urbildlicher und unwiederholbarer Einmaligkeit. Zum Christus-Wesen und Christusleben, wie es aus den Evangelien bekannt ist, gehören nicht nur seine Geburt und sein Tod, sondern auch seine Wiederkehr als ein von Menschen bezeugtes Ereignis. Das aber ist seine Auferstehung. Dem überzeugten Christen ist das eine Selbstverständlichkeit, dem kritischen und skeptischen Menschen kann durch die Konsequenz dieser Zusammenhänge nahegelegt werden, das Alte und Überlieferte wieder ernst zu nehmen. Uns allen aber ist neu, daß die Auferstehung die urbildlich einmalige Wiederkehr aller Welterneuerung und Verjüngung ist, aller Wiederkehr, auch der unserer Reinkarnationen. Das Wiederkehrende ereignete sich hier nicht nur in der Sphäre des Geistes als Ich, sondern geht tiefer bis ins Physische, ergreift auch die

[1] Vgl. dazu Emil Bock, die drei Jahre (Kapitel 9 und 10), 5. Auflage 1971

untere der beiden Naturen. Damit ist diese Wiederkehr zugleich auch eine Überwindung des Todes und gehört schon zum neuen Äon.

Nachdem der Tod auch hier noch einmal die beiden Naturen zerrissen hat, nachdem der Jesus-Christus den Tod ganz durchlebt und durchlitten hat, sich ihm restlos auslieferte, hat er ihm auch seine Grenze gesetzt. Denn er ergreift den eigenen Leib, verbindet sich mit nichts anderem und Fremdem, nur mit dem, was zu ihm gehört, verbindet sich mit sich selber und steigert diesen Leib zur höchsten Geistgestalt des Physischen, befreit das unversehrte geistige Dauerwesen des physischen Leibes aus aller physisch-materiellen Hinfälligkeit. Da es die Geistgestalt des physischen Leibes ist, die aus dem alten, noch mit Materie getränkten Leibe aufersteht, kann dieses Ereignis weder eine Reinkarnation noch eine Wiederbelebung des alten, gestorbenen Leibes sein. Denn hier gibt es keine zweite Fleischwerdung des Geistes, sondern umgekehrt die erste Geistwerdung des Fleisches. Nach seinem Tode ergreift der Christus aufs neue seinen physischen Leib, das unversehrte »Geistgewebe« dieses Leibes und trägt es aus aller irdischen Vergänglichkeit hinauf zur Unvergänglichkeit seiner himmlischen Größe. Das ist der Ostertag. Auf die systolische Vereinigung in der Geburt folgte im Tode die diastolische Trennung. Die Auferstehung ist eine neue systolische Einheit, eine neue Geburt.

Bei jeder menschlichen Inkarnation tritt das unsterbliche Dauerwesen des Ich immer wieder in eine todgeweihte, sterbliche Hülle. Der Christus aber hat in seinem Erdenleben das leibliche Hüllenwesen des Jesus so weit durch-icht und dem Geistgewebe dieser Hülle so tief das Gottessiegel eingeprägt, daß die Verfallskraft des Todes die Formgestalt nicht mehr auflösen kann. Die Wiederkehr des Menschen geschieht immer wieder im alten Adam, im alten Äon von Materie, Raum und Zeit, immer wieder in den Zeitaltern der Geschichte. Die Wiederkehr des Christus ist ein Ereignis, das schon zum neuen Äon gehört und diesen begründet.

Was als letztes von dem Jesus-Christus übrigblieb, der physische Leib als Leichnam des Gekreuzigten, das ist auch das erste, das jenseits von Natur und Geschichte als der neue Leib metahistorisch und metaphysisch wiederkehrt, das Historische und das Physische von innen her durchdringend und durchkraftend, um die Evolution zu ihren neuen Zielen weiterzutragen.

In der Auferstehung waltet Identität nicht nur im Geistigen, auch das Leibhafte nimmt teil am Wesen der Identität. So hat der Christus die menschliche Leibesform, die Formgestalt des physischen Leibes heraufgezogen und ganz zu seiner eigenen gemacht. Von da aus kann er als der neue Adam diesen erneuerten, erlösten Leib den Menschen zurückgeben und sich erneut den Menschen helfend und heilend zuwenden. So werden durch den neuen Adam Abstammungsverhältnisse eingeleitet, die im alten Adam nur ihre naturhaften und vom Menschheits-Sturz mitgeprägten Vorstufen haben.

Konnte man anfangs noch zweifeln, ob sich die Auferstehung je auf den Wegen der Evolution wird zeigen lassen, so dürfen wir jetzt sagen, daß sie sich als die tiefste Konsequenz dieser Wege kundgibt. Nicht so, als seien die göttlichen Freiheitstaten doch nur strenge Weltgesetze, sondern umgekehrt so, daß die Weltgesetze Ausdruck und Niederschlag dieser Freiheitstaten sind, daß sich wahrhaft freies Wirken immer auch als gestalthaftes Geschehen äußert. So nimmt auch die Passion des Jesus-Christus als öffentliches Geheimnis die Gestalt eines irdisch-kosmischen Mysteriendramas an.

Dem Rätsel der Auferstehung darf der Mensch sich auch verstehend nahen, ohne das Geheimnis damit je zu erschöpfen. So wie beim Besteigen eines Turmes sich die Aussicht weitet, so weiten sich in gleichem Maße die Horizonte, hinter denen das Unbekannte und Unerkannte liegt. Mit jedem Schritt des Verstehens wächst auch das Geheimnis.

Aus den letzten Betrachtungen konnte deutlich werden, daß ein innerer Zusammenhang zwischen der Inkarnation des Christus und den Reinkarnationen der Menschen besteht, daß unsere Vielheit und seine Einmaligkeit innerlich zusammengehören. Das eine weist auf das andere hin, und keines ist in seiner Tiefe ohne das andere ganz zu verstehen. Dieser Frage ist das nächste Kapitel gewidmet.

XXXI
Christentum und Reinkarnation

Urbild und Abbild

Der Gedanke der wiederholten Erdenleben stößt in christlichen Kreisen meist auf Ablehnung und auf ein merkwürdiges Unverständnis. Solange die Reinkarnation als eine Lehre verstanden wird, glaubt man sie als östliches oder antikes und heidnisches Geistesgut ablehnen zu müssen, da sie außerdem bis auf wenige Stellen nicht in der Bibel bezeugt ist. Es geht aber gar nicht darum, sie als eine Lehre zu verstehen, die man ablehnen oder annehmen kann, die man zu dulden oder gar zu assimilieren bereit ist. Es geht darum, ob Reinkarnation aus dem Wesen des neuen Adam selbst gefordert werden muß, ob sie aus dem Christus-Wesen und aus dem Christus-Verständnis wie selbstverständlich hervorgeht. Dann braucht sie mit keinem Wort im Neuen Testament erwähnt zu werden und ist implicite doch darin enthalten.
Die Inkarnation des Christus in dem Jesus ist die urbildlich einmalige Gestalt aller Inkarnationen und aller Reinkarnationen. Es ist das Verhältnis von Einheit und Vielheit, von Urbild und Abbild. Es geht darum, ob Reinkarnation überhaupt erst im Zusammenhang mit dem Christentum ihren eigentlichen Sinn erfüllt, ihre letzte und tiefste Bedeutung und Begründung erfährt. So wie die Evolution dem Christentum nicht nur nicht widerspricht, sondern aufs engste zu seinem Wesen gehört, so ist auch die Reinkarnation nicht nur kein Widerspruch zum Christentum, sondern die notwendige und sinnvolle Ergänzung zu der urbildhaften Einmaligkeit der Christus-Inkarnation. Es gibt nicht nur den »Christus der Evo-

lution«, sondern auch den »Christus der Reinkarnation«. Nicht, als ob auch Er der menschlichen Reinkarnation unterworfen sei, sondern so, daß Reinkarnation als die niedere Erscheinungsform der urbildlich einen Inkarnation verstanden werden muß. Wenn Christus die urbildliche Einheit der menschlichen Vielheit ist, dann muß sich auch dieses eine Leben zu dem Leben jedes Menschen so verhalten wie die urbildliche Einmaligkeit zu einer gestreuten Vielheit. Wäre mit der Vielheit nur die Summe aller Menschen gemeint, deren urbildlicher Repräsentant der Christus ist, so wäre darin doch erst die Menschheit als Ganzes enthalten. Er repräsentiert aber nicht nur die Vielheit, die alle Menschen einschließt, sondern auch ganz individuell meine eigene und eines jeden Menschen Vielheit, das heißt aber die Vielheit der Erdenleben, der Reinkarnationen.

Wir setzen die Reinkarnation als ein Phänomen voraus. Wenn der Christus das A und O der menschlichen Entwicklung und Zukunft ist, dann muß man sich doch fragen, was aus den Menschen der vorchristlichen Zeiten wird und aus den anderen der nachchristlichen Jahrhunderte und Jahrtausende, denen eine Begegnung mit dem Christentum versagt bleibt? Widersinnig wäre der ganze Evolutionsaufwand, wenn es den Menschen der vorchristlichen Stufen verwehrt sein sollte, je die neuen und von dem Christus ermöglichten Stufen zu erreichen. Dieses Schicksal müßten sie aber tragen, wenn sie nur einmal, nur in einem Erdenleben am Gang der Geschichte teilnähmen. Das gleiche Schicksal träfe auch alle die Menschen, die jetzt und in Zukunft keine Berührung und Begegnung mit dem Christentum und dem Christus haben können.

Wer in Christus die Achse der Evolution erkennt und den Einzelmenschen mit in den großen Evolutionsgang einbezieht, dem geht nicht nur die Wahrheit der Reinkarnation auf, ihm wird auch der unlösliche Zusammenhang von Reinkarnation und Christologie bewußt. Ist Christus das Ende und die Wende, das Omega und Alpha aller Wege, dann nehmen wir alle an diesem Geschehen teil, dann muß allen die Möglichkeit einer Teilnahme gegeben werden. Da kann es keine Benachteiligung für solche geben, die das Neue, die

Wende nie kennengelernt haben, und es darf keine Bevorzugung derer sein, die es kennenlernen konnten. Wenn Er aber nicht für alle kam, wer wollte entscheiden, welche Menschen und Menschengruppen ausgeschlossen sind? Sind es die zeitlich, rassisch, völkisch oder politisch Benachteiligten? Kam Er aber für alle, dann ist nur in der Reinkarnation, nur in einer großen Zahl ganz verschiedener Erdenleben auch die Chance für alle gegeben, an dem Neuen teilzuhaben. Es ist kaum zu begreifen, daß man nicht bereit ist, den Totalitätsanspruch des Christentums durch eine andere Totalität zu ergänzen, durch die einer universellen Chance für alle Menschen aller Zeiten und Zonen, daß man nicht sieht, wie das eine das andere notwendig fordert, wie das Christentum ohne die Reinkarnation noch gar nicht seine Universalität voll gezeigt hat. Die Geschichte gehört seit ihrem Beginn bis zu ihrem Ende nicht nur der Menschheit als Typus, sondern auch den Individualitäten und jedem durch alle Weltalter und Kulturepochen. So erst kann es auch ganz zu einer individuellen Sache werden, ob der einzelne die neuen Wege sieht und sucht oder ob er sich ihnen verschließt und andere Wege geht.

Unsere Vielheit und seine Einheit – unsere Einheit und seine Vielheit

Der Christus und die Menschheit verhalten sich zueinander wie das urbildlich Eine und Einmalige zu der gestreuten Vielheit. Diese enge Partnerschaft und Verwandtschaft beider schließt eine wechselseitige Teilhabe des einen am Wesen des anderen ein. In allem Menschlichen lebt verborgen der Christus, und in Ihm lebt offenbar geworden der Mensch. Wäre nicht der Christus menschenhaft und nicht die Menschen christushaft, der Einklang könnte nie gelingen.
Diese innere Verwandtschaft muß sich auch auf das Verhältnis von Einmaligkeit und Vielheit beziehen. Das urbildlich Einmalige muß auf verborgene Weise teilhaben auch an der Vielheit und diese umgekehrt teilnehmen am Wesen unwiederholbarer Einmaligkeit.

Worin aber besteht des Christus Vielheit und Wiederkehr, und worin unsere Einmaligkeit jenseits aller Inkarnationen und Reinkarnationen? Was mit unserer individuellen Einheit und Einmaligkeit gemeint ist, kann gar nicht unter den wiederholten Erdenleben und im Geschichtsverlauf gesucht und gefunden werden, so wie es die Urpflanze nicht als Pflanze unter den Pflanzen gibt. Und da der Christus nur diese eine Inkarnation inmitten der Geschichte durchlebt hat, kann mit seiner Wiederkehr oder Vielheit gar keine Reinkarnation im menschlichen Sinne gemeint sein.

Für jeden Menschen gibt es über der Vielheit seiner Reinkarnationen die urbildliche Einheit und Einmaligkeit seiner Entelechie, seines Wesensselbstes. Das Erscheinen dieser Entelechie ereignet sich aber nie im Rahmen und im Raum der Geschichte. Dort wird sich immer unsere Vielheit manifestieren. Vom Menschen ist uns nur seine individuelle Vielheit bekannt, sein letzter, höchster Kern, seine Einheit und Einmaligkeit ist meta-historisch, liegt jenseits der Geschichte. Von dem Christus ist dagegen nur seine Einheit und Einmaligkeit bekannt, und diese hat sich innerhalb der Geschichte gezeigt.

Es ist nun zu fragen, ob es auch für den Einen eine Vielheit als Wiederkehr gibt. Schon im vorigen Kapitel ist gezeigt und gesagt worden, daß diese Wiederkehr und Vielheit nichts mit den menschlichen Reinkarnationen zu tun haben kann.

Einmal geschah es, daß das »Idealische« ganz auch das »Empirische« wurde, daß eine urbildliche Einmaligkeit ganz auch historische Person geworden ist. Das geschah in der Inkarnation des Christus in dem Jesus von Nazareth. Die unwiederholbare urbildliche Einmaligkeit wurde in Ihm empirische Realität, das Urbild trat ganz in die äußere Erscheinung.

Das Leben der Artenvielheit ist Inhalt der Naturgeschichte. Und das Leben der Personen-Vielheit mit der Vielheit ihrer Reinkarnationen ist der Inhalt der Menschheitsgeschichte. Wenn aber mitten in der Geschichte zum ersten Male das Urbild selbst voll-wirklich in Erscheinung tritt, dann liegt darin der samenhafte Anfang eines neuen Lebens, das über die Geschichte hinausführt, aus der Geschichte hinaus in eine Metahistorie. Historisch real ist für den Menschen die Vielheit, und für den Christus ist es die urbildliche Einmaligkeit. Was dagegen nicht mehr dem äußeren Geschichtsverlauf angehört, ist die urbildliche Einmaligkeit eines jeden Menschen jenseits seiner Reinkarnationen. Und wir müssen uns fragen, ob es für den Christus nach seiner einmaligen Inkarnation, nach seinem Tode und in aller Zukunft auch eine Vielheit, eine Wiederkehr gibt. Hängt unsere Einmaligkeit mit seiner Vielheit zusammen? Ist unsere Zukunft auch die Seine? Ereignet sich unsere »Inkarnation« in Ihm, und seine »Wiederkehr« in uns?

Es wäre – wir betonen es noch einmal – ein verhängnisvoller Irrtum zu glauben, daß sich an die eine und einmalige Inkarnation des Christus andere Inkarnationen von gleicher Art anschließen könnten. Damit würde gerade das urbildlich Einmalige ausgelöscht. Es wäre eine sinnleere und unmögliche Verdoppelung und Vervielfachung, die den Charakter der Einzigartigkeit zerstörte und aufhöbe. Und doch hat seine Vielheit auch etwas mit seiner Wiederkehr zu tun.

Die verschiedenen Inkarnationen sind eine vielfache Individuation und Erscheinungsform unserer einen, einheitlichen und einzigartigen Wesens-Entelechie, unserer tiefsten und höchsten Geist-Gestalt und Geistnatur. Jede dieser Inkarnationen ist einmalig und unwiederholbar, hat den Einmaligkeitsgrad einer Species. Keine aber hat den Rang und den Grad, daß sie dieses Einmalige in ganzer Fülle repräsentierte. Historisch real sind immer nur die Teilmanifestationen der höheren Ichwesenheit, historisch real ist die Vielheit, nicht die Einheit und Fülle unserer Wesens-Entelechie. Von keiner dieser Manifestationen kann man sagen, sie enthalte und repräsentiere den ganzen Wesensgrund der Entelechie. Wir müssen verstehen, daß jedes Erdenleben nur Teilmanifestation unseres tieferen und höheren Wesens ist, das immer noch wie verborgen in, über oder hinter unserer eigenen Vielheit lebt, wirkt und webt. Historisch offenbar wird nur diese Vielheit, denn es ist nicht zu erwarten, daß jemals in einer der Reinkarnationen diese Einmaligkeit erreicht wird. Und so stehen wir, jeder für sich, vor der großen Frage nach dieser Einheit, wann, wo und wie sich dieses Einheitswesen je verwirklichen wird und erscheinen kann. Die Geschichte gibt keinen Raum dafür frei, und so kann es nur in einem Jenseits aller Geschichte geschehen, in einer Meta-Historie. Keine der Inkarnationen hat den Grad einer urbildlich-einmaligen Manifestation unserer Entelechie; keine steht so hoch und einmalig über den anderen, daß diese vielen als eine niedere Streuung der einen verstanden werden könnten. Unsere Einmaligkeit liegt tiefer und höher, als wir fassen können. Wir sind uns, streng genommen, nur in der Vielheit unserer Reinkarnationen gegeben, nicht in der urbildlichen Einmaligkeit einer einzigen Inkarnation.

Das aber ist das Besondere der Inkarnation Christi, daß sich hier historisch real vollzogen hat, was wir Menschen für uns suchen und was niemals historisch real sein und werden kann, was ganz der Zukunft gehört. In Ihm und für Ihn ist das offenbar geworden, was uns noch fehlt. Die urbildliche Einmaligkeit ist ganz in die Erscheinung getreten. Er ist uns darin vorausgegangen, hat verwirklicht, was für uns noch Zukunft ist. Das geschichtlich Offenbare sind unsere Vielheit und seine Einmaligkeit, während seine Vielheit, seine Wiederkehr und unsere urbildliche Einmaligkeit das geschichtlich Verborgene und noch Zukünftige sind.

Unsere zukünftige Einmaligkeit ist von ganz anderer Art als irgendeine unserer Reinkarnationen. Und Seine künftige Wiederkehr ist ebenso von ganz anderer Natur als Seine einmalige Inkarnation. Beides liegt als geistig Werdendes und Wachsendes über der Zeit und jenseits der Geschichte. Seine Wiederkehr sind wir, sie vollzieht sich in uns, wenn wir Christophoren werden. Einmaligkeit, d. h. die Erscheinung unseres höheren Wesens, ist Er, wenn wir Christen im Christus werden. Wir als die Vielen sind es, in dem der Eine erscheinen will. Und Er als der Eine ist es, in dem auch wir jenseits unserer individuellen Vielheit unser einiges Wesen finden werden.

Der alte Adam ist ein Typus, der uns die Möglichkeit zu unseren Reinkarnationen, zu unserer Vielheit gab und immer noch gibt. Der neue Adam ist ein Typus, der uns die Möglichkeit zu unserer Einmaligkeit, zu unserer einmaligen Wesensoffenbarung gibt und immer geben wird. Unsere »Einheit« in Ihm ist identisch mit Seiner »Vielheit« in uns.

Wer die Reinkarnation, die Lehre oder die Tatsache der wiederholten Erdenleben ablehnt, der verschüttet und erschwert das Verständnis für einen Quell, aus dem wir alle leben; er nimmt die Möglichkeit, nicht nur die Evolution der Vielen wirklich zu verstehen, sondern verstellt sich und anderen auch die Einsicht in den Zusammenhang dieser Evolution mit dem Christus als dem Kern und der Achse aller Entwicklung und menschlichen Zukunft. Welche Schutthalden von Urteilen und Vorurteilen müssen noch weggeräumt werden, um den tiefen christlichen Evolutionswahrheiten den Weg ins menschliche Bewußtsein neu, großzügig und weltweit zu öffnen!
Rudolf Steiner verstand seine Anthroposophie auch als ein neues, zeitgefordertes und vertieftes Verständnis des Christentums und der Christologie. Und er zeigte den innigen Zusammenhang von Reinkarnation und Christentum. Tatsachen, die so zentral unser Wesen und Schicksal angehen, wollen auch ganz individuell erfaßt, verstanden und errungen werden. Wir sind uns bewußt, in und mit diesen Gedanken nur erst schattenhafte Umrisse ferner Landschaften und verborgener Wahrheiten zu sehen, die darauf warten, in das helle Licht geistiger Erfahrung eingetaucht zu werden.

XXXII
Der Mensch und seine Erde – die Zukunft von Wesen und Welt

Ende und Wende in beiden Weltachsen

Mit dem Problem Erde und Mensch begannen unsere Betrachtungen, und mit dem gleichen Problem sollen sie schließen. Warum? Weil eine Frage offengeblieben ist, die sich aus dem Ganzen ergibt und die Anspruch hat, wenigstens gestellt zu werden. Mensch und Erde verhalten sich partnerschaftlich zueinander, sind zwei Weltenpole mit spiegelbildlicher Umkehr aller Verhältnisse. Sie sind auseinander hervorgegangen, sind miteinander geworden und haben ihr partnerschaftliches Verhältnis aus älteren Zeiten bis heute bewahrt. Bleibt dieses Verhältnis auch weiter bestehen, wenn sich in dem einen Partner, im Menschen, ein neuer, großer Evolutionsschritt ereignet hat, wenn ein stammesgeschichtliches Großereignis, eine beginnende neue Reichs-Entstehung neue Verhältnisse schuf und in Zukunft schaffen wird? Von diesem Groß-Ereignis sagt Rudolf Frieling in seinem Buch »Christentum und Wiederverkörperung«, daß dieser neue Einschlag, mit welchem Christus sich selbst brachte, nicht nur in die Reihe der Religionsgründungen gehört, er ist noch von höherem Rang. »Er kann nur der Schöpfungsgeschichte selbst an die Seite gestellt werden als ein ›zweiter Akt‹ des Menschen-Werdens« (S. 19). Hat dieses Ereignis auch einen Widerschein in dem anderen Partner, eine Beziehung zum Mineralreich, einen Einfluß auf die Erde? Das ist die offene Frage, um die es hier geht. Es ist die spiegelbildliche Ergänzung zu dem, was über die Inkarnation des Christus gesagt wurde. Es sind Fragen, die gestellt werden, um das Problem erst einmal bewußt zu machen. Wie eng und geistorganisch das Erscheinen des Christus mit der Evolution der Menschheit zusammenhängt und diese mit der Evolution der ganzen Erde, das wurde ausführlich gezeigt. In der Inkarnation des Christus setzt sich die Evolution der Menschheit fort. Da nun aber zu dieser aufsteigenden Weltachse polar und ergänzend die absteigende Weltachse dazugehört, zur Evolution der Wesen die Evolution der Welt, kann bei einem stammesgeschichtlichen Großereignis wie der Inkarnation des Christus diese innere Korrespondenz von Wesen und Welt nicht einfach aufhören, als wenn das die Erde nun nichts mehr anginge. Gibt es auch für die Erde ein Ende, eine Form der Vollendung aller alten Wege, die auch eine Wende in sich schließt? Gibt es einen Weg unter das erreichte Todes-Niveau hinunter und einen anderen zurück und doch neu zu den Ursprüngen, aus denen die Erde kam? Es widerspräche aller Stilgesetzlichkeit, wenn es nicht so wäre. Und es widerspräche auch den in der Bibel selbst ausgesprochenen Zukünften der Erde, ihre Spaltung in einen aufsteigenden und in einen abstürzenden Teil, in die Zukunft des »neuen Jerusalem« und die der »Hure Babel«. Gewiß ist es eine Zumutung für das herrschende Zeitbewußtsein, das im Christentum nur eine neue Religionsstiftung sieht, solche Zusammenhänge von geradezu kosmischen Ausmaßen anzunehmen. Aber es wäre auch eine Zumutung für den Geist der Welten-Ordnung, wie er sich in stilgesetzlichen Strukturen gezeigt hat, diese Zusammenhänge leugnen oder verdrängen zu wollen. Es bleibt uns nichts anderes übrig, als den Mut aufzubringen, diese Frage im Ernst zu stellen, gleichgültig, was die Welt dazu sagt.

Partnerschaft auch in der Zukunft

Um das ganze Gewicht dieser Frage zu empfinden, wollen wir uns noch einmal verdeutlichen, wie intim und innig dieses partnerschaftliche Verhältnis von Mensch und Erde ist. Schon im vorigen Jahrhundert wurde es von Wilhelm Heinrich Preuß (1857–1909) so ausgesprochen:

»Fassen wir die Entwicklung der ganzen Menschheit ins Auge, so läuft dieselbe vor allem parallel zur Erdentwicklung, und wenn ihr mich fragt: Wer hat die Erde gemacht?, so antworte ich: Das hat der Mensch getan! Obgleich ich euren Zweifel, ja noch Gefährlicheres fürchten muß. Und wenn ihr umgekehrt fragt: Wer hat denn den Menschen gemacht?, so sage ich: Die Erde, und dies werdet ihr glauben, denn es entspricht euren rein stofflichen Ansichten. Aber dieses ist nicht begreiflicher als jenes – denn Mensch und Erde sind zwei Entwicklungsäquivalente, welche sich an gleichen Hebelarmen der Zeit das Gleichgewicht halten. Und so sage ich: Der Mensch ist ein Sohn der Erde und die Erde eine Tochter des Menschen.«[1]
Da sich Mensch und Erde zueinander wie Wesen und Welt verhalten, kann man den Ausspruch von H. W. Preuß auch so abwandeln, daß eine Welt ein Wesen gebar, den Menschen, und daß ein Wesen eine Welt geboren hat, die Erde.
Hat man diese Zusammenhänge von Mensch und Erde, von Wesen und Welt, von Physischem und Geistigem auch nur von ferne verstanden, dann kann ein Ereignis wie das der Inkarnation des Christus, der Neuschaffung des Menschen, diese neue Reich-Entstehung als stammesgeschichtliches Großereignis nicht nur auf das Innere des Menschen, auf seine seelisch-geistige Entwicklung gerichtet sein, dann muß mit kosmischen Dimensionen gerechnet werden. Man spricht heute wieder von dem kosmischen Christus, aber wie konkret das verstanden werden muß, wird uns nur langsam bewußt. Die Trennung von Natur und Geist ist so total, die Natur so geistfrei geworden und der Geist so naturfrei, daß wir den Zusammenhang nicht finden. Dazu kommt der alte Heidentum-Komplex, an dem die Christenheit immer noch leidet. Er wird sofort wach, wenn das Geistige naturnahe und die Natur geistnahe verstanden wird. Unüberwindlich wird die Aversion, wenn zwischen der Sonne und dem Christus ein Zusammenhang bestehen soll.
Was könnte sich aus allen Voraussetzungen heraus für die Erde er-

[1] Zitiert aus »Erda-Sophia«, Bd. 8 der Schriftenreihe »Christus aller Erde«, München 1924

eignen? Das Ende aller alten Wege müßte auch für das Mineralreich ein Ende und eine Wende bringen. Wenn man im Zusammenhang mit der Inkarnation des Christus von dem Ende aller alten Wege spricht, so ist dieses Ende zunächst in Ihm und durch Ihn vorausgenommen und vorausgezeigt. Äußerlich geht die Geschichte und die alte Welt weiter wie eh und je, und wer mit der Bedeutung dieses urbildlich vorausgenommenen Endes und des ebenso urbildlich gestifteten neuen Beginns nichts anzufangen weiß, für den sind Ende und Neubeginn reine Spekulation. Denn was wir sehen, ist Historie, die Meta-Historie bleibt verborgen. Es ist also zu fragen, ob diesem Ende oben auch ein Ende und eine Wende unten entspricht, ob nach langer Ruhe im Mineralreich, in der Erde eine Unruhe begonnen hat, ob die alte Tendenz der Divergenz, des Trennens und Zerreißens alter Einheiten von neuem aktiv und aktuell geworden ist. Was mag es im Zusammenhang damit wohl bedeuten, daß die Menschheit so ganz besonders intensiv mit der Erforschung der Materie beschäftigt ist und mit den Problemen ihrer Spaltung? Zur gleichen Zeit, in der die Evolutions-Idee aus sich heraus über das Biologische und Menschliche hin zum Christlichen sich vorzutasten reif geworden ist, zur selben Zeit dringt die Physik nach unten hin über das Gegebene hinaus. Auffallend ist diese polare Entsprechung. Bereitet sich auch »unten« im verborgenen, in einer Art »Meta-Physik« etwas vor, das der Meta-Historie entspricht? Bei jedem Aufstieg gibt es ein Zurückbleiben unten, und bei jedem Abstieg gibt es ein Zurückbleiben oben. Sollte sich auch für die Erde im verborgenen eine neue Divergenz vorbereiten, so gäbe es für sie auch eine zurückbleibende, aber höhere Gestalt als Gegenpol zu einer weiter über den Todeszustand hinaus ersterbende Gestalt der Erde, eine letzte Asche in Richtung zur Unternatur. Man kann hier nur in Bildern sprechen. Ganz allgemein gesagt, ist damit zu rechnen, daß dem Ende und der Wende oben ein Ende und eine Wende auch unten entspricht, daß der letzten Inkarnation eine letzte Exkarnation zugeordnet ist, ein Heraustreten alles Lebens, alles Höheren aus dem todgeweihten Teil der Erde und ein Rückweg der Erde als Erneuerung und Wieder-

Verbindung mit dem Leben, mit dem Äther, aus dem sie kam. Ist dieses »Meta-Physikalische« derselbe Bereich wie das »Meta-Historische«, wirkt der Christus in beiden verborgen an einer werdenden Menschheit und einer ebenso neu werdenden Erde? Wir dürfen es hoffen, denn er ist als Geist der Menschheit zugleich der Geist der Erde geworden, »der Herr der Himmelskräfte auf Erden«.[1]

»Nun der Erde innerlichstes Himmelsfeuer,
daß auch sie einst Sonne werde.«

(Christian Morgenstern)

[1] Aus dem »Credo« der Christengemeinschaft

Literaturverzeichnis

Aurobindo, Shri: Der integrale Yoga, Hamburg 1957.
Kapitel III: Die Neufassung der Reinkarnationslehre, Wiedergeburt und Evolution

Benz, Ernst: Schöpfungsglaube und Endzeiterwartung.
Antwort auf Teilhards de Chardin Theologie der Evolution, München 1965

– Adam, der Mythus vom Urmenschen, München–Planegg 1955

Bloch, Kurt: Zur Theorie der naturwissenschaftlichen Systematik, Leiden 1956

Bock, Emil, Wiederholte Erdenleben, Stuttgart 1975

– Paulus, Stuttgart 1954. Kapitel XIII: Der Alte und der Neue Adam, S. 211 ff.

– Die drei Jahre. Kapitel 9 und 10, Stuttgart 1948

Bubner, Rudolf: Über Stufenordnungen in Natur und Mensch und ihre Architekturen. In: »Die Drei«, Stuttgart 1957/3

– Die offene Frage im Evolutionsbild Teilhards de Chardin. In: »Die Drei«, Stuttgart 1963/1

– Teilhard de Chardin als Grundlage einer Diskussion. In: »Die Drei«, Stuttgart 1964/3

Bühler, Walter: Der Mensch zwischen Übernatur und Unternatur, Nürnberg 1966

Chardin, Teilhard de: Der Mensch im Kosmos, München 1959

Cloos, Walter: Lebensstufen der Erde, Freiburg 1958

Drummond, Henry: Das Naturgesetz in der Geisteswelt, 1893

Feuerbach, Ludwig: Der Mensch schuf Gott nach seinem Bilde. Kritisches über Religion, Theologie und Kirche von Ludwig Feuerbach. Ausgewählt und eingeleitet von Werner Schuftenhauer, Berlin 1958

Fichte, Immanuel Hermann: Anthropologie, Leipzig 1876

Frieling, Rudolf: Christentum und Wiederverkörperung, Stuttgart 1974

Haas, Adolf: Der Mensch, Zielgestalt der Evolution. In: Stimmen der Zeit, 165. Bd., 6. Heft 1959/60

Hartmann, Nicolai: Philosophie der Natur, Berlin 1959

– Der Aufbau der realen Welt, Berlin 1964

Hartmann, Otto Julius: Der Mensch als Selbstgestalter seines Schicksals, Frankfurt 1941
– Die Gestaltstufen der Naturreiche, Freiburg 1967
Heitler, Walter: Der Mensch und die naturwissenschaftliche Erkenntnis, Braunschweig 1966
– Die Natur und das Göttliche, Zug 1974
Hemleben, Johannes: Teilhard de Chardin, Hamburg 1966
– Biologie und Christentum, Stuttgart 1971
– Das verlorene Paradies. In: Herderbücherei: Die Sache mit dem Apfel. Eine moderne Wissenschaft vom Sündenfall, Freiburg 1972
Herder, Johann Gottfried: Ideen zur Philosophie der Geschichte der Menschheit (zweites bis fünftes Buch), Berlin 1887
Kelber, Wilhelm: Der Menschensohn, Stuttgart 1967
Kipp, Fr. A.: Höherentwicklung und Menschwerdung, Stuttgart 1948
Lauer, Hans Erhard: Geschichte als Stufengang der Menschwerdung. II. Bd.: Die Wiederverkörperung des Menschen als Lebensgesetz der Geschichte, Freiburg 1958
Lehrs, Ernst: Mensch und Materie, Frankfurt 1953
Lessing, Gotthold Ephraim: Die Erziehung des Menschengeschlechts, Stuttgart 1972
Mislin, Hans: Zum Problem des Übermenschen in der gegenwärtigen Biologie. In: Der Übermensch, hrsg. von E. Benz, Zürich 1961
Müller, Robert M.: Über die Entfaltungsordnung und den Stammbaum der chemischen Grundstoffe. Die Gestalt, Heft 15, Halle 1944
Overhage, Paul: Das Problem der Hominisation. In: »Quaestiones Disputatae«, 12/13, Freiburg 1961
Poppelbaum, Hermann: Mensch und Tier. Fünf Einblicke in ihren Wesensunterschied, Dornach 1956
– Schicksalsrätsel. Verkörperung und Wiederverkörperung, Dornach 1959
– Entwicklung, Vererbung und Abstammung, Dornach 1961
Portmann, Adolf: Neue Wege in der Biologie, München 1965
Rahner, Karl: Die Hominisation als theologische Frage. In: »Quaestiones Disputatae« 12/13, Freiburg 1961
Rittelmeyer, Friedrich: Wiederverkörperung, Stuttgart 1931
Rosenberg, Alfons: Die Seelenreise. Wiedergeburt, Seelenwanderung oder Aufstieg durch die Sphären, Bietigheim 1971
Schad, Wolfgang: Säugetiere und Mensch. Zur Gestaltbiologie vom Gesichtspunkt der Dreigliederung, Stuttgart 1971
Solovjeff, Wladimir: Die Rechtfertigung des Guten. Das Kapitel: Die Realität der moralischen Ordnung
Steiner, Rudolf: Grundlinien einer Erkenntnistheorie der Goetheschen Weltanschauung, Dornach 1960
– Die Philosophie der Freiheit, Dornach 1973
– Theosophie. Einführung in über-

sinnliche Welterkenntnis und Menschenbestimmung, Dornach 1973
– Die Geheimwissenschaft im Umriß, Dornach 1968
– Reinkarnation und Karma – Vom Standpunkt der modernen Naturwissenschaft notwendige Vorstellungen, Dornach 1960
– Wie Karma wirkt, Dornach 1960
– Menschheitsentwicklung und Christuserkenntnis, Dornach 1967
– Von Jesus zu Christus, Dornach 1958
– Das esoterische Christentum und die geistige Führung der Menschheit, Dornach 1962

Der Übermensch. Eine Diskussion. Hrsg. von Ernst Benz, Zürich 1961

Uexküll, Jakob von: Bedeutungslehre, Leipzig 1940

Volkelt, Johannes: Das Problem der Individualität. Kapitel 5: Gedanken über das Problem der Präexistenz und Postexistenz, München 1928

Waaser, Friedrich: Gestalt und Wirklichkeit im Lichte Goethescher Naturanschauung, Halle 1942

Widenmann, Gustav: Gedanken über die Unsterblichkeit als Wiederholung des Erdenlebens, Stuttgart 1961

Zeitschrift für Religions- und Geistesgeschichte.
Sonderheft »Reinkarnation« 1957, Heft 2.
Die Lehre von der Seelenwanderung in der philosophischen und religiösen Diskussion heute. Hrsg. von Ernst Benz

Ziegler, Leopold: Das Lehrgespräch vom Allgemeinen Menschen in sieben Abenden, Hamburg 1956